4차 산업혁명시대

한중남미 기후환경협력

“이 저서는 2009년도 정부(교육과학기술부)의 재원으로
한국연구재단의 지원을 받아 수행된 연구임(NRF-2009-413-B00004)”
“This work was supported by the National Research Foundation of
Korea Grant funded by the Korean Government
(NRF-2009-413-B00004)”

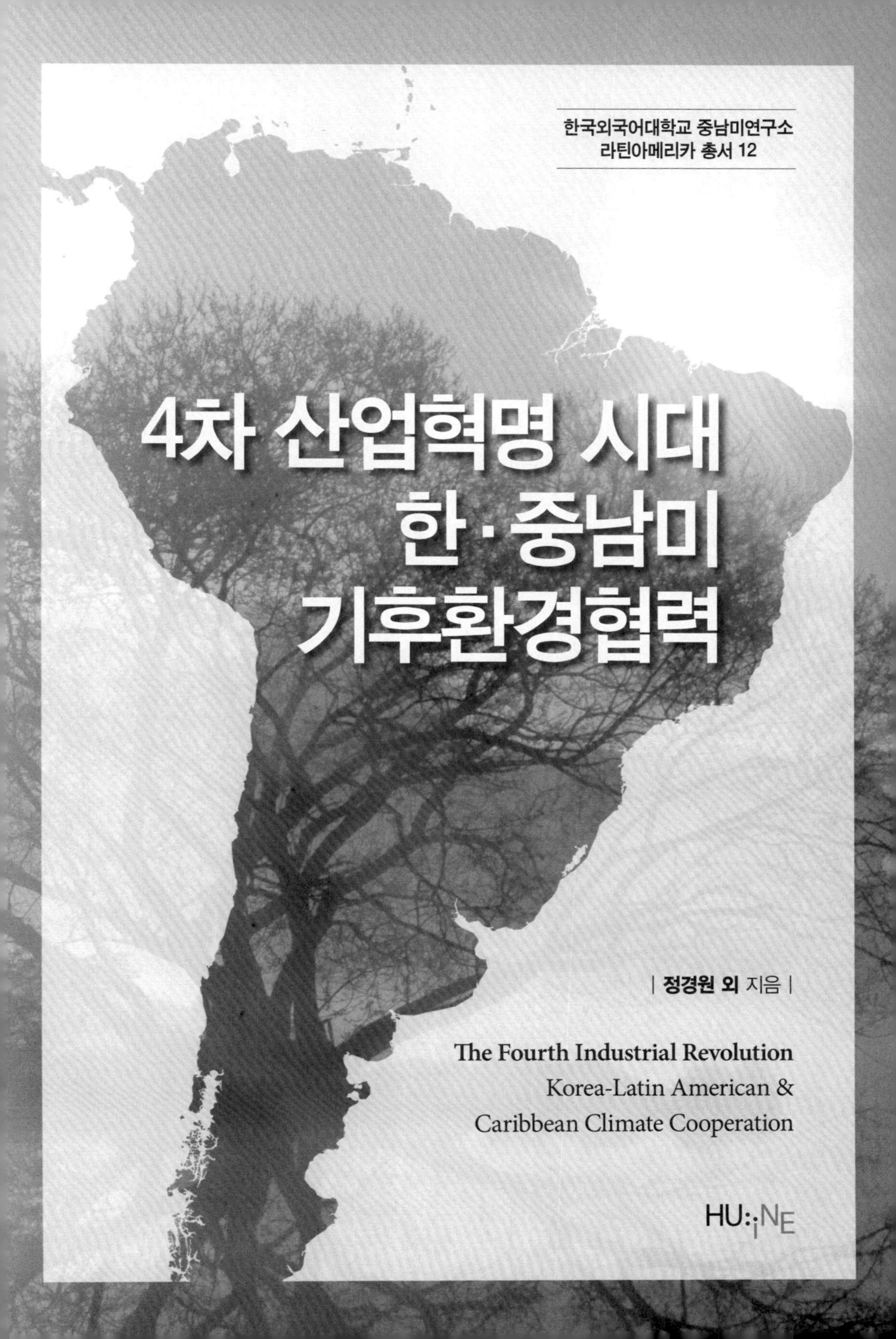

한국외국어대학교 중남미연구소
라틴아메리카 총서 12

4차 산업혁명 시대 한·중남미 기후환경협력

| **정경원 외** 지음 |

The Fourth Industrial Revolution
Korea-Latin American &
Caribbean Climate Cooperation

HU:iNE

서문

본서 "4차 산업혁명 시대 한·중남미 기후환경협력" 은 최근 이슈화되고 있는 '4차 산업혁명' 그 자체에 중점을 두고 있거나 관련 학문적 정의 및 개념적 논쟁 또는 그 실현 가능성과 시대적 수용 및 배제에 관한 담론을 담은 책이 아니다. 본서의 기획 의도는 우리나라의 4차 산업혁명 시대로의 진입이라는 새로운 '변화'를 하나의 '시대 흐름'으로 받아들이고, 이를 한·중남미 간 다양한 현안에서의 국제협력에 어떻게 적용할 것인가에 대해 고민하고자 한 것이다.

또한 4차 산업혁명 시대의 키워드인 학제 간 융합연구방법을 도입하여 경제 및 사회, 여성과 환경, 정치외교, 대기기상, 해양과학 및 수산 등 다양한 학문적 통섭을 통해 중남미 지역과의 국제협력 방안을 모색하였으며 미래협력 가능성과 이슈들을 점검해 보았다. 다양한 학문 영역의 참여를 통해 기후환경 관련 영역별 정책 발전 및 제도적 이행 과정 등에 대한 이해도를 높일 수 있었다는 점이 본 저서의 가장 큰 장점이라 할 수 있을 것이다.

이와 더불어 중남미 환경산업 진출, 환경시장 현황은 물론 해양과학과 해양수산, 재생에너지, 대기오염 측정 과학기술 분야 등에서 협력 선호도를 분석 평가해 보았다. 동시에 이를 바탕으로 우리나라의 글로벌 차원의 기후외교나 기후협상 과정에서 라틴아메리카 개별국가들이 얼마나 중요한 협력 파트너인지를 확인하는 과정이기도 했다.

본서의 핵심 키워드는 '중남미', '환경', '기후변화', '환경산업' '과학기술', '제도/정책', '국제협력'이며, 정치, 경제, 사회, 해양과학/수산, 대기기상학, 환경산업, 여성과 환경, ICT 융복합기술분야의 학제 간 참여로 이루어졌다.

제1장은 "중남미 지역에서 외국인직접투자(FDI)와 환경과의 연계 정책: 우루과이 사례를 중심으로"라는 주제로 최근 들어 중남미 지역에서 환경의 중요성이 커지고 있는 가운데 주요국이 시도하고 있는 외국인직접투자(FDI)와 환경을 연계한 정책사례를 고찰하였다. 특히 중남미 국가 중 환경 친화적 FDI 유치 정책을 성공적으로 펼치고 있는 우루과이 사례를 집중적으로 조명하였다.

제2장은 "한·중남미 간 해양과학협력 현황 및 발전방안 제언"이라는 주제로 한-중남미 간 해양과학기술 협력활동은 양 지역 간 호혜적 국제협력을 발판으로 해양자원 및 에너지개발을 위한 교두보를 확보하기 위해 이미 다양하게 진행되어 왔음을 설명하였다. 이후 정책 실무자 입장에서 협력 과정의 다양한 한계점과 문제점 그리고 미래 협력을 위한 정책적 제언을 통해 양 지역 간 해양과학기술 분야 국제협력 가능성을 평가 전망하였다.

제3장은 "기후변화에 대한 과학적 이해"를 주제로 오늘날 기후변화 문제는 우리 사회의 다양한 분야 - 농업, 수산업, 산림, 방재, 도로, 건축, 보건, 의료, 보험 등 -와 연관된 사회경제적 활동에 직·간접적 영향을 주고 매우 밀접하게 연계되어 있음을 강조하면서 기후변화 문제는 에너지, 경제, 환경, 보건, 국토의 효율적 이용과 관리, 산업 활성화 및 다변화 등 각종 국가정책 수립을 위한 의사결정 과정에서 매우 중요한 고려 요소임을 설명하였다. 특히 기상과학자로서 기후변화에 대한 객관적이고 과학적인 분석과 평가 과정(정부간협의체 IPCC AR보고서 작성 과정), 지구온난화 과정에서 북극지역 온난화의 중요성, 고기후관측 기록을 통한 기후변화 급변도 문제, 급격한 기후변화에 대한 과학기술적 예측 가능성, 태양 활동과 기후변화 관련성, 우리나라에서 가장 큰 사회경제적 피해를 주는 기후변화 영향인 태풍의 영향력 등에 대한 일반인들의 이해를 돕고자 하였다.

제4장은 "한-중남미 환경산업 협력과 민간투자 사업 활용"이라는 주제로 우리나라의 환경산업 지속성장을 위해서는 공격적인 해외시장 발굴 및 중남미 환경시장 투자에 주목해야 한다고 강조하고 있다. 특히 국내 시장에서의 경쟁이 아닌 해외 시장에서 우리 환경산업 기업들의 경쟁 강화와 중남미 개별 국가들의 상하수도처리장, 위생폐기물매립장 등 환경공공시설 확충에 필요한 조금조달 문제를 해결하기 위한 민간투자방식 혹은 공공-민간 합자(PPP) 투자방식의 진출 가능성을 전망하였다.

제5장은 "국가 기후변화 영향 및 적응대책에 대한 이해"라는 주제로 우리나라 사례에 집중해 기후변화의 관측된 부문별 영향과 미래 전망에 대한 선행 연구결과들을 분석 및 평가하였다. 또한 우리나라의 제2차 국가기후변화 적응대책 수립과 구체적인 내용들을 이해하기 쉽게 요약해 주었으며, 한국 정부 및 지자체들의 기후변화 적응을

위한 정책적 제언을 포함하였다.

제6장은 "페루 광산 개발과 사회 환경 분쟁의 제도적 요인"이라는 주제로 자본/기술 집약적인 오늘날의 광산 개발은 '지역' 사회 발전을 위한 전후방 연계효과가 매우 약하다는 선행연구들을 인용하면서 이로 인해 발생하고 있는 다양한 사회적 갈등과 이를 해결하기 위한 페루 정부의 제도적 개혁들을 중심으로 오늘날 새로운 자원개발 체제로의 변화(특히 제도적 변화)를 추적 분석하였다. 이와 함께 여전히 제도적 이행 한계와 미래 개혁 과제로 남아있는 이슈들을 분석 평가 하고 있다.

제7장은 "브라질 여성 환경운동의 발전"이라는 주제로 2014년 브라질 대선에서 세계 최초 환경운동가 출신 여성대통령 당선 가능성으로 관심을 받았던 '마리나 시우바(Marina Silva: 2003년 브라질 환경부장관 역임, 아마존의 여전사)'의 다양한 환경보호활동을 중심으로 환경 분야 여성의 리더십 사례를 분석하였다. 특히 브라질에서 여성 환경운동이 어떻게 발전 해 왔는지를 연대기 순으로 추적해 역사적 이해의 폭을 넓혀주었다. 아마존 원주민과 도시 빈민, 소외된 흑인공동체, 중산층 엘리트 등 다양한 사회경제적 계층에 속한 여성들의 참여와 이들의 풀뿌리 여성 공동체 및 여성 NGO 형성, 국제 NGO와 연대하여 일상의 환경운동에서 평등과 민주주의를 요구하는 통합적 운동으로의 성장을 분석 평가하였다.

제8장은 "스마트그리드 분야 한-카리브 협력의 필요성과 그 방향"이라는 주제로 4차 산업혁명 시대의 에너지 기술인 스마트그리드가 카리브 지역의 에너지 문제를 해결하기 위한 대안이 될 수 있음을 설명하였다. 이어 양 지역의 스마트그리드 기술의 현황 및 강점과 한계를 비교 분석하여 스마트그리드 분야 협력의 필요성과 방향성을 제시하였다.

제9장은 "한-중미 교역 현황과 공적개발원조(ODA) 협력방안: 해양수산부문을 중심으로"라는 주제로 한-중미 5개국의 FTA 체결과 더불어 전체적 그리고 국가별로 증가 추세에 있는 교역량에 주목하였다. 특히 한·중미 수산물 교역(2014~2016년)에 집중해 현재 교역 현황과 양 지역 수출입 관계 주요 특징들을 수산과학자의 입장에서 분석평가하였다. 또한, 증가 추세에 있는 다양한 상품의 무역량과 투자 다변화와 더불어 새로운 국제협력의 한 수단으로 한국의 중미지역 수산분야 ODA 강화를 주문하였다.

제10장은 "국제정치 관점에서 바라본 라틴아메리카 기후협상 및 기후외교 참여"라는 주제로 2015년 파리기후협정을 중심으로 글로벌 아젠다인 기후협상 및 기후외교에 참여 중인 라틴아메리카 주요국들의 기후외교 참여 현황(소그룹)을 살펴보면서 이들의 외교적 방향과 태도를 국제정치 관점에서 조망하였다. 라틴아메리카 국가들의 기후변화 영향 특히 취약성 분석을 근거로 왜 라틴아메리카 개별 국가들은 기후외교/기후협상에 적극적으로 참여하고 있는가? 에 대한 참여 동인 분석과 함께 이를 국제정치 이론(현실주의, 자유주의, 제도주의 그리고 구성주의 및 기후레짐 등)에 접목해 소그룹별 참여 정도와 그룹별 외교적 움직임을 추적 분석하였다.

제11장은 "상파울루 주의 사탕수수 소각규제에 따른 대기질과 온실가스 감축"라는 주제로 브라질 상파울루 주 정부의 2008년 이후 대기오염(미세먼지) 저감을 위한 제도적 노력과 과학적 수단 도입을 소개하였으며, 이에 대한 정책적 이행 과정과 한계를 분석 평가하였다. 특히 상파울로 주 정부의 사탕수수 부산물 소각 과정에서 발생하는 대기오염물질의 농도 추이 관측 시스템 및 사탕수수 수확 후 소각금지 제도(주법 11241) 등의 제도개혁 등의 제도/정책적 노력이 얼마나 상파울로 주의 대기오염을 낮추었는지를 살펴보았다. 추가적으로 상파

울루 주에서 미세먼지 감소와 대기 온도 증가 그리고 오존 농도 증가와 관련한 연구(유기성 미세먼지 생성, 휘발성 유기화합물, 대기질 모델링)의 필요성을 언급하였다.

제12장은 "지속가능한 미래도시 아바나"라는 주제로 쿠바의 수도 아바나의 역사와 특징적 양상을 살펴보았다. 아바나의 다면적 특징을 역사도시, 문화도시, 휴양도시, 그리고 생태도시로 정리한 후 이 도시가 이상적인 지속가능관광을 구현할 수 있는 조건을 갖추었다고 평가하였다. 그리고 전통적 관광과 지속가능관광을 비교한 후 생태관광을 지향하는 미래도시 아바나의 가능성과 문제점을 연구하였다.

마지막으로 본서가 나오기까지 편집 과정에서 여러 번 수고를 해주신 참여 저자들과 한국외대 지식출판원 담당 선생님들 그리고 한·중남미녹색융합센터 조교들에게 고마움을 전한다. 2017년 현재 국내에서 활발하게 논의 중인 4차 산업혁명 시대라는 주제를 통해 관련 학술 분야의 더 다양한 논의가 진행되기를 희망한다. 특히, 이러한 흐름이 국내에 국한되는 것이 아니라 중남미 지역으로도 진출하여, '한국형 4차 산업혁명의 국제화/세계화'에 도움이 되기를 본서의 출판 목적으로 갈음한다.

2017년 8월 30일
대표저자 정경원

목차

중남미 지역에서 외국인직접투자(FDI)와 환경과의 연계정책: 우루과이 사례를 중심으로

권기수(한국외국어대학교 포르투갈어과)

I 서론

만성적인 자본 부족을 겪고 있는 중남미 국가들에게 외국인직접투자(FDI)는 경제발전을 위해 반드시 필요한 인체의 피와도 같은 요소다. 그러나 단기적인 경제성장에 급급한 무계획적인 FDI 유치는 자칫 환경 파괴를 불러 일으켜 지속가능한 경제 발전의 걸림돌로 작용할 수 있다. 일반적으로 선진국 출신의 다국적기업들은 자국에서의 엄격한 환경기준을 회피하기 위해 공해산업을 개도국으로 이전하려는 경향이 크기 때문이다.

최근 들어 중남미 지역에서도 환경의 중요성이 커지면서 FDI 유치와 환경을 연계하려는 정책적 시도가 증가하고 있다. 즉 FDI가 자국의 경제발전은 물론 환경보전에도 기여할 수 있도록 유도하는 정책을 모색하고 있다.

이에 본 연구에서는 중남미 각국이 시도하고 있는 FDI와 환경을 연계한 정책사례를 고찰해보고자 한다. 특히 중남미 국가 중 처음으로 환경지표를 도입해 FDI 유치 정책을 펼치고 있는 우루과이 사례를 집중적으로 조명해보고자 한다.

이상의 연구 목적 달성을 위해 본 논문은 크게 다섯 개의 장으로 구성된다. 먼저 서론에 이은 2장에서는 유엔중남미경제위원회(ECLAC)의 설문조사를 활용해 FDI와 환경과의 연계정책에 대한 중남미 각국의 실태와 인식을 살펴본다. 제3장에서는 중남미 주요국들이 추진하고 있는 FDI와 환경과의 연계정책 사례를 살펴본다. 제4장에서는 중남미 국가 중 FDI와 환경과의 연계정책을 가장 성공적으로 추진해오고 있는 우루과이 사례를 집중적으로 고찰해본다. 마지막으로 제5장에서는 이상의 논의를 바탕으로 FDI와 환경과의 연계정책을 고민하고 있는 중남미 국가들을 위한 시사점을 제시한다.

II 외국인직접투자(FDI) 유치와 환경

중남미 각국에서 FDI 유치 시 중요한 고려 사항으로 환경의 위상이 커지고 있다. 유엔중남미경제위원회(ECLAC)가 중남미 투자유치기관을 대상으로 한 조사[1]에 따르면 조사대상 기관의 90%가 온실가스

1) ECLAC는 2014년 10월에서 12월 사이 중남미 지역의 31개 투자유치기관을 대상으로 설문조사를 실시했다. 비교를 위해 UNCATAD가 2010년 실시한 설문조사와 같

<그림 1> 중남미 지역에서 그린투자 유치를 위한 주요 타깃 분야

(단위 : %)

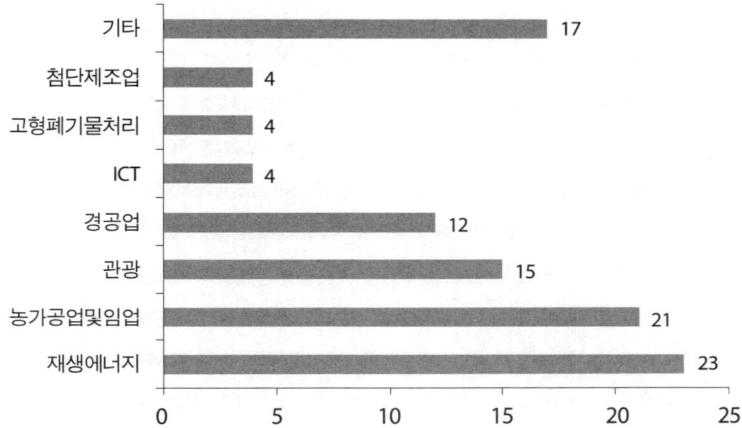

자료 : ECLAC(2015)

감축 등 환경을 FDI 유치 정책의 중요한 요소로 고려하고 있다고 응답했다. 그밖에 투자 지역의 오염, 산림파괴 등도 FDI 유치 시 중요하게 고려하는 요소로 밝혀졌다.

온실가스 감축을 가장 중요한 요소로 고려하고 있는 기관의 비중은 2010년 17%에서 2014년 33%로 증가했다. 기후변화 대응책이 전혀 중요하지 않다고 응답한 기관의 비중은 2010년 17%에서 2014년에는 절반인 8%로 줄었다. 61%의 응답 기관이 환경의 피해가 작은 분야에 대해 외국인투자를 적극 유치하고 있다고 밝혔다. 이는 2010년 응답 비중 50%에 비해 크게 증가한 것이다.

그렇다면 환경적 영향을 고려해 중남미 투자유치기관들이 가장 우선시 하는 투자분야는 무엇일까. 이에 대한 조사에 전체 응답기관의 23%가 재생에너지자원을 활용한 발전분야를 들었다. 그밖에 농가공

은 설문조사 문항을 사용하였다.

<그림 2> 중남미 지역에서 외국인투자의 환경적 영향과 관련 중요하게 생각하는 정책

(단위 : 5=매우 중요, 1=중요하지 않음)

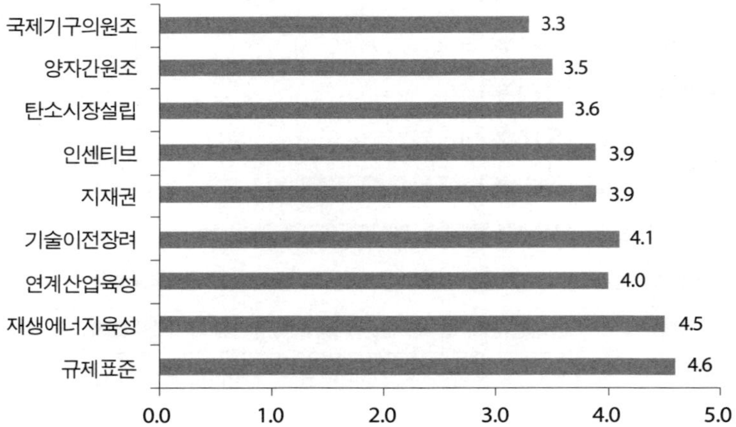

자료 : ECLAC(2015)

업 및 임업이 21%로 뒤를 이었고, 관광산업이 15%, 경공업이 12%를 차지했다.

다음으로 중남미 각국에서 투자유치기관들이 외국인투자의 환경적 영향과 관련해 중요하게 생각하는 정책분야는 무엇일까. 이에 대한 조사에서는 많은 기관들이 규제표준과 재생에너지시장의 육성정책을 언급했다. 그에 반해 국제기구의 지원과 양자 원조 그리고 탄소시장의 창설 등은 아직까지 외국인투자와 관련해 중요한 정책 분야가 아닌 것으로 조사되었다.

III 중남미 주요국에서 FDI 유치와 환경과의 정책연계

앞서 설문조사에서 살펴보았듯이 최근 들어 중남미 각국에서는 FDI 유치 시 환경적인 요소를 점차 중요하게 고려하고 있다. 그러나 각국이 처한 에너지 믹스, 산업구조 그리고 천연자원산업의 경제발전 기여 등에 따라 환경적인 요소를 중요시 하는 정도는 국가마다 다르다.

먼저 청정에너지 강국으로 평가받는 브라질은 환경정책을 산업적인 측면에서 접근하는 대표적인 국가다. 브라질에서는 환경정책이 단순한 환경보존에 그치지 않고 환경관련 산업 육성과 항상 연계되어 있다. 즉 환경정책을 통해 환경보존과 개발이라는 두 마리 토끼를 동시에 잡겠다는 포석이다. 이러한 사례는 재생에너지산업 육성정책에서 찾아볼 수 있다. 브라질은 최근 들어 풍력발전을 비롯한 비전통재생에너지 개발에 힘을 쏟고 있다. 그 결과 브라질에서 전력 생산의 13%는 비전통재생에너지가 차지하고 있다. 특히 브라질은 풍력부문에서 높은 잠재력을 갖고 있는 것으로 평가된다. 2015년 기준으로 브라질은 세계 8대 풍력생산국이다. 브라질에서 풍력의 성공 비결은 풍력발전에 적합한 천혜의 지리적 환경, 정부의 적극적인 지원 정책, 풍부한 금융지원 등 3박자가 맞았기 때문이다. 브라질 정부는 2004년부터 대체에너지육성프로그램(PROFINA)을 통해 풍력발전을 지원해왔다. 2009년부터는 에너지 경매 제도를 도입해 풍력산업이 발전할 수 있는 자생적 환경을 조성했다. 특히 브라질경제사회개발은행(BNDES)의 적극적인 금융지원은 풍력산업의 발전에 결정적인 기여를 했다. 브라질에 건설된 풍력단지의 90%가 BNDES의 금융지원을 받고 있다. 또한 풍력부품산업 육성을 위한 정부의 지원책도 풍력산업의 발전에 크게 기여했다. 브라질 정부는 풍력 프로젝트 입찰에 참여하는 외국기업에 대해 일정 비율의 브라질 부품 사용 규정을 도입했다. 이에 따라 전 세계 12대 풍력발전 부품업체들이 모두 브라질에 생산공장을 설립했다. 그 결과 다른 중남미 국가에서와 달리 Renova Energia, CPFL, Dobreve 등 세계적인 풍력기업과 어깨를 나란히 하는 브라질 기업이 탄생했다. 이러한 성공 모델에 힘입어 브라질은 정부의 직접적인 보조금 없이도 지속가능한 풍력 발전을 할 수 있는 국가로 평가된다. 풍력산업 이외에 바이오에탄올산업도 브라질 정부가 환경보호와 산업육성을 동시에 추진한 사례로 평가된다. 브라질 정부는 사탕수수산업에서의 높은 경쟁력을 활용해 오랫동안 차량용 연료로 바이오에탄올 사용을 적극 장려해왔다. 그 결과 브라질은 가솔린과 바이오에탄올을 동시에 사용할 수 있는 이중연료차량을 자체 개발할 수 있게 되었다.

만성적인 전력 부족 사태를 겪고 있는 칠레의 현실을 감안해 칠레 외국인투자위원회(CIEChile)는 재생에너지원을 사용한 발전분야에 외국인투자를 적극 유치하는 정책을 펴고 있다. 그 결과 칠레는 전 세계적으로 비전통재생에너지 분야에서 대표적인 투자 유망국으로 부상했다. 특히 칠레 북부의 아타카마 사막은 전 세계에서도 태양광 발전 잠재력이 큰 곳으로 평가된다. 현재 칠레의 전력생산 구조를 살펴보면 수력이 26.6% 비중을 차지하고 있는데 반해 비전통적재생에너지의 비중은 6.3%에 불과하다. 칠레 정부는 "2012~2030 국가에너지전략"에 의거해 2024년까지 수력의 비중을 45%~48%로 늘리고 2025년까지 비전통재생에너지 비중을 20%로 확대하겠다는 계획이다. 그 밖에 칠레외국인투자위원회는 지속가능한 관광과 유기농 포도주 생산에도 외국인투자를 적극 유치하겠다는 포석이다. 이를 통해 칠레 정부는 2020년까지 지속가능한 포도주 생산의 세계적인 리더로서 위상을 굳히겠다는 전략이다.

칠레에서와 마찬가지로 멕시코 투자청(ProMexico)도 재생에너지 개발에 초점을 두고 있다. 멕시코 정부는 2012년 이산화탄소 배출 감축과 신재생에너지 발전 확대를 목표로 기후변화법[2]을 제정하면서 재생에너지 개발에 적극 나서고 있다. 멕시코는 2024년까지 전체 전력 생산의 35%를 신재생에너지로 충당한다는 계획이다. 특히 멕시코 정부는 신재생에너지 확대 목표 달성을 위해 2015년 1월 청정에너지 확인서(CEL) 제도를 도입했다. 이 제도에 의거해 멕시코 정부는 발전 사업자와 대규모 전력 소비자가 생산이나 소비해야 할 신재생에너지 할당량을 매년 초 제시한다.

페루는 중남미 국가 중 개발과 환경보존 사이에서 갈등하는 대표적인 국가다. 페루 투자청(Proinversion)은 기본적으로 환경부의 정책과 조화를 통한 외국인투자 유치 활동을 펼치고 있다. 이러한 투자청의 노력은 석유화학산업 개발 과정에서 엿볼 수 있다. 페루는 전략적으로 석유화학산업 육성을 위해 페루 남부에 석유화학산업단지를 개발하고 있다. 이 사업을 추진하는 과정에서 페루 정부는 개발과 환경보전 간의 균형을 맞추려 노력하고 있다. 대표적으로 페루 정부는 법률 제29163호 9조에 의거해 석유화학산업단지 개발에 사용되는 장비와 부품은 안전, 환경 및 자원사용효율성에 관한 국제기준을 준수하도록 명시하고 있다. 그러나 페루의 대표적인 외국인투자 분야인 광산 개발에서는 모순적인 행태가 목격된다. 자원 가격 하락에 따라 침체를 겪고 있는 광산부문에 적극적인 외국인투자 유치를 위해 페루 정부는 2014년 7월 투자절차 간소화 및 투자혜택 확대를 골자로 하는 법률 3627호를 제정했다. 그러나 이 법률은 환경단체로부터 환경규

2) 기후변화법에서 멕시코 정부는 2000년 대비 2050년까지 온실가스 배출을 50% 줄이겠다는 목표를 제시했다.

정을 완화하고 환경부와 관련기관의 권한을 약화시켰다는 거센 비판을 받았다. 실제로 페루 정부는 신속한 투자 진행을 위해 환경영향평가 기간을 축소하는 한편 오염물질 최대 배출 및 허용 한도와 환경의 질적 기준 수립에 대한 환경부의 권한을 박탈했다.

코스타리카는 국내 환경보호정책과 외국인투자 유치정책간의 불일치성을 보이는 대표적인 국가다. 코스타리카 정부는 국내적으로 100% 재생에너지를 사용한 전력 생산과 2021년까지 탄소중립경제 달성 등의 야심찬 목표를 설정하고 있다. 이의 일환으로 노천광산의 채굴과 석유 탐사를 중단시키기까지 했다. 그러나 이러한 국내적인 노력에 반해 코스타리카 투자청은 그린투자와 관련된 어떠한 가이드라인이나 우선 투자분야도 제시하지 않고 있다.

Ⅳ 우루과이 사례: FDI 유치와 환경과의 연계정책 추진

1. 우루과이에서 FDI 유치와 환경과의 연계정책

우루과이는 중남미 국가 중 FDI 유치와 환경을 성공적으로 연계해 추진한 국가로 평가된다. 우루과이는 중남미 국가 중에서는 처음으로 환경기준을 마련해 그 기준의 준수 여부에 따라 외국인투자 기업에게 세제혜택을 주고 있다. 2007년 외국인투자법(Decree No.455/007)에 따라 외국인투자 기업이 세제혜택을 받기 위해서는 반드시 우루과이의 전략적 목표를 준수해야 한다. 더 나아가 2012년 2월에는 특정 기준에 근거해 외국인투자에 대한 세제혜택을 제공하는 법령(Decree no.002/012)을 도입했다. 그 기준 중의 하나가 UNEP가 정의한

<그림 3> 청정생산의 개념 체계

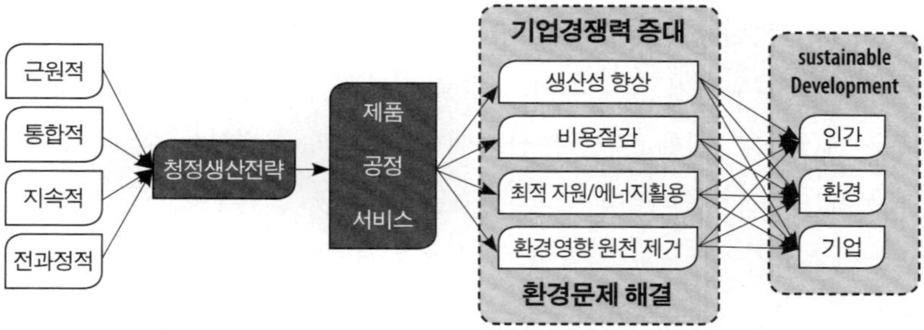

자료 : UnASeP(2016), Inversion recomendada e indicadores asociados, Diciembre de 2016.

청정생산(cleaner production)이다. 즉, 청정생산 분야에 투자하는 외국기업에 대해 보다 많은 세제 혜택을 부여하고 있다. UNEP에 따르면 청정생산은 "인류와 환경에 대한 위험을 경감하고 Eco-Efficiency를 증대시키기 위해 공정, 제품 및 서비스에 대한 통합된 예방적 환경 전략을 지속적으로 적용하는 것"으로 정의한다.

보다 구체적으로 우루과이가 외국인투자에 대해 적용하고 있는 독특한 세제혜택 제도를 살펴보면 다음과 같다. 우루과이 정부는 국가의 전략적 목표달성을 위해 외국인투자를 적극 활용한다는 전략 하에 특정 기준을 준수하는 외국기업에 대해 보다 많은 세제혜택을 부여하고 있다. 우루과이 정부가 채택하고 있는 기준은 크게 다섯 가지다. 먼저 고용 창출이다. 우루과이 정부는 외국인투자가 양적이며 질적인 고용 창출에 기여할 수 있도록 각별한 관심을 갖고 있다. 이에 따라 고용 창출에 기여하는 외국기업에 대해 가장 큰 혜택을 부여한다. 둘째, 청정생산이나 연구개발 및 혁신(R&D&I)분야 투자다. 외국기업이 청정생산이나 연구개발 및 혁신분야에 투자할 경우에도 큰 세제 혜택이 제공된다. 여기서 청정생산에 대한 투자는 태양광전지 패널 및 태양광 집전판, 풍력관련 장비, 화석연료 대체 화력발전 장비, 열병합관련 전력생산 장비, LED조명장치, 콘덴서 및 에너지 효율성 제고를 위한 활동 등을 포함한다(UnASeP, 2015). 셋째, 수출 증대이다. 외국인투자가 우루과이의 수출 확대에 기여할 경우도 세제 혜택을 제공한다. 넷째, 지방 분산화이다. 우루과이 정부는 외국인투자를 통해 수도인 몬테비데오에 집중된 경제 및 산업구조를 지방으로 분산시키고자 한다. 마지막으로 분야별 목표다. 외국인투자가 기후변화 적응 및 감축, 자본시장발전, 취약그룹노동자의 고용, 관광서비스 및 인프라 개발 등 분야별 목표에 기여할 경우도 세제 혜택을 제공한다. 외국인투자자는 이상에서 언급한 다섯 개 지표에 대한 종합적인 점수를 합산하여 세제 혜택을 받게 된다. 외국인투자 기업은 최종점수에 따라 최대 3년까지 법인세(IRAE)를 면제 받는다. 현재 우루과이의 법인세는 25%다.

<표 1> 외국인투자 프로젝트의 세제 혜택 평가지표 구성

목표	가중치	점수
고용 창출	30%	0~10
지방 분산화	15%	0~10
수출 증대	15%	0~10
청정생산 혹은 연구개발 및 혁신	20%	0~10
분야별 목표	20%	0~10

자료 : UnASeP(2012)

이상의 세제 혜택을 희망하는 외국인투자 기업은 신청서를 재정경제부(MEF) 산하 민간부문지원국(UnASeP)[3]에 제출한다. 제출된 투자 프로젝트는 외국인투자법집행위원회(COMAP)[4]가 어느 부처나 기관

3) 민간부문지원국(UnASeP)은 투자프로젝트 개발에 필요한 정보 제공, 국가가 제공하는 세제 해택에 대한 가이드라인 제공, 시장에 대한 연구조사를 통한 투자 장려 등의 임무를 수행한다.

4) Commission for the Enforcement of the Investment Law

에서 프로젝트를 평가할 지를 결정한다. 무역 및 서비스분야 프로젝트의 경우 재정경제부, 산업분야의 경우 산업에너지광업부, 농업분야의 경우 농목축임업부, 관광분야의 경우 관광스포츠부에서 평가한다. 해당 부서의 평가가 완료되면 COMAP는 해당 프로젝트에 대한 세제 혜택을 행정부에 권고한다. 이 권고에 따라 행정부가 최종적으로 신청 프로젝트의 세제 혜택을 승인한다.

2. 정책도입의 성과: 재생에너지 선도국으로 부상

2012년 002/012 법령 도입이후 청정생산과 기후변화적용 및 완화를 목적으로 한 투자가 급증했다. UnASeP에 따르면 청정분야에 대한 투자는 2008~2012년 사이 연평균 1억 3,294만 달러에서 2013~2016년 기간에는 연평균 10억 3,363만 달러로 약 10배가 증가했다. 이 시기 큰 폭의 투자 증가는 풍력발전에 대한 투자 급증에 힘

<그림 4> 우루과이 청정생산부문야에 대한 FDI 추이

(단위 : 백만 달러)

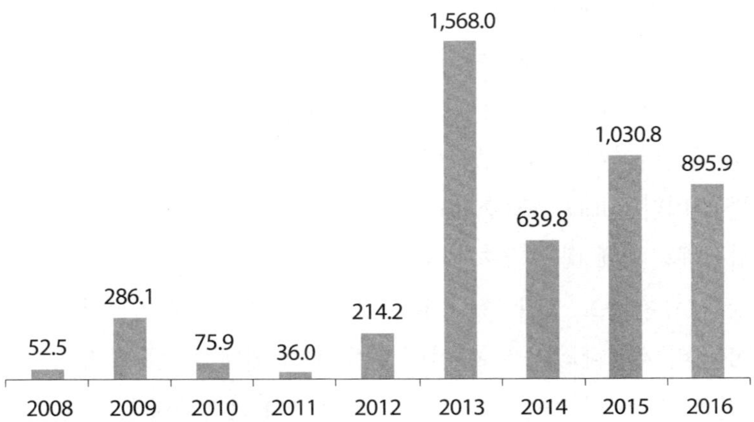

자료 : UnASeP(2016), Inversion recomendada e indicadores asociados, Diciembre de 2016.

<그림 5> 우루과이 기후변화적응 및 감축을 겨냥한 FDI 추이

(단위 : 건수)

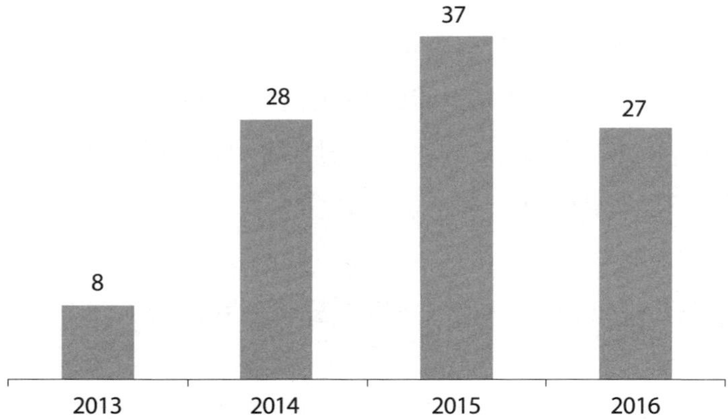

자료 : UmASeP(2016), Inversion recomendada e indicadores asociados, Diciembre de 2016.

입은바 컸다.

한편 분야별 목표로 제시한 기후변화 적응 및 감축 지표를 겨냥한 외국인투자도 2013년 8건에서 2015년에는 37건으로 크게 증가했다.

이러한 FDI와 환경지표를 연계한 정책의 추진 결과, 우루과이는 전 세계에서 재생에너지 사용의 선도국으로 부상했다. 일차 에너지 매트릭스(2014)에서 재생에너지가 차지하는 비중은 56%로 이는 전 세계 평균 9.3%를 크게 웃도는 것이다. 2015년에는 전력생산의 92%가 재생에너지에서 발생했는바, 이는 전 세계 평균 22%를 크게 상회하는 것이다(Uruguay XXI, 2016).

재생에너지에 대한 투자에서도 우루과이는 세계적으로 두드러진 위상을 차지하고 있다. 최근 REN21 보고서에 따르면 우루과이는 GDP대비 재생에너지 투자 비중 면에서 전 세계 5위를 차지했다. 특히 전력 그리드에서 풍력이 차지하는 비중이 현저하게 높았다. 이 보고서에 따르면 우루과이는 1인당 풍력발전(2014년 기준)이 전 세계에서 가장 높은 국가다(REN21, 2015). 우루과이 정부는 현재 22%인 풍력 발전의 비중을 2017년까지 35%로 끌어올리겠다는 계획이다. 이 계획이 달성될 경우 우루과이는 세계적인 풍력에너지 선진국인 덴마크(전체 전력 생산 중 풍력의 비중 43%)와 어깨를 견줄 수 있을 것으로 보인다.

재생에너지 육성을 위한 우루과이 모델은 국제적으로도 인정받고 있다. 특히 정부 보조금에 의존하지 않고 혁신적인 육성 정책을 통해 민간부문의 적극적인 투자 참여를 유도하는 모델로 높은 평가를 받고 있다. 이러한 평가에 힘입어 국제재생에너지기구(IRENA)는 재생에너지 입찰 가이드에 우루과이의 사례를 포함시키기까지 했다.

다른 한편으로 우루과이는 2015년 IDB와 블룸버그가 전 세계 55개 개도국을 대상으로 한 평가에서 청정에너지에 대한 투자규정이 가장 양호한 국가로 선정되었다. 세계에너지위원회(World Energy Council)는 지속가능한 에너지시스템 측면에서 우루과이를 세계에서 네 번째로 우수한 국가로 평가했다(Uruguay XXI, 2016).

V 맺음말

이상에서 중남미 각국이 펼치고 있는 FDI 유치와 환경과의 연계정책을 살펴보았다. ECLAC의 조사에서 살펴보았듯이 중남미 각국에서 환경에 대한 인식이 높아지면서 FDI 유치 시 환경적인 요소를 고려하려는 움직임이 활발해 지고 있다. 현재 많은 중남미 국가들이 환경적인 측면을 고려해 FDI 유치 시 우선시 하는 분야는 재생에너지 분야였다. 그러나 환경에 대한 높은 관심에도 불구하고 각국이 처한 경제적 상황에 따라 FDI와 환경을 연계하는 정책의 양상은 다양하게 나타났다. 브라질처럼 환경보존과 산업발전을 동시에 도모하는 전략을 추진하고 있는 국가가 있는데 반해 칠레와 멕시코처럼 재생에너지원을 사용한 전력생산에 중점을 두고 있는 국가들도 있다. 광물자원 부국인 페루의 경우는 자원개발과 환경보존 사이에서 갈등하는 행태를 보이고 있다. 이상의 국가들의 사례에서 알 수 있듯이 아직까지 대부분의 중남미 국가에서 FDI 유치와 환경을 체계적으로 연계하는 정책적 노력이 미흡한 것으로 평가된다. 이러한 상황에서 우루과이 사례는 FDI 유치와 환경과의 정책적 연계를 고민하는 중남미 국가들에게 다양한 시사점을 제공한다. 우루과이는 중남미 국가 중 유일하게 환경지표, 즉 청정생산 지표를 고안해 이 기준을 준수하는 기업에게 세제 혜택을 부여하고 있다. 우루과이는 청정생산 지표 이외에 고용 창출, 수출 증대, 지방 분산화 등 지표를 개발해 이 기준에 부합하는 외국인투자자에게 세제 혜택을 부여함으로써 FDI가 국가의 전략적 목표와 일치하도록 유도하고 있다. 이러한 정책의 추진 결과, 우루과이는 청정생산 분야, 특히 재생에너지 분야에 많은 투자를 유치함으로써 재생에너지분야의 선도국으로 부상할 수 있는 기반을 구축했다. 이상에서 살펴본 우루과이 모델의 성공을 다른 중남미 국가들에게 일반화해 적용하는 데는 한계가 있다. 각국이 처한 경제적 환경이나 산업구조적인 여건이 상이하기 때문이다. 그럼에도 불구하고 FDI 유치와 환경적인 측면을 연계하려는 우루과이 정부의 혁신적인 노력은 다른 중남미 국가들에게 시사하는 바가 크다.

참고문헌

ECLAC, 2015: Foreign Direct Investment in Latin America 2015.

REN21, 2015: Renewables 2015 Global Status Report.

Uruguay XXI, 2016: Renewable Energies in Uruguay.

UnASeP, 2012: Guide to the General Investment Promotion Regime: Decree No 002/012.

UnASeP, 2015: Incentivos a la inversion en engergias renovables a traves del regimen de promocion de inversiones.

UnASeP, 2016: Inversion recomendada e indicadores asociados.

http://www.google.com.ph/url?sa=t&rct=j&q=&esrc=s&frm=1&source= web&cd=1&ved=0ahUKEwjaocbykt7UAhVFxrwKHXFqBzoQFggjMAA&url=http%3A%2F%2Fattfile.konetic.or.kr%2Fkonetic%2Fxml%2Fmanage%2FE1A3A0124028.doc&usg=AFQjCNFb38cdrN1x69-1ijeXl6_-6OkhVA.

한·중남미지역간 해양과학 협력 현황 및 발전방안 제언

김경진(한국해양과학기술원)

I 서론

전 세계적으로 자원에 대한 수요가 급증하면서 이의 확보경쟁이 점차 심화되고 있는 반면, 해양자원 부국의 자원민족주의 경향이 심해지면서 이들의 보호체계는 강화되고 있는 추세다. 이에 따라 해외 협력거점을 통해 자원보유국과 개발협력사업을 증대시키고 기술이전을 통한 경제발전에 기여함으로써, 자원 민족주의 현상을 극복하고 우리나라 해양경제영토 확대를 위한 전략적 접근이 필요하다.

중남미지역은 광물·에너지 자원과 생물자원(생물다양성)이 풍부하여 자원공급처로서 가치가 있으며, 인프라 개발에 대한 높은 수요와 풍부한 젊은 노동력, 높은 경제성장의 가능성 등 상품시장으로서의 가치가 있다. 또한 태평양이라는 공통된 연구지역을 가짐으로써 기후변화 등과 같은 전지구적인 국제프로그램에 같이 참여할 수 있는 연구파트너가 될 수 있다. 특히, 지속가능한 해양개발의 필요성에 대한 인식이 확산되면서 해양자원 개발, 해양·연안에서의 환경문제 해결, 엘니뇨와 같은 기후변화 연구, 해양생물다양성의 활용 등과 같은 사안에 대해 중남미 지역의 과학기술협력수요가 높아지면서 한·중남미간 해양과학기술협력을 통해 상호호혜이익을 추구할 수 있는 전략적 파트너를 구축할 수 있다.

본지에서는 2008년 8월부터 2017년 6월 현재 한국해양과학기술원에서 수행한 한·중남미해양과학기술협력활동의 주요 성과들을 검토해보고 향후 발전방안을 제시하고자 한다.

II 중남미지역과의 해양과학기술 협력 필요성

오늘날 페루를 포함한 중남미지역은 다음과 같은 점에서 해양분야에서의 상호·호혜적 협력조건을 두루 갖추고 있다. 첫 번째로 광물자원, 석유, 천연가스 등 광물·에너지 자원과 해양자원(어업) 및 생물자원(생물다양성)이 풍부하여 향후 우리나라와의 자연자원(해양자원 포함) 공급처로서의 가치를 가진다. 또한 21세기 들어 사회 및 해양 인프라 개발에 대한 높은 수요, 풍부한 젊은 노동력, 안정적인 경제성장 잠재성 등으로 미래 무역 및 상품시장으로서의 가치가 매우 큰 지역이다. 이와 같은 전략적 가치와 성장 잠재력을 간파한 미국, EU,일본 등은 이미 기회 선점을 위해 경쟁적으로 중남미 진출을 가속화하고 있다.

국제원자재의 블랙홀로 부상한 중국은 다른 어느 국가보다도 중남미 지역의 농산물, 석유, 광물자원 확보를 위해 개발 투자 부문에서 빠른 행보를 보이고 있다. 두 번째로 태평양이라는 공통된 해양 영역을 가짐으로써 기후변화(엘니뇨/라니냐 현상) 등과 같은 전지구적인 국제프로그램에 같이 참여할 수 있는 국제협력 파트너로서의 태평양 연안국가들의 가치는 높다. 또한 지정학적으로 훔볼트 해류를 통한 높은 해양어업(칠레 및 페루 등) 및 해양자원과 생물다양성을 가짐으로써 우리나라와의 국제해양협력 거점 국가이자 상호 간의 협력 이슈 개발 및 이의 이행 역량을 제고할 수 있다. 세 번째로 해양과학기술 분야에서의 기술협력에 대한 수요가 증가하고 있다. 특히 중남미의 대다수 국가들도 태평양, 카리브 해, 대서양, 남극해 등의 연안국으로서 해양광물자원에 대한 개발에 가장 접근성이 높은 국가들이지만 이를 실행하기 위한 해양과학기술과 자본은 상당히 부족하다는 점에서 협력의 필요성은 증가하고 있다.

최근 태평양 연안 국가들에서는 급속한 해양 연안 지역 도시화 및 해양개발로 인한 해양환경의 악화와 어류 남획 및 기후 변화 등에서 비롯된 해양자원의 감소로 인해 해양의 지속가능한 개발과 보존이 필요하다는 인식이 확산되고 있다(페루의 어업 할당제 및 규제도입 등). 이에 해양자원개발, 해양 및 연안에서의 환경문제 해결, 엘니뇨와 같은 기후변화 연구, 해양 생물다양성의 활용 등의 사안에 대해서 우리나라와의 기술협력 수요는 지속적으로 증가하고 있다. 네 번째로, 페루를 포함한 중남미 국가들과의 국제경제 및 국제관계를 강화함으로써 글로벌화와 지역협력 차원의 새로운 경제패러다임 속에서 경제파트너라는 동질감을 느끼게 해 주는 중요한 전략적 가치를 가지고 있다. 또한 OECD 회원국으로서 한국의 위상을 재정립하고 국제협력의 파트너로서, 그리고 협력 리드국가(중견국 외교)로서 위상 강화를 통해 국제

사회의 지지를 획득할 수 있다.

III 중남미 국가와의 해양과학기술 협력활동 현황

1. 중남미 지역과의 협력에서의 중심교섭점

중남미 국가와의 해양과학기술 협력활동은 중남미 국가와의 호혜적 국제협력을 발판으로 해양자원 및 에너지 개발을 위한 교두보를 확보하는 것을 목표로 해양수산부의 지원을 받아 2008년부터 한국해양과학기술원에서 수행되었다.

본격적인 활동을 조직하고 수행하기에 앞서 중남미 지역에서의 중심교섭점(Central Contact Point)을 선정하였다. 일대 다자간 국제협력에서 중심교섭점은 해당 지역 국가들과의 의사소통을 원활하게 하고 그들의 의견을 대변해 주며, 각종 활동 조직에 도움을 줄 수 있다. 특히 중남미 지역은 언어와 지리적 차이로 인한 정보 부족으로 중심교섭점의 역할이 매우 중요하다.

우리나라에 대한 우호적인 태도, 공동연구의 가치, 자원 확보로서의 경제적 가치, 다른 중남미 국가들과의 관계, 본 협력활동에 대한 적극적인 참여의지 등을 고려하여 페루 해양연구소(IMARPE)를 중심교섭점으로 선정하였다.

구체적인 이유는 다음과 같다. 첫째, 페루는 석유 등 해양광물이 풍부하고 해양생물의 다양성이 높아 해양자원의 경제적 가치가 크다. 특히 수산업 등 해양 관련 산업이 경제에서 차지하는 비중이 큰 관계로 해양 관련 기술협력에 대한 수요가 높다.

둘째, 지구 온난화와 기후변화 중심지로서 범지구적 해양문제와 관련된 공동연구의 가치가 높다. 페루는 태평양에서 발생하는 엘니뇨 등의 기후변화현상과 원인을 연구하는데 지역적으로 중요한 위치를 차지하고 있으며 이들 현상이 국가경제에 미치는 영향이 크다. 이에 따라 동아시아-라틴아메리카 협력포럼(FEALAC)에서 엘니뇨 정보교류망 구축과 이를 위한 워크숍도 제안하는 등[1] 기후변화와 관련된 연구에 적극적이다.

셋째, 우리나라와 페루는 전통적으로 우호적 협력관계를 가지고 있다. 특히, 2005년 우리나라에서 개최된 APEC 정상회의를 계기로 Alejandro Telodo 페루대통령이 국빈 방한하였으며, 반기문 UN 사무총장도 2006년 외교통상부 장관 시절 페루를 두 번 공식 방문하여 양국 간의 상호협력에 대해 논의 하는 등 양국 간 고위 교류인사가 활발하다.

넷째, 우리나라와의 경제·기술협력이 급속도로 중요해지고 있다. 페루는 우리나라가 중남미 지역에서 ODA를 가장 큰 규모로 지원하는 나라다. 중남미 국가 중 대표적인 고성장 국가로서 잠재적 시장 가치가 큰 나라이며, 2010년 우리나라와 FTA를 체결하였다. 우리나라 경제발전의 경험을 중시하고 상호보완적 경제·기술협력을 희망하고 있으며 각종 경제 개발사업에 우리나라의 참여를 기대하고 있다.

다섯째, 페루는 중남미 국가들 간의 결속과 지역협력을 강화하기 위해 적극적인 활동을 펼치고 있는 나라 중 하나다. 남동태평양협의체 CPPS(Permanent Commission for the South Pacific)와 동아시아-라틴아메리카 협력포럼의 참여국이며, OAS, 리오그룹, 안데스공동체 등의 지

1) 엘니뇨 협력 프로젝트 사업을 위한 워크숍 공고, 2005, 3.7. FEALAC 과학기술작업반 회의자료

역기구에서 적극적인 역할을 수행하고 있다.[2)]

여섯째, 한국해양과학기술원과의 협력관계 및 적극적인 협력의지가 고려되었다. 대표적 해양 연구기관인 페루해양연구소(IMARPE) 소장이 2007년 한국해양연구소를 방문하여 해양과학기술협력에 대한 양해각서를 체결하였다.[3)] 이 양해각서는 공동연구 프로그램 참여, 공동워크숍 및 교육훈련프로그램 조직, 전문가 교류 등 본 사업의 활동과 관련된 협력내용을 담고 있다. 또한 IMARPE에서 중남미 지역 해양 관련 기관들과의 의사소통을 지원하고 페루에서 교육훈련프로그램이 개최될 경우에 해양조사선을 제공하는 등의 적극적인 참여의지를 피력하였다.

2. 한·페루(중남미)해양과학기술공동연구센터 설립

2008년부터 2011년까지는 페루 IMARPE를 중심교섭점으로 하여 한·중남미 해양정책포럼, 해양과학기술협력 워크숍, 교육훈련 등의 활동들이 조직되었다. 이들의 활동을 통하여 7개 중남미국가의 contact point를 확보하였으며, 중남미 정부부처 및 연구기관 관계자 약 54여명, 국내 정부부처 및 연구기관 관계자 150명, IOC 등 국제기구 관계자 2명의 네트워크를 형성하였다. 또한 중남미 지역으로부터 해양과학기술협력에 대한 의향선언서를 도출하였으며, 해양에너지, 생물다양성 및 생명공학, 수산양식개발, 해양환경관리, 연안관리 총 5개 분야에서 23개의 희망연구과제를 중남미측으로부터 제안받았다.

---

2) 페루정세 중 대외정책, 2007.1.9. 주페루 대한민국 대사관 홈페이지http://per.mofat.go.kr/kor/am/per/affair/state/index.jsp

3) 한국해양연구원과 페루 IMARPE간의 해양연구 및 기술협력에 대한 양해각서, 2007, 10, 22, 한국해양연구원

해양과학기술 전문가 및 정책입안자 네트워크 구축, 중남미지역 해양과학기술 수요 및 현황 파악, 교육훈련프로그램 실시, 공동연구 과제 발굴 등이 중남미지역과의 협력기반을 마련하기 위한 협력활동이었다면, 이를 체계적으로 지원할 수 있는 중남미지역에서의 거점을 구축하는 것이 필요하다. 이러한 맥락에서 2008년 11월 한·페루 정부간 해양과학기술에 대한 양해각서가 체결되었으며, 2년 뒤인 2010년에 '한·페루(중남미)해양과학기술 공동연구센터(이하 센터라 지칭함)'설립을 위한 한·페루 정부간 양해각서가 체결되었다. 2011년 7월에 이 양해각서를 근거로 '한·페루(중남미)해양과학기술공동연구센터 설립 및 운영에 대한 이행약정서'가 체결되었으며, 2012년 4월에는 한·페루 정부간 해양과학기술 공동위원회를 개최하여 센터 설립 및 운영에 대한 구체적인 내용을 협의하였다.

본 이행약정서에는 센터의 기능 및 역할, 조직, 공동연구 발굴 및 수행방법이 규정되어 있으며, 한국해양수산부와 페루생산부를 대신하여 한국해양과학기술원(KIOST)과 페루해양연구소(IMARPE)가 실질적으로 운영하게 되어 있다. 또한 공동연구를 지원하기 위해 한국과 중남미 지역 해양분야 전문가들로 이루어진 자문위원회를 구성하도록 되어 있다. 본 이행약정서를 근거로 2012년 11월에 센터가 개소되어 현재까지 운영되고 있으며, 페루해양연구소(IMARPE)내에 사무실이 소재하고 있다.

3. 한·페루(중남미)해양과학기술공동연구센터 주요 활동 현황

한·페루(중남미)해양과학기술공동연구센터의 주 목적은 중남미지역의 해양분야 협력거점으로서 해양과학기술 협력 플랫폼 구축, 양측의 수요에 기반한 협력과제발굴/추진/ 수행, 지속가능한 해양과학기

<그림 1> 한·페루(중남미)해양과학기술공동연구센터 뉴스레터 예(2016.12.31.)

KIOST

KOPE-LAR

NEWSLETTER

▸ 발행일 : 2016년 12월 31일

LAB

'이베로아메리카 포럼: 해양자원과 수산양식' 개최
CELEBRANDO VIII FORO IBEROAMERICANO DE LOS RECURSOS MARINOS Y LA ACUICULTURA.

December 2, 2016

COREA

KIOST, 선박안전항해정보시스템 실용화 게시
KIOST INICIÓ LA COMERCIALIZACIÓN DE UN SISTEMA DE INFORMACIÓN DE NAVEGACIÓN SEGURA PARA BUQUES

November 18, 2016

Instituto Coreano de Ciencia Oceánica y Tecnología, KIOST, anunció el 2 de noviembre que comercializará el "Sistema de Navegación de Seguridad de Buques KIOST" (en lo sucesivo, "Sistema S-Navi"), que fue desarrollado de acuerdo con la señal de salida de la clase Marine Scientific Surveyry de 5.900 toneladas.

El S-Navi es un sistema que proporciona información de alta resolución sobre la predicción del tiempo y del océano e información de observación en tiempo real del código director de KIOST, producido por el sistema operativo de predicción marina de KIOST para investigar a través de Internet. La infomación de observación proporcionada es de alta resolución de hasta 72 horas para la dirección del viento, la velocidad del viento, la temperatura del agua y la salinidad medida por el código director, y puede confirmar directamente infomación pronóstica precisa por el tiempo de la ruta a ser operada por el nave.

http://www.kiost.ac.kr/cop/bbs/BBSMSTR_000000000075/selectBoardArticle.do?nttId=16512&kind=&mno=sitemap_12&pageIndex=1&searchCnd=&searchWrd=

PERÚ

OPEN DAY PERMITIÓ MOSTRAR AL PÚBLICO LA LABOR CIENTÍFICA QUE REALIZA EL IMARPE PARA EL CONOCIMIENTO DEL MAR PERUANO Y SUS RECURSOS
페루해양연구소(IMARPE), Open Day 행사 개최

November 05, 2016

En el marco de la semana de la ciencia organizada por el Concejo Nacional de Ciencia y tecnología CONCYTEC, el Instituto del Mar del Perú realizó un "Open Day", actividad que permitió abrir sus puertas para mostrar el aporte que realiza en el campo de la investigación, conocimiento del mar peruano y sus recursos, labor que se constituye en una importante contribución en la toma de decisiones respecto a su uso racional y la conservación del ambiente marino y por ende al desarrollo del país.

Es así que el sábado 5 de noviembre, cerca de 700 personas, entre niños, escolares, universitarios y público en general, tuvieron la oportunidad de apreciar las exposiciones e interactuar con nuestros científicos, cuya labor está avocada a la investigación en los campos de la oceanografía, acuicultura, pesca, recursos demersales y pelágicos, así como en el continente Antártico.

http://www.oannes.org.pe/Oannes_new_ver_2011/nprensa_detalle.php?idart=32487

LATINO AMÉRICA

ARGENTINA, UN MODELO MATEMÁTICO PREDICE LA VELOCIDAD DE ESCAPE DE LOS CANGREJOS
아르헨티나, 게의 탈출속도 수학모델 개발

November 11, 2016

De acuerdo a científicos de la UBA y del Conicet, los crustáceos podrían inspirar en el futuro el diseño de sensores para prevenir colisiones y otras aplicaciones. Un equipo de investigadores argentinos logró crear un modelo matemático que predice con precisión la velocidad de los movimientos que ejecutan los cangrejos a partir de la información visual relacionada con el tamaño y las diferentes velocidades de acercamiento de los predadores u objetos amenazantes.

La idea, en el futuro, es "fabricar dispositivos artificiales de control que puedan emular la eficiencia con la que operan los organismos vivos en base a diseños desarrollados durante millones de años de exitosa adaptación", señaló a la Agencia CyTA-Leloir el líder del avance, el doctor Daniel Tomsic, investigador del Instituto de Fisiología, Biología Molecular y Neurociencias (IFIBYNE), que depende de la UBA y del CONICET. Por ejemplo, sensores electrónicos más eficaces para prevenir colisiones entre vehículos.

http://www.nuestromar.org/noticias/categorias/64114-11-16/un-modelo-matem-tico-predice-velocidad-escape-cangrejos

술 인적자원 양성을 통해서 실질적인 협력성과를 도출하는 것이다. 센터가 설립된 초기단계에서는 페루와 중점적으로 협력활동을 수행하지만 궁극적으로는 중남미 지역으로 확대를 추진하고 있다.

해양과학기술협력 플랫폼 구축과 관련하여서는 ① 한국과 중남미 지역의 뉴스, 미디어, 신문, 인터넷, 센터 자문위원 등을 통해 해양이슈 선별하고 주요내용을 요약하여 분기별로 뉴스레터를 발간한다. 뉴스레터는 센터활동을 홍보하는 주요 수단으로서 센터 관련 활동을 포함하고 있으며, 센터, 한국, 페루, 기타 중남미지역 해양정보/활동으로 구분되며, 한국어와 스페인어로 작성된다. 센터 홈페이지와 이메일리스트, 중남미 관련/해양 관련 학회지를 통하여 배포한다. 2017년 6월까지 14회 발간되었으며, 센터활동, 페루, 한국, 중남미지역의 총 200여건이 넘는 정보가 제공되었다. ② 센터 홈페이지를 운영하며, 수집된 한·중남미지역 해양 정보와 성과보고서 등 발간자료를 주기적으로 업로드하며, 모든 정보는 한국어와 스페인어로 제공된다. 또한 한·중남미 해양과학기술 전문가 워크숍 등의 중요행사 등도 홈페이지를 통해 공지하고 있다. ③ 중남미지역의 심도있는 해양정보를 제공하기 위하여 해양편람이 발간되었다. 해양편람의 목적은 중남미지역과 협력과제를 도출, 추진할 때 필요한 기초자료를 제공하는 것이다. 페루, 칠레, 에콰도르, 콜롬비아, 코스타리카, 총 5개의 중남미국가를 대상으로 해양지리, 생태계 및 해양자원분포, 해양인프라등의 해양일반과 해양 관련 주요기관, 해양 관련 법 및 제도, 해양전문가 인력양성, 연안관리 및 해양생물 자원관리/생명공학, 특정 연구기관들의 해양관측기술 분야 현황 등이 조사되었다. ④ 한중남미지역간의 협력활동을 검토해보고 향후 발전방안을 마련하기 위해 협력활동결과보고서를 발간하는데, 2011년에는 '중남미국가와 해양자원 공동연구', 2016년에는 '2012~2016 한·중남미해양과학기술협력

사업 성과보고서'가 발간되었다. 이러한 모든 결과물들은 관련 기관에 배포되었고, 센터 홈페이지를 통해서도 공개되었다. 특히, 페루와 해양과학기술분야와 수산분야에서의 협력방안을 제안하는 논문들도 발간하여, 정책적인 제안을 제공한 바 있다.

둘째, 양측의 수요에 기반한 협력과제발굴, 추진, 수행과 관련하여서는 한·중남미해양과학기술전문가워크숍, 센터 자문위원회, 센터 운영위원회를 통하여 진행된다.

한중남미해양과학기술전문가워크숍은 하나의 주제를 정하여 관련 전문가들의 학술결과를 공유하고 새로운 과제를 제안, 관심있는 분야에 대한 양측 수요를 타진한다. 2013년 이후로 총 3회가 개최되었으며, 기후변화와 생물자원에 대한 연구결과들이 공유되었다. 센터 자문위원회는 제안된 과제에 대한 수요 타진과 추진되거나 진행되고 있는 공동연구과제를 점검하고 향후 발전방안에 대한 자문을 제공한다. 센터 설립 후 총 5회 개최되었다.

양측의 수요가 타진된 후 관심있는 과학자들의 역할분담, 예산확보 등에 대한 합의가 이루어지면 센터 운영위원회에 해당과제를 상정하게 된다. 매년 1회 센터 운영위원회가 개최되는데, 본 운영위원회는 한국해양수산부와 한국해양과학기술원, 페루생산부와 페루해양연구소 관계자로 구성된다. 운영위원회에서는 그동안의 센터 주요 활동결과와 계획을 검토/승인하며, 특히 신규 공동연구과제를 검토/승인하거나 진행하고 있는 공동연구과제 추진결과를 검토하고 후속 조치를 의결한다.

2008년부터 중남미지역 국제협력 아젠다로 도출되었던 분야중에서 특히 페루측과 우리나라 과학자 및 정책입안자의 수요를 고려하여 해양생물자원 개발과 기후변화 분야에서의 공동연구를 중점적으로 추진하였다.

<그림 2> 제4회 한·페루(중남미)해양과학기술공동연구센터 운영위원회
(2017.3.27. 페루 리마)

<그림 3> 제 3회 한·중남미해양과학기술전문가 워크숍(2016.10.18.~19, 제주)

기후변화분야에서는 페루 북부연안 변동성 연구과제가 도출되어 2014년 한·페루 운영위원회 승인을 통해 과제가 본격적으로 추진되었다. 본 과제는 페루 북부 탈라라지역에 해류계와 수온염분센서를 계류, 수집된 자료분석을 통해 엘니뇨와의 상관관계를 파악하는 것이 목적이다. 운영위원회에서의 승인을 근거로 한국해양과학기술원

과 페루해양연구소간에 특정의향서가 체결되었으며(2014.10.), 페루 탈라라지역에 모니터링 장비가 설치되었다. 2014년도 12월부터 약 2년동안 장비를 계류하여 수집된 자료를 분석, 미국지구물리학회, 한국해양학회, 태평양아시아학회에서 연구결과를 발표하였다. 이의 성과를 인정받아 2017년 센터 운영위원회는 과제기간을 3년 연장하는 것을 승인, 한국해양과학기술원과 페루해양연구소간 과제기간 연장 관련 협약을 체결하였다. 본 과제는 해양분야에서 한국과 페루의 최초의 공동연구이며, 1년 이상의 정밀 계류관측을 통해 성과를 도출했다는데 의의를 둘 수 있다. 특히, 본 모니터링 장비에서 수집·분석한 자료는 엘니뇨현상을 분석하고 향후 예측하는데 필요한 기초자료로 활용할 수 있다는데 가치가 있다.

과제기간의 3년 연장을 계기로 향후 지속적인 관측과 자료수집·분석이 실시될 예정이다.

해양생물자원과 관련하여서는 페루산 넙치양식기술개발 과제가 수행되고 있다. 본 과제의 목적은 페루 유용생물자원, 그중에서도 넙

<그림 4> 페루 북부연안 변동성 연구과제 모니터링장비 및 계류 모습 (2015.11. 페루 탈라라)

Thermistor chain　Microcat 회수　ADCP 2차 재계류

<그림 5> 페루 북부연안 변동성 연구 결과 발표자료
(미국 지구물리학회, 2015.12. 샌프란시스코)

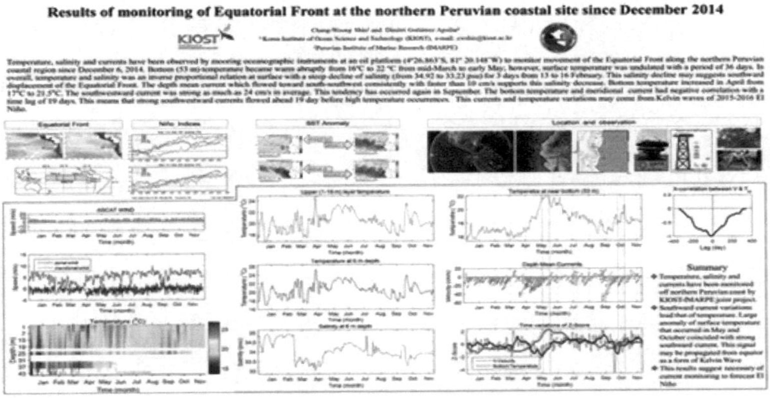

치의 생산성을 향상시키기 위한 양식기술개발이다. 우리나라 전문가들이 페루를 방문, 양식기술 관련 강연과 실험실 방문을 통한 기술자문을 해주고, 페루 관련 기술자들이 한국에서 교육훈련을 받는 식으로 이루어진다. 2014년 센터 운영위원회에서 본 과제가 승인되어, 2015년 한국해양과학기술원과 페루해양연구소간 특정의향서가 체결되었다. 현재까지 3회에 걸쳐 한국 양식기술전문가가 페루를 방문하여 한국 양식기술을 소개하고 페루 양식기술 문제점을 파악, 기술자문을 시행하였다. 교육훈련과 관련하여서는 넙치 종묘생산양식 교육훈련 매뉴얼이 작성되었으며, 2017년 하반기에는 페루에서 관련 전문가가 한국으로 초청되어 단기교육훈련을 받을 예정이다.

본 센터는 중남미지역의 협력거점으로서 페루 뿐 아니라 중남미지역을 대상으로 협력과제를 발굴, 추진, 수행하는 것을 목적으로 한다. 이에 따라 페루 이외의 중남미지역과의 협력과제를 발굴, 추진하였다. 동태평양기후변화연구를 위한 기초자료 수집을 위해 한국해양과학기술원과 페루, 칠레, 에콰도르, 콜롬비아가 속한 남동태평양협의체(CPPS)가 'CPPS지역의 기후변화 대응을 위한 해양관측 현황 및 데이터 격차' 과제를 2016년에 수행하였다. 본 과제의 목적은 CPPS 지역의 해양모니터링 시스템 현황과 데이터 격차를 파악하는 것이었다. 본 연구결과 국가별로 해양자료센터(NODC)에 해양관측자료가 관리되고 있으나 과거 역사적인 자료와 기관 자체적으로 수집한 자료 중 NODC에 공유되지 않은 자료가 많은 것으로 나타났다. 또한 해양관측지점 및 자료 획득부분에서 공간적, 시간적인 분포가 균일하지 않은 것으로 나타났다. 이에 따라 국가간, 기관간 효율적인 자료 공유를 위해서는 1차 자료보다는 통계자료의 사용이 효과적이며 4개 국가의 동일한 통계처리방법의 사용이 제안되었다. 이의 후속조치로 해양데이터프로세싱 기술수요 파악 및 향후 협력을 위한 전문가워크숍이 계획되어 2017년 10월에 CPPS지역 해양데이터처리 워크숍이 페루 리마에서 개최될 예정이다.

센터 미션 중 하나인 지속가능한 해양과학기술 인적자원 양성부분은 ODA 사업이나 특별한 교육훈련이 아니더라도 중남미지역과의 협력과제를 통해서 중남미측 해당과제 전문가들의 연구역량을 향상시킨다. 페루와의 생물자원개발, CPPS지역 해양데이터처리 워크숍 등이 그 예이다.

Ⅳ 맺음말

2008년부터 시작한 해양분야에서의 중남미지역과의 협력활동은 중남미지역 과학자·정책입안자들 간의 네트워크 구축과 협력사업 발굴, 교육훈련 워크숍 등을 통해 협력기반을 마련하였고, 2012년 한·페루(중남미)해양과학기술공동연구센터라는 협력거점의 설립을 계기로 한·중남미지역간 협력과제 발굴·추진·수행에 대한 안정적인 체계가 수립되었다. 페루 및 CPPS지역과의 협력사업 수행을 통해서 기후변화, 생물자원개발 등에 대한 중남미지역의 해양자료를 수집, 분석하고 CPPS지역 해양관측 및 자료 현황을 파악하였다. 특히, 기후변화연구의 최적지인 페루와 연안 엘니뇨 예측을 위한 자료를 공동으로 획득하고 분석하여 국제학술대회에 발표하는 등 구체적인 성과가 나타나기 시작하였으며, 'CPPS지역 해양관측 현황을 토대로 기후변화 대응을 위한 해양관측자료 통합'을 위해 기술워크숍을 개최하기로 하면서 중남미지역으로 협력활동을 확대해 나가고 있다. 아울러 중남미지역과의 협력을 추진하는데 필요한 기초자료로써 한·중남미 해양 관련 최신동향 및 센터 활동에 대한 뉴스레터, 중남미해양편람과 페루와의 해양과학협력방안을 제안한 논문, 주요 성과보고서 등을 발간하여 관심 있는 전문가들과 이해당사자들에게 배포하고 있다. 2016년에는 중남미 지역과 보다 체계적인 협력을 추진하기 위해서 중남미지역 해양과학기술협력 전략을 수립한 바 있다.

이러한 여러 성과들에도 불구하고 본 협력활동의 실효성 있는 성과를 도출하기 위해서는 몇 가지 한계점들을 극복할 필요가 있다. 첫째, 한·페루(중남미)해양과학기술공동연구센터는 한·페루 정부 간 협약에 근거하기 때문에 페루 이외의 지역과의 협력과제 추진에 어려움이 있다. 둘째, 연안개도국의 특성상 중남미측의 많은 수요가 수산

<그림 6> 중남미지역 해양과학기술협력 비전, 목표 및 전략

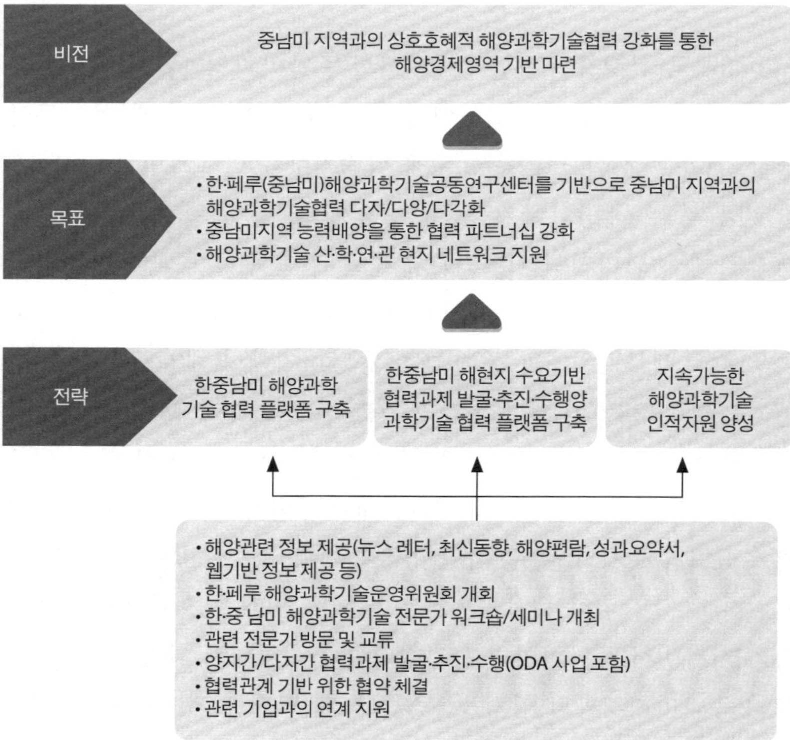

분야에 치우친 경향이 있으며, 양측 간 수요에 부합하는 전문가 섭외에도 어려움이 따른다. 셋째 중남미 지역의 연구 및 시설인프라 부족, 제도 미흡으로 실질적인 협력과제를 도출하는데 제한이 있다. 넷째, 협력과제 발굴·추진을 위한 학술행사, 출장비와 협력과제에 투입할 수 있는 재원이 턱없이 부족하다. 다섯째, 언어와 지리적 차이의 극복도 중요한 문제다. 여섯째, 성과에 비해 홍보가 아직 많이 미흡한 편이다.

위의 한계들을 극복하기 위해서는 가장 먼저 센터 활동과 주요 성과를 홍보하여 인지도를 높이는 것이 필요하다. 뉴스레터, 해양 관련 최신 동향 등의 해양정보 및 보고서, 논문 등의 협력성과 뿐 아니라 운영위원회, 자문위원회, 국제크숍 등과 같은 주요 행사 개최 시 정부 통로(예, 현지 대사관 및 관련 정부기관) 및 언론을 최대한 활용하여 자료를 배포하고 홍보하는 것이 필요하다. 둘째, 한국과 페루, 그이외의 중남미 지역 고위급 관계자를 한국 혹은 중남미 지역에 초청하여 전략적인 협력수요를 파악하고 협력과제를 발굴, 추진한다. 발굴된 협력과제는 성격에 따라 R&D와 ODA사업의 재원을 고려하여 추진하며, 해양 관련 기관의 관계사업과 연계한다. 특히, 수산분야의 경우는 해당 정부부처와 국립수산과학원 등과 긴밀하게 협력할 필요가 있다. 셋째, CPPS와 같은 국제기구와의 협력을 통하여 기존에 구축된 중남미지역 해양 관련 전문가들을 최대한 활용하고, 센터 현지직원 수를 확대하여 언어와 지리적 차이를 극복할 필요가 있다. 다섯째, 중남미 해양편람과 같은 중남미 지역 해양 인프라 및 연구 현황을 파악하고, 구체적인 분야에서의 현지 정책 및 법, 제도 등의 분석을 담은 기초자료를 주기적으로 업데이트하여, 중남미지역과의 협력에 관심을 보이는 전문가 및 해양관련 기업체들에게 배포하는 것이 필요하다.

감사 글: 2017년 정부(한국해양수산부)의 재원인 해양수산과학기술진흥원 (PM60440)의 지원을 받아 수행하였다.

참고문헌

KIOST, CPPS, 2017.4: Status of Ocean Observation and Data Gaps for Response to Climate Change in CPPS Countries

한국해양과학기술원, 2016.7.: 2012~2016 한·중남미해양과학기술협력사업 성과 보고서

한국해양연구원, 2010.11: 중남미국가와 해양자원 공동연구

하상섭, 김경진, 2015.2.: 한·페루 해양과학기술협력 잠재성 고찰: 협력현황과 이슈 및 미래방안 탐색, 중남미연구 34(1), 317~356

하상섭, 조정희, 김경진, 2016.11: 페루의 '지속가능한 수산업' 현황과 한계 그리고 국제협력 연구, 중남미연구 35(4), 111~152

한국해양과학기술원, 한중남미 녹색융합센터, 해양수산부 2016: 2016 중남미 해양 편람

기후변화에 대한 과학적 이해

김지영(기상청 국가기상위성센터)

I 서론

20세기 후반까지 기후변화(climate change)란 단어는 주로 기후학자들이 대기과학의 일부로서 기후 분야를 연구하는데 주로 사용되었다. 일부의 국제 연합통신사와 같은 언론기관에서 특정한 이슈가 있을 때 언급되는 정도였다. 그러나 21세기에 들어 전 세계적으로 기상이변이 속출하고, 지구온난화의 가속화와 북극의 해빙, 해수면의 상승 등이 현실화 되면서 기후변화에 대한 사회적 관심이 크게 증가하였다. 또한 온실가스 저감을 목표로 하는 유엔기후변화협약의 발효는 기후변화 문제가 단순히 자연재해 현상을 일으키는 원인만이 아니라 국가 산업과 경제 발전에 직접적으로 영향을 줄 수 있는 사회경제적 이슈로 부각되었고, 미래에 예상되는 기후변화에 대한 적응 노력은 지속가능한 사회를 위한 핵심적 사안으로 대두되었다.

기후변화 문제는 우리의 사회의 다양한 분야(예를 들어, 농업, 수산업, 산림, 방재, 도로, 건축, 보건, 의료, 보험 등)와 이에 연관된 사회경제적 활동에 직간접적인 영향을 주고 매우 밀접하게 연계되어 있다. 기후변화 문제는 에너지, 경제, 방재, 환경, 보건, 국토의 효율적 이용과 관리, 산업 활성화 및 다변화 등 각종 국가정책 수립을 위한 의사결정 과정에서 매우 중요한 고려 요소이기도 하다. 기업의 경영과 미래의 기술개발 및 투자계획 수립과정에서도 기후변화를 결코 빼놓을 수 없다. 이와 같이 다양한 종류와 형태의 기후변화 정보 수요에 부응하여 주어진 기후변화 정보를 효율적으로 활용하기 위해서는 자연적인 요인과 인위적인 요인이 복합적으로 작용하여 나타나는 기후변화 자체에 대한 과학적 이해가 매우 중요하다(NAS, 2016). 즉, 기후변화란 무엇인가? 기후변화는 왜 일어나는가? 기후시스템은 어떻게 구성되어 있고 상호 어떻게 작용하는가? 미래의 기후는 어떻게 예측되며, 그 예측결과는 어느 정도의 불확실성을 포함하고 있는가? 등의 주요 질문들에 대한 충분한 이해가 이루어진다면 기후변화 정보가 좀 더 제대로 활용될 수 있을 것이다(NRC, 2001).

본 장에서는 기후변화에 대한 과학적 성과가 집대성된 기후변화에 관한 정부간 협의체(IPCC) 보고서의 발간과정을 살펴보고, 향후 지구온난화의 과정에서 북극 온난화가 왜 중요하고 어떤 의미와 파급효과를 가져올 수 있는가에 대하여 기술한다. 또한 고기후 관측 기록을 통하여 지구상에서 얼마나 기후가 급격하게 변하였는가에 대한 과학적 연구결과와 향후의 급격한 기후변화에 대한 예측 가능성에 대해 언급한다. 화산폭발과 함께 대표적인 자연적 기후변화 요인 중 하나인 태양활동과 기후변화와의 관련성을 짚어보고, 끝으로 우리나라에서 가장 큰 재산 피해를 주는 태풍이 앞으로의 기후변화 과정에서 어떻게 영향을 줄 것인지에 대해 기술한다.

Ⅱ 기후변화의 과학과 관련된 주요 이슈

1. 유엔 기후변화 보고서에 담긴 기후변화의 실체

전세계 기후변화 전문가들의 연구결과를 집대성한 대표적인 보고서로 '기후변화에 관한 정부간 협의체(IPCC, Intergovernmental Panel on Climate Change)'에서 발간하는 평가보고서(Assessment Report)를 들 수 있다. 이 보고서는 현재의 과학기술에 기반한 기후변화의 원인과 미래 전망, 영향, 그리고 저감 대책 등에 대한 종합적인 내용을 담고 있다(IPCC, 2001a, b). IPCC는 1988년에 세계기상기구(WMO)와 유엔환경계획(UNEP)이 인류가 당면한 기후변화 문제를 객관적으로 평가하고 기후변화 문제에 대해 선제적이고 효과적으로 대처하기 위해 설립한 정부간 협의체다.

IPCC는 1998년에 UN 총회의 승인을 거쳐 정식 기구로 발족되었다. IPCC의 설립 목적은 기후변화의 현재 상태를 파악하고, 기후변화의 잠재적인 환경적·사회경제적 영향에 대한 분명한 과학적 견해를 전세계에 제공하는 한편 기후변화에 대한 국제적인 협약에 포함되어야 할 사항에 대한 요소와 실제적인 대응전략을 수립하는데 필요한 전문적인 견해를 제공하기 위함이다. IPCC는 UN 후원을 받는 과학기구로서, 기후변화에 대한 이해와 관련된 세계적으로 인정된 최신의 과학적, 기술적, 사회경제적 정보를 집대성하고 재평가하는 역할을 담당하고 있다.

IPCC의 업무 수행 원칙은 "인위적인 기후변화의 위험에 대한 과학적 기초 이해, 인위적 기후변화로 인한 잠재적인 영향, 적응과 경감을 위한 옵션과 관련된 과학적, 기술적, 사회경제적 정보를 이해하기 쉽고, 객관적이며, 열린 형태로, 투명한 기반 하에서 평가하고, IPCC 보고서는 특별한 정책의 응용과 관련된 과학적, 기술적, 사회경제적 요소에 대해 객관적으로 다루어야 하며, 각종 정책에 대해 중립을 유지하여야 한다."는 것이다.

현재 전세계 195개국이 IPCC 회원국으로 참여하고 있다. IPCC 조직은 3개의 실무그룹(working group)과 1개의 태스크 포스로 구성되어 있는데, 제1실무그룹은 기후변화에 대한 물리과학적 기초(The Physical Science Basis of Climate Change)에 관한 주제를, 제2실무그룹은 기후변화 영향, 적응 및 취약성(Climate Change Impacts, Adaptation and Vulnerability)과 관련된 주제를, 제3실무그룹은 기후변화 경감(Mitigation of Climate Change)에 관한 주제를 각각 다루고 있다. 또한 태스크 포스로는 국가 온실가스 배출량 태스크 포스(The Task Force on National Greenhouse Gas Inventories)가 있는데 각국의 자연발생 온실가스 배출과 제거에 관련된 사항을 계산하고 산출하는 방법을 개발하는 역할을 담당하고 있다.

IPCC 보고서는 최근에 발표된 제5차 보고서를 포함하여 지금까지 총 다섯 차례 보고서를 발간하였다. IPCC의 제1차 평가 보고서(FAR, First Assessment Report)는 1990년에 발간되었는데, 1차 보고서에서 부각된 과학적 증거를 통해 기후변화의 중요성이 본격적으로 강조되기 시작하였다. 기후변화의 결과로 일어날 수 있는 일들에 대한 효과적인 대응을 위해서 국제적인 협력의 필요성 또한 제기 되었다. IPCC 제1차 평가보고서는 지구온난화 감소를 위해 핵심적인 역할을 할 수 있는 국제조약인 UN 기후변화협약(UNFCCC, United Nations Framework Convention on Climate Change)의 출범에 결정적인 계기가 되었다. 그리고 IPCC를 통해 전세계적 차원에서 기후변화에 관하여 가장 포괄적인 내용을 다루는 과학적 평가보고서가 정례적으로 발간될 수 있게 되었다.

IPCC 제2차 평가보고서(SAR, Second Assessment Report)는 1995년에 발간되었는데, 제2차 보고서는 1997년에 채택된 교토의정서(Kyoto Protocol)의 준비과정에서 협상가들에게 중요한 자료를 제공하는 역할을 하였다. 제3차 보고서(TAR, Third Assessment Report)는 2001년에, 제4차 보고서(AR4, Fourth Assessment Report)는 2007년에 각각 발간되었다. 특히, AR4는 지속가능한 발전 정책과 기후변화의 통합, 그리고 기후변화 경감과 적응 사이의 관련성 측면에 큰 관심을 불러일으키는 계기가 되었다. IPCC는 기후변화에 관한 그동안의 공로를 인정받아 노벨 평화상을 2007년에 수상하기도 하였다.

제5차 평가보고서의 핵심 내용으로는 기후요소 및 대기조성 성분 분석에 대한 지금까지의 관측 자료를 기반으로 지구에너지의 불균형을 초래하는 다양한 종류의 물리화학적 조성 및 여러 과정들이 기후변화의 원인이 되며, 특히 인간 활동에 의해 배출된 이산화탄소가 주요 원인인 것으로 지목되었다. 특히, 온실가스는 산업혁명 이전 보다 인간의 산업활동에 따른 화석연료의 사용과 더불어 토지이용에 따른 숲의 파괴로 농도가 높아진 것으로 분석되었다.

대기 중 이산화탄소 농도는 산업화가 시작된 1750년에 비해 2011년 현재 약 40%가 증가한 391ppm으로 관측되었다. 또한 이산화탄소의 대기 중 농도는 체계적인 측정이 시작된 1958년에 비해 최근에 20% 이상 증가한 것으로 파악되었다. 지구온난화 여부에 대한 다양한 논란에 대해서는 더 이상의 논란의 여지가 없을 정도로 명백한 사실임을 분명하게 밝히고 있으며, 대기의 온도와 해양의 온도가 상승하고 있고, 빙하의 융해와 더불어 해수면이 지속적으로 상승하고 있다는 내용을 담고 있다. 전지구적 평균기온은 1850년 이래 지난 30년(1983~2012년) 동안이 가장 더웠고, 21세기 들어 첫 10년은 이 보다 더욱 더웠던 것으로 분석되어 지구온난화가 지속되고 있는 것으로 나타났다. 지구온난화로 인한 지구 평균기온은 지난 133년 동안(1880~2012년) 0.85℃ 상승(범위는 0.65~1.06℃를 보임) 한 것으로 나타났다. 이는 AR4에서 보고되었던 지난 100년(1906~2005년) 동안의 전지구적 평균기온 상승치인 0.74℃(범위는 0.56~0.92℃)와 비교되는 결과이다.

평균 강수량의 경우 변화가 뚜렷하지 않으나 1901년 이후 북반구 중위도 지역의 육지에서 강수량이 증가한 것으로 보고되었다. 그리고 평균 해수면의 경우 지난 110년 동안(1901~2010년) 19cm 정도(범위는 17~21cm를 보임) 상승한 것으로 나타났다. 1901년부터 2010년의 110년 동안 전지구 해수면 상승률은 1.7mm/yr 정도(범위는 1.5~1.9mm/yr를 보임)인데 반해 1993~2010년의 상승률은 3.2mm/yr 정도(범위는 2.8~3.6mm/yr를 보임)인 것으로 나타나 해수면의 상승이 가속화되고 있는 것으로 보고되었다.

지구의 빙상과 빙하의 양은 온난화의 여파로 줄고 있는 것으로 나타났는데, 지난 34년 동안(1979~2012년) 북극의 해빙(sea ice)은 연평균 면적이 10년에 3.5~4.1%의 비율로 감소하였고, 남극 해빙의 경우 1.2~1.8%의 비율로 증가한 것으로 나타났다. 지구의 평균기온이 계속해서 상승함에도 불구하고 남극은 해빙 면적이 증가 경향을 보이는 것은 의외의 결과인데, 이는 전지구적인 온난화 경향에도 불구하고 지역에 따라서는 온난화의 정도나 경향성이 다르게 나타날 수 있음을 시사한다.

미래의 기후변화 예측에 필요한 온실가스 시나리오는 제4차 평가보고서에서 사용된 SRES(Special Report on Emission Scenario) 온실가스 배출량 시나리오를 대신하여 제5차 평가보고서에서는 RCP(Representative Concentration Pathways)로 불리는 대표농도경로를 새로운 온실가스 시나리오로 사용하였다. SRES는 인위적인 기후변화 요인 중에서 대표적인 기후변화 원인 물질인 온실가스와 에어로졸에 의한 복사강제력(기후변화 원인 물질에 의한 대기 상한에서의 순복사량의 변화 또는 차이로 정의되며, 단위는 Watt/㎡임. 산출된 복사강제력이 +값일 경우 온난화를 의미하고 -값일 경우 냉각화를 의미)만 포함하였다면 RCP는 토지이용도 변화에 따른 영향까지 포함할 수 있다는 장점이 있다. RCP는 2.6, 4.5, 6.0, 8.5의 4단계로 구분되는데 이에 대응하는 이산화탄소 농도는 각각 421, 538, 670, 936 ppm이다. 각 RCP 시나리오는 기후변화 대응 정책을 얼마나 적극적으로 추진하고 이행하느냐의 여부에 따라 다음과 같이 구분된다. 즉, RCP 2.6은 온실가스 배출을 당장 적극적으로 감축하는 경우로서 2011년 현재 391ppm까지 상승한 온실가스 농도 수준에서 더 이상의 배출량 증가가 거의 이루어지지 않을 것으로 예상하는 시나리오라고 할 수 있다. RCP4.5는 온실가스 저감 정책이 상당히 실현되는 경우이며, RCP6.0은 온실가스 저감 정책이 어느 정도 실현되는 경우, RCP8.5는 온실가스 배출량 저감이 없이 현재의 추세로 온실가스가 배출되는 최악의 시나리오라고 할 수 있다.

IPCC 제5차 보고서에서 온실가스의 감축 없이 현재와 같은 추세대로 인류가 온실가스를 배출할 경우(RCP 8.5 가정 시) 21세기 말(2081년부터 2100년까지의 평균을 의미) 전지구적 평균기온은 현재(1986년부터 2005년까지의 평균을 의미) 보다 약 3.7℃ 오르고, 해수면의 높이는 63㎝ 정도 상승할 것으로 전망되었다. 하지만 온실가스에 대한 감축이 상당히 실현되는 경우(RCP 4.5 가정 시) 전지구적 평균기온은 현재 보다 1.8℃ 정도 오르고 해수면의 높이는 47cm 정도로 높아져 전반적으로 기온과 해수면 상승의 정도를 완화시킬 수 있을 것으로 전망된다.

산업혁명이 시작된 1750년 이후 인간활동에 의한 전지구적 평균 복사강제력은 2.3 Watt/㎡로 추정(범위: 1.1~3.3 Watt/㎡) 되었는데, 복사강제력은 1970년 이후 빠르게 증가하여 2011년도 추정값이 AR4에서 보고한 추정값(1.6 Watt/㎡) 보다 44% 높게 나타났다. 또한 대기권 내에서 잘 혼합된 온실가스의 농도 증가에 따른 복사강제력은 3.0 Watt/㎡(범위: 2.22~3.78 Watt/㎡)이며, 각 온실가스 종류별로는 이산화탄소에 의한 기여가 1.68 Watt/㎡(범위: 1.33~2.03 Watt/㎡)였고, 메탄은 0.97 Watt/㎡(0.74~1.20 Watt/㎡), 할로카본이 0.18 Watt/㎡(범위: 0.01~0.35 Watt/㎡), 아산화질소가 0.17 Watt/㎡(범위: 0.14~0.20 Watt/㎡)의 순으로 나타났다(Myhre et al., 2013).

장기적인 관점에서 지구온난화의 주된 요인은 이산화탄소의 총배출량이며, 지구온난화와 이산화탄소 배출량 간에는 비례관계를 나타낸다. 지구온난화를 2℃ 미만으로 제한하기 위해서는 산업혁명 이후 배출된 인위적인 이산화탄소의 총 배출량을 약 1000 Gtc(기가톤의 탄소) 정도로 제한할 필요가 있다. 불행하게도 이 누적량의 거의 절반(460~630 Gtc)은 2011년까지 이미 배출된 것으로 파악되고 있다. 그리고 이산화탄소를 비롯한 온실가스의 수명이 상당히 길기 때문에 지금 온실가스 배출을 멈추더라도 기후변화에 대한 온실가스의 영향은 앞으로 수 백년 동안은 지속되게 된다. 특히, 인위적인 이산화탄소의 배출을 멈춘다고 해도 이미 배출된 이산화탄소의 20% 이상이 앞으로 1000년 이상 대기 중에 남아 있게 된다. 이는 온실가스 배출량을 줄이기 위한 노력이 빠르면 빠를수록 더 큰 효과를 볼 수 있다는 것을 의미한다.

미래의 기후변화 전망은 지역적 예외가 있지만 지구 대부분에서 온난화로 인해 건조지역과 습윤지역의 계절 강수량은 그 차이가 커지고, 우기와 건기 간의 기온차도 더 커질 것으로 전망된다. 또한 고위도와 적도 태평양 지역의 강수량은 증가할 가능성이 매우 높다. 한반도가 속한 동아시아의 경우 21세기말(2081~2100년)의 평균기온은 1986~2005년 평균기온에 비해 2.4℃ 상승하고, 강수량은 약 7% 정도 증가할 것으로 전망된다(Myhre et al., 2013).

2. 북극의 온난화 문제

어떤 지역의 기후는 그 지역의 기온, 습도, 기압, 바람, 강수량, 에어로졸 농도 등의 평균적인 상태를 의미한다. 기후와 날씨에 대한 개념이 혼동되어 사용되는 경우가 흔히 있는데, 날씨(weather)는 기상관측요소들의 현재 상태나 단기간 동안의 변화를 의미한다. 어떤 지역의 기후는 기후시스템에 의하여 결정된다. 기후시스템은 5개의 요소, 즉 대기권(atmosphere), 수권(hydrosphere), 빙권(cryosphere), 육권(land surface), 생권(biosphere)으로 구성되어 있다. 이들 구성요소는 서로 물리화학적으로 상호작용하면서 밀접하게 연관되어 있다. 수십~수백만년 전의 고기후(paleoclimate)를 연구하거나 100년 후의 미래 기후를 정확하게 예측하기 위해서는 이들 기후시스템 각각의 역할과 구성요소 간의 상호작용을 이해하는 것이 매우 중요하다(Easterling et al., 2000). 기후시스템 가운데 최근 급속하게 면적이 줄어들고 있는 북극지방의 해빙(arctic sea ice)은 지구 기후시스템과 기후변화에 중요한 역할을 한다.

해빙이란 문자 그대로 바다의 물이 얼어 거대한 크기로 해양에 떠있는 상태를 말한다. 해빙은 매년 바다에서 만들어지고, 성장하고, 녹는 과정을 반복한다. 해빙은 바다에 떠다니는 육지기원의 빙산(icebergs), 빙하(glaciers), 빙붕(ice shelves)과는 다르다. 해빙은 거의 일 년 내내 눈으로 덮여있다. 북극 해빙이 중요한 이유는 극지방을 차갑게 유지함으로써 함으로써 지구기후를 적절하게 유지시켜주는 역할을 하기 때문이다. 해빙은 표면이 밝기 때문에 햇빛의 80% 정도를 반사시켜 우주로 에너지를 방출하는 역할을 한다. 그런데 여름철에 해빙이 녹게 되면 흰색으로 덮여있던 해양 표면이 검푸른 색의 바다로 변하기 때문에 햇빛의 80%를 반사시키는 대신에 햇빛의 90%를 흡수하게 된다. 햇빛이 액체 상태의 바다 깊숙한 곳까지 투과하면서 에너지의 대부분을 바다가 흡수하게 되는 것이다. 이에 따라 해양이 가열되고, 극지방의 기온도 더불어 상승하게 된다. 극지방의 작은 기온 증가는 시간에 따라 더 큰 기온상승을 야기하게 된다. 이에 따라 극지방은 전지구적인 기후변화에 가장 민감한 지역으로 손꼽힌다. 관측에 따르면 여름철 북극 해빙의 면적과 두께는 지난 30년 동안 급격한 감소 경향을 보여 왔으며, 이는 극지방의 온난화 관측결과와도 잘 일치하는 것으로 밝혀졌다. 극지방의 해빙감소는 지구온난화 경향을 가속화시키고 기후 패턴을 변화시키는 잠재적 파괴력을 가지고 있다. 극지방의 변화는 지구의 기후시스템 뿐만 아니라 해수순환을 포함하여 인류와 자연 생태계 전반에 큰 영향을 줄 수 있다(Chapman and Walsh, 1993).

북극의 해빙 면적과 분포는 주로 인공위성 관측을 통해 이루어진다. 그리고 해빙의 두께 등 여타 측면 보다 해빙의 평면적 크기(extent)에 대한 관측에 더 집중하고 있다. 이는 위성관측에 따른 용이성 때문이다. 위성관측이 본격적으로 이루어지기 시작한 1970년대 이전에는 북극 해빙의 변화를 제대로 관측하는데 많은 어려움이 있었다. 왜냐하면 극한의 환경 속에서 극지방 해빙의 상태를 직접 관측하는 것은 거의 불가능하기 때문이다. 최근에는 북극 해빙을 관측하기 위해 NASA의 테라 위성에 탑재된 AMSR-E(Advanced Microwave Scanning Radiometer–Earth Observing System)와 DMSP(Defense Meteorological Satellite

Program) 위성에 탑재된 SSM/I(Special Sensor Microwave/Imager)를 주로 사용한다. 이들 위성은 하루에 수차례 극지방 상공을 지나며 해빙 관측을 수행한다. 지구 기후시스템의 종합적 모니터링 및 극지방과 같은 오지에 대한 자료 수집에 위성관측이 매우 중요한 역할을 한다.

해빙에 대한 위성관측 자료는 1978년 후반에 NASA의 SMMR(Scanning Multichannel Microwave Radiometer)의 발사를 계기로 생산되기 시작했다. 매년의 해빙변화를 평균상태와 비교하기 위해 1979년부터 2000년까지를 기준으로 사용한다. 이는 최근까지의 해빙 관측 기록이 있음에도 불구하고 2000년 이후부터는 해빙면적이 급속하게 줄어드는 경향성을 보이고 있기 때문이다. 과학자들은 북극 뿐 아니라 남극의 해빙도 동시에 관측하고 있다. 역대 위성 관측에 의한 자료 분석 결과에 따르면 위성관측이 시작된 1979년 이래 2012년까지 9월의 북극 빙하 면적은 1979~2000년의 평균을 기준으로 볼 때 10년에 13.0% 정도의 감소 추세를 보이고 있다. 북극 해빙과 달리 남극의 해빙면적은 남반구의 대기 순환 패턴의 변화로 인해 다른 경향성을 보이고 있다. 북극 해빙은 전지구적 기후에 대한 이해 측면에서 특별한 의미를 지닌다. 지구온난화의 관점에서 입사 에너지의 양이 많은 여름철에 북극 해빙이 더 많이 남아 있을수록 태양빛을 더 많이 반사시킬 수 있으므로 이는 지구 냉각에 더 크게 기여할 수 있다. 반면에 해빙의 면적이 줄어들면 정반대의 결과가 나타난다. 해빙면적은 매년 3월에 가장 크고 9월에 가장 작아지는 연변화를 반복한다. 이는 극지방의 대기와 해양의 에너지 순환 시스템에 의해 일어나는 에너지 평형 과정의 결과이다. 비록 해빙면적의 최소가 9월에 나타났다 하더라도 최소 감소의 원인이 9월에 발생하였다는 것을 의미하는 것은 아니다. 해빙의 두께가 언제부터 얼마나 얇아졌는가의 여부와 더불어 해빙 면적이 가장 크게 나타나는 3월 이후 계속해서 줄어든 경향의 누적적인 효과가 반영되어 9월에 최소면적이 나타나게 된다.

북극과 남극은 각 지역의 지리적인 특성으로 인해 기후변화에 서로 다르게 작용한다. 남극이 바다로 둘러싸여진 대륙인 반면에 북극은 육지에 의해 둘러싸여진 해양으로 이루어져 있다. 남극주변의 바람과 해류는 전체적안 날씨 패턴으로부터 남극 대륙을 고립시킴으로써 남극의 추운 상태를 유지시키는 역할을 한다. 이와 대조적으로 북극의 해양은 기후시스템과 밀접하게 연관되어 있어 기후의 변화에 따라 더 민감하게 반응하는 특징을 가지고 있다. 따라서 북극에서 관측된 기록적인 해빙면적 감소는 어떤 형태로든 지구촌의 날씨와 기후의 변화에 영향을 줄 가능성이 높다. 지구는 적도지역의 기온이 높고 극지역의 기온이 낮아 생기는 남북 간의 기온 경도를 해소하는 형태로 대기의 대규모 순환이 이루어진다. 그러나 극지방의 기온 상승으로 인해 종전의 남북 간 기온경도가 작아지게 되면 그에 따른 날씨와 기후는 이전과는 다른 새로운 형태로 나타날 수 있다. 이는 최근 수년 동안 우리나라를 포함하여 북반구 겨울철에 빈번하게 나타났던 한파와 폭설의 예를 통해서도 쉽게 알 수 있다.

북극의 급속한 해빙감소가 심각한 또 다른 이유는 얼음-반사도 되먹임(ace-albedo feedback) 메커니즘 때문이다. 북극의 얼음 면적이 줄어들수록 지구의 반사도(albedo)가 작아져 지구가 더 많은 태양에너지를 흡수하게 되고 이는 지구의 기온상승을 유발하게 된다. 또한 이러한 기온 상승은 해빙이 녹는 작용을 가속화시켜 해빙면적을 더 줄어들게 만든다. 결과적으로 지구온난화의 가속화를 초래할 수 있는 것이다. 지구 기후시스템 관점에서 더욱 우려스러운 것은 북극해 대륙붕에 과거 빙하기에 퇴적된 영구동토층이 해수온도 상승으로 녹게 되면 엄청난 양의 메탄이 대기 중으로 배출된다는 것이다. 메탄은 이산화탄소 보다 더 강력한 온실효과 유발 기체이기 때문에 북극에서 다량의 메탄이 방출되면 지구온난화는 빠르게 가속화될 수 있다.

북극 해빙면적 감소로 지구온난화 문제가 심각해질 경우 인공적인 기후 조절 기술인 지오엔지니어링 기법을 도입하자는 주장이 최근에 학계의 주목을 받고 있다. 한편으로는 인위적으로 배출되는 지구온난화 유발 물질 중 수명이 상당히 긴 이산화탄소(보통 수명이 50~200년 정도인 것으로 추정하고 있음) 보다 수명이 짧은 물질(예로, 메탄이나 블랙카본(black carbon) 등)의 배출을 줄임으로써 지구온난화를 방지하고자 하는 방법도 제안되고 있다.

3. 급격한 기후변화

급격한 기후변화에 대한 사회적 관심은 영화 『투모로우』를 통해 알려진 바 있다. 6주라는 짧은 기간 동안 기온이 급격하게 하락하면서 일어나는 이야기들이 영화 속에서 전개되었다. 뉴욕시 전체가 얼음도시로 변한 모습은 영화의 사실감을 더하며 급격한 기후변화에 대한 두려움을 주기도 하였다. 인류가 지금과 같이 온실가스와 대기오염 물질을 계속해서 대량으로 방출하게 되면 과연 미래의 지구는 괜찮을까? 혹시 예상치도 못하는 상태로 급격하게 변하여 인류의 활동과 자연생태계에 엄청난 피해와 영향을 주지는 않을까?

지금처럼 지구온난화가 계속된다면 미래의 기후가 어떤 방향으로든 급격하게 변할 수 있는 가능성이 점차 높아질 것이라는 주장이 설득력을 얻고 있다. 그러한 가능성의 중심에는 극지방의 변화와 해양의 열염분 순환(thermohaline circulation) 변화가 있다. 극지방의 변화는 앞서 언급한 극지방 빙하가 녹으면서 지구 반사도가 작아져 온난화가 가속화되고 이로 인해 영구 동토 층에 갇혀있던 다량의 온실가스가 대기 중으로 방출되어 지구온난화를 급격하게 가속시킬 수 있다.

한편 극지방의 온난화로 정반대의 결과가 일어날 수도 있다. 이는 영화 『투모로우』에서의 이야기처럼 빙하가 녹은 물이 바다로 흘러가면서 해양에서 일어나는 거대한 열 염분 순환을 늦출 수 있기 때문이다. 즉, 온난화로 인해 막대한 양의 극지방 얼음이 녹아 바다로 흘러 들어가면 바닷물 염분이 떨어져 극지방 바닷물이 심해로 가라앉지 못하게 되고 극단적으로는 해수순환이 멈추게 되는 원인으로 작용할 수 있다. 해양에 의해 남북 간 열 교환이 정상적으로 이루어지지 못하게 되면 북반구 지역에 광범위한 기온 하강이 일어날 수 있다. 하지만 이러한 현상은 영화에서처럼 6주 정도의 아주 짧은 기간 동안에 일어나지는 않으며 적어도 10년 이상의 시간이 걸린다.

기후학자들은 급격하게 일어나는 기후변화 문제의 원인을 밝히기 위해 빙하나 퇴적물 속에 담겨있는 과거의 기후기록들을 복원하고, 과거에 일어난 급격한 기후변화의 원인을 이해하며, 한편으로는 컴퓨터 시뮬레이션을 통해 재현해 보는 연구를 한다. 과거에 발생했던 급격한 기후변화의 메커니즘에 대한 근본적인 이해는 현재와 미래의 기후를 진단하고 예측하는데 있어서 매우 중요하다. 급격한 기후변화(abrupt climate change)란 무엇이고, 급격한 기후변화가 왜 발생하는지, 그리고 이에 대한 대비 차원에서 무엇을 준비해야 할까?

급격한 기후변화란 어떻게 정의할 수 있을까? 얼마의 기간 동안 어느 정도로 기후가 변할 경우 급격하다고 볼 수 있을까? 급격한 기후변화는 기후시스템이 어떤 임계치(threshold)를 넘을 정도로 강제될 때 일어난다. 이때 기후시스템 자체에 의해 결정된 속도나 때로는 그 이상의 빠른 속도로 새로운 상태로의 전이가 촉발되는 것이다. 기후시스템 내에서의 혼돈적인 과정도 아주 작은 규모의 급격한 기후변화의 원인으로 작용할 수 있다. 대다수의 과학자들은 지질학적 차원의 시간규모를 가지고 급격한 기후변화를 논한다. 사람들은 보통 사회적인 혹은 생태학적인 시간규모 정도에서 일어나는 변화나 잠재적 영향에 대해 관심이 있다. 따라서 급격한 기후변화란 사람이나 자연 시스템이 적응하기 힘들 정도의 규모로 예기치 않게 급격하게 일어나는 기후의 변화로 정의할 수 있을 것이다. 인류의 관점에서 보면 기후에 있어서 급격한 변화는 상당히 중요한 문제다. 예로 전형적인 기후변동 범위를 넘어서는 강한 규모의 기후현상이 수년 이상의 기간 동안 광범위한 지역(예로 sub-continental 규모 이상)에서 지속된다면 이는 심각한 피해를 유발할 것이 분명하다. 극심한 현상의 강도나 지속시간, 발생 빈도 등을 포함하는 기후 및 기후변동성의 변화가 때로는 나타날 수 있는데, 단일 현상으로서의 홍수, 태풍, 화산 폭발 등은 인류에게나 자연생태계에 중요한 현상으로 간주될 수는 있지만 이들에 의해 기후시스템이 새로운 기후상태로 전환되는 작용이 일어나지 않는다면 급격한 기후변화로 간주되지는 않는다. 하지만 홍수나 태풍의 발생 횟수와 강도에 있어서 급속도로 지속적 변화가 나타난다면 이는 급격한 기후변화로 볼 수 있다.

급격한 기후변화의 대표적인 사례로 영거 드라이아스(Younger Dryas)기 말경에 일어났던 전지구적 규모의 기후변화가 있다. 이는 지금부터 약 11,500년 전에 발생했는데 현재로부터 가장 가까운 빙하시대의 종료 시점에 해당한다. 그린란드 빙하에서 채취한 시료를 분석한 결과, 10년 이내의 짧은 기간 동안 연 평균기온이 약 15℃ 정도 급격하게 상승한 것으로 추정되었다. 이와 동시에 연강수량은 2배로 증가한 것으로 추정되었다(NAS, 2002). 또한 빙하시대와 현재 기후상태와의 차이의 약 1/3 ~ 1/2 정도에 해당하는 만큼의 기온과 적설량 변화가 이 시기에 광범위한 지역에 걸쳐 일어났는데, 영거 드라이아스 말기에 발생한 급격한 기후변화로 기온과 강수량 등 수많은 환경변수가 영향을 받은 것으로 추정되고 있다. 특히 수년 정도의 짧은 시간

동안에 변화의 상당 부분이 진행되었다는 사실은 고기후(paleoclimate)를 연구하는 전문가들 사이에서는 충격격인 사실로 받아들여졌다. 왜냐하면 과거에 이와 같이 짧은 시간동안에 급격하게 기후가 변화했다는 사실은 미래에도 동일하게 일어날 수 있다는 가능성을 시사하기 때문이다. 영거 드라이아스기 이후에 발생한 이 보다 더 약하고 작은 규모의 변화로는 8,200년 정도 전에 있었던 짧은 기간 동안의 한랭화가 있다. 또한 지역적인 규모이기는 하지만 1976년을 전후하여 엘니뇨의 행태가 과거에 비해 온난하고 습윤한 형태로 급격하게 변한 것도 급격한 변화로 간주되고 있다.

그렇다면 미래에 나타날 급격한 기후변화를 어느 정도 예측할 수 있을까? 아쉽게도 오늘날 전세계 전문가들의 지식과 첨단 과학기술을 모두 동원해도 급격한 기후변화에 대해 우리의 이해가 부족하기 때문에 미래의 급격한 기후변화를 예측하기는 어려운 것이 현실이다. 기후변화는 기후시스템을 모형화하여 수퍼컴퓨터를 사용하여 수치적으로 시뮬레이션 하는 방법을 통해 예측한다. 그러한 기후시스템 모형은 대기, 해양, 빙하, 식생 등이 물리화학적으로 상호작용하는 형태로 구성되어 있다. 그리고 고기후 연구를 위해서는 장기간에 걸쳐 일어나는 태양활동의 변화, 지구공전 궤도변화, 대륙의 이동, 대규모 화산폭발이나 운석 충돌 등 지구 외적인 요소나 지구물리학적인 요소도 함께 고려해야한다. 미래의 급격한 기후변화를 신뢰할 수 있는 수준으로 잘 예측할 수 있느냐를 판단하는 기준은 지구시스템 모델링 방법을 통하여 과거에 기록된 기후기록과 비슷한 형태의 결과를 충분히 재현할 수 있느냐의 여부에 달려있다. 현재의 모델들은 과거에 급격하게 일어났던 기후변화의 크기, 속도, 범위를 모의하는데 있어서 그 성능이 좋지 못한 것이 현실이다.

하지만 급격한 기후변화의 정의를 통해서 언급된 것처럼 인류나 자연 생태계가 적응할 수 없을 정도의 규모로 기후가 급격하게 변화한다면 그에 따른 피해와 영향은 상상을 초월할 정도가 될 것이다. 이는 기후변화 적응정책과 사회적 인프라가 성공적으로 구축되어 있는 선진국도 예외가 될 수 없으며 기후변화에 취약한 가난한 나라에서는 더욱 더 심각한 수준의 피해가 예상된다. 따라서 급격한 기후변화에 대한 체계적인 대응을 위한 노력이 필요하다. 이를 위해 우선 급격한 기후변화와 관련된 기초적인 지식 기반을 체계적으로 개선해야 한다. 특히 기후시스템 내의 상호작용을 통해 일어날 수 있는 극단적 기후변화의 임계치에 대한 이해를 개선하고 기후시스템 내에서 일어나는 비선형적 상호작용에 대한 이해의 개선이 필요하다. 또한 급격한 기후변화를 촉발하는 메커니즘을 이해하는데 도움을 줄 수 있는 광범위한 자료의 축적도 병행되어야 한다. 극단적인 기후변화의 피해를 최소화하기 위해서는 생태 시스템이나 경제 시스템에 대한 기후변화의 영향 조사를 위한 자료의 축적 또한 필요하다. 미래에 나타날 극단적 기후변화를 미리 예측하는 능력을 갖추기 위해서는 극단적 기후변화에 초점을 맞춘 모델링 기술의 개선이 필수적이다. 궁극적으로 극단적인 기후변화를 포함한 기후변화 전반에 대한 과학적 접근은 지금 현재 일어나고 있는 현상에 대한 단편적인 이해와 접근만으로는 결코 해결할 수 없다. 지질학적인 시간규모의 고기후에서부터 근대적인 기후관측이 이루어진 기간 동안에 나타난 기후변화에 대한 충실한 자료의 축적과 충분한 이해가 이루어졌을 때 신뢰할 수 있는 수준의 미래 기후변화 예측이 가능할 수 있다.

4. 태양활동과 기후변화

태양으로부터 방출되어 지구를 향해 들어오는 복사에너지

(irradiance)는 지구 시스템의 가장 중요한 에너지 원천이며 대기의 운동을 가능하게 하는 근본적인 요인이다. 지구기후에 영향을 주는 자연적인 요소 가운데 빼놓을 수 없는 것이 태양이고, 태양활동의 변화 또한 중요한 요소 중 하나다. 태양에너지 외에 지구내부에 존재하는 방사성 물질의 자연붕괴에 의해서도 에너지가 생성되는데, 그 양은 태양으로부터 오는 에너지의 거의 1/10,000 수준 정도에 불과하다.

지구의 대기로 들어오는 TSI(Total Solar Irradiance, 모든 파장범위에 걸쳐 지구의 대기 상층에 도달하는 태양복사에너지의 총량)의 변화는 지구 복사수지(radiation budget)의 불균형을 일으키는 원인으로 작용함으로써 지표부근의 기온변화를 유발할 수 있다. 근본적으로는 지구의 기온은 태양으로부터 받는 단파에너지와 지구에서 우주로 방출되는 열복사(또는 장파)에너지 사이의 균형에 의해서 조절되고 있는데, 복사법칙에 따르면 지구의 기온이 상승할 경우 지구가 우주로 내보내는 열에너지 또한 증가하게 된다. 지구는 이러한 복사과정을 통하여 태양으로부터 흡수되는 에너지를 적절하게 방출함으로써 기온이 조절된다. 이는 지구가 열적 평형상태를 유지할 수 있는 핵심 메커니즘이다. 만일 TSI가 증가하거나 감소하면 어떤 일들이 일어날까? 즉, 태양이 좀 더 밝아지거나 아니면 어두워져서 지구로 들어오는 총 에너지의 변화가 일어난다면 그에 따른 지구의 기온 또한 증가 또는 감소하게 될 것이다.

짧은 기간 동안의 태양활동 변화는 크게 우려할만한 수준은 아니다. 예로 TSI는 태양의 흑점활동에 따라 비례하여 11년 주기로 변하는데(즉 태양 흑점 수가 많아질 때 지구로 입사하는 태양에너지도 많아지게 됨), 그 변화 폭이 작기 때문에 기온에 미치는 효과도 그리 크지 않다. IPCC 제4차 보고서에 따르면 산업혁명이 시작된 1750년 이후 태양에서 방출된 에너지의 변화로 인한 직접복사강제력은 약 0.12W/㎡(범위는 0.06~0.30) 정도로 추정된 바 있다. 이는 온실가스에 의한 복사강제력

(예를 들어 대표적인 온실가스인 CO_2의 복사강제력은 1.66W/㎡ 정도로 추정되고 있다) 에 비하면 상당히 작은 크기이며, 1360W/㎡인 태양상수에 비해서도 약 0.5W/㎡ 정도의 TSI 변화에 해당하는 수치이다. 한편 20세기 초반에 나타났던 태양활동의 변화를 두고 20세기 후반에 나타난 기온의 상승이 인위적 영향 때문이 아니라 TSI의 변화에 따른 것이라는 추측이 일부에서 제기된 바 있고 현재도 그에 대한 토론이 진행 중이다.

수백 년 규모(centennial timescale)의 TSI의 변화에 따른 기후영향은 어떻게 될까? 이에 대한 논의는 상당히 어렵고 논쟁이 많은 주제이기도 하다. 1976년에 Jack Eddy가 사이언스지에 발표한 마운더 극소기(The Maunder Minimum)가 그 대표적인 예다(Eddy, 1976). 그에 따르면 1600년부터 1850년까지 진행된 소빙하기(Little Ice Age, 정확한 소빙하기의 기간은 연구자들마다 차이가 있음) 동안의 낮았던 기온은 태양활동에 있어서 장기간에 걸쳐 서서히 일어난 변화에 따른 것이라고 주장한다. 이는 퇴적물 속에 포함된 우주기원의 동위원소로부터 추출된 고기후자료와 태양에 대한 흑점 기록에 근거하고 있다. 실제로 마운더 극소기에 해당하는 1650년부터 60여년의 기간 동안에는 태양 흑점의 숫자가 몇 개 정도만 관측되었다. 어떤 원인에 의해서인지 알 수 없지만 태양 흑점수가 작다는 것은 지구로 입사하는 TSI양의 감소를 의미하므로 이에 따라 지구의 전체 기온이 하강한 소빙하기의 원인이 되었다. 그러나 이 문제에 대한 논의는 아직까지 해답을 찾지 못한 채 여전히 미해결된 연구 주제로 남아있다.

소빙하기와 관련하여 역사적으로 일어났던 몇 가지 이야기가 있다. 소빙하기는 장기간에 걸친 기온의 하강으로 대표되는 시기인데, 이로 인해 농작물을 비롯한 각종 식물 생장의 저해가 초래되었고 동물과 가축들에게는 면역력 약화를 가져와 전염병이 널리 퍼져 많은 피해가 나타났다. 그에 따라 인간 역시 기근과 질병으로 큰 고통을 받게 되는 등 사회적 영향이 크게 나타났다. 북유럽과 동유럽 지역에서는 심각한 기근이 나타났고 북유럽의 농부들은 마을을 버리고 떠나는 사태가 발생하였고, 흑사병으로 인해 유럽인구의 1/3이 사망하였다. 우리나라도 예외가 아니어서 1670년과 1671년에 걸쳐 '경신대기근'으로 인해 당시 조선인구의 20%가 넘는 100만 명의 사망자가 발생하였고, 제주도에서부터 함경도까지 조선팔도 전역에서 역병과 전염병이 유행한 것으로 기록되고 있다. 그리고 1695년에도 '을병대기근'이 찾아와 100만 명 정도가 굶어죽은 것으로 알려져 있다.

태양 활동은 대략 몇 가지 정도의 시간규모로 활동이 변할까? 과거 기록을 보면 태양의 광도(luminosity)는 지난 수십 억 년에 걸쳐 증가해 온 것으로 이해되고 있다. 이는 태양이 현재 주계열성에서 적색거성으로 진행되는 과정에 있기 때문이다. 또한 태양은 우리가 잘 알고 있는 11년 주기의 흑점활동에 따라 사이클이 반복되는 활동을 하고 있다. 그리고 수 분 이내의 아주 짧은 주기로 태양 플래어(flare)가 분출하면서 막대한 양의 에너지가 태양 표면으로부터 뿜어져 나오기도 한다. 수십 년에서 수천 년에 걸쳐 일어나는 태양활동의 변화는 주로 태양의 자기장 변화와 밀접하게 연관되어 있다. 따라서 과거에 관측된 기후변화와 태양활동과의 관련성에 대한 조사와 이해의 심화를 위해 태양 자기장의 변화, 즉 태양 활동의 물리적 과정(solar physics)을 이해하는 것이 필요하다(Gray et al., 2010).

일반인들에게 흑점은 태양활동의 상징적인 지표로 알려져 있는데 관측된 흑점 수는 우주선 복사량(cosmic ray flux)과는 음의 상관성이 있다. 우주에서 지구로 쏟아지는 고에너지의 전기를 띤 입자인 우주선은 지표에 있는 생명체의 안전은 물론 대기상층의 전자기적 현상과도 밀접하게 연관되어 있다. 지표에 도달하는 우주선 복사는 태양풍의 강도에 의해 조절된다. 흑점수가 많아질수록 우주선 복사량이 감소하는 이유는 태양권(heliosphere)이라고 불리는 태양풍의 영향이 미치는 태양 주변부(보통 태양풍에 의해 성간물질이 거대한 버블 모양으로 불려 진 형태를 가짐)의 거대한 자기장의 기하학적 변화 때문이다. 태양활동이 활발해 질수록(즉 흑점수가 많아질수록) 지구에 도달하는 우주선 복사는 감소하게 된다. 지구에 도달하는 우주선 양의 변화는 기후변화에 잠재적으로 영향을 준다. 우주선이 지구 대기를 통과하게 되면 그 통과된 경로를 따라 이온화된 궤적을 남기게 되는데 그에 따라 구름의 양에 영향을 주는 응결핵의 농도와 에어로졸 핵화율 등 구름 생성 작용을 일으키는 환경이 변하게 된다. 전지구적인 운량의 변화는 태양복사에 대한 지구 반사도(albedo)에 영향을 주기 때문에 기후변화에 중요한 요소이다.

지구대기와 태양에너지 사이에서 일어나는 직접적인 상호작용도 중요하지만 이 밖에도 다양한 형태의 간접적 효과도 일어나는데, 이들 모두가 기후변화의 문제를 이해하는데 중요하다. 기후시스템 간에 일어나는 복잡한 퍼즐을 맞추기 위해서는 자연적으로 존재하는 온실가스와 인간 활동에 의해 배출된 온실가스, 구름과 에어로졸 작용, 대기와 해양의 순환 등을 종합적으로 고려해야만 한다. 중요한 사실중 하나는 태양복사가 이들 요소에 직접적으로 영향을 주기도 하지만, 이들 요소들 간에 일어나는 복잡한 상호작용에도 영향을 미치고 있다는 것이다. 인간이 기후에 어떤 영향을 주고 있는가를 명확하게 밝히기 위해서는 기후에 미치는 자연적 요소를 반드시 고려해할 필요가 있다. 왜냐하면 실제 관측과 과거의 기록을 통해 나타난 기후의 변화는 자연적인 과정에 의한 변화와 함께 인간 활용에 의한 요소가 더해진 결과이기 때문이다. 그러한 과정에 있어 태양에 의한 영향은 결코 빼놓을 수 없는 중요한 요소 가운데 하나이다.

태양으로부터 오는 에너지는 지표나 대기의 기본적인 구조를 만들고 지구 밖에 있는 우주환경을 정의하는 역할을 한다. 태양복사는 인류 및 자연생태계의 주거지로서의 지구환경을 유지하고 있는 시스템(즉 대기, 해양, 빙하, 육지) 상호간의 복잡하고 긴밀하게 결합된 순환 역학, 화학, 그리고 각각의 상호작용에 중요한 역할을 하고 있다. 그리고 지구시스템에 대한 연구는 태양복사의 강도 및 그 변화하는 양에 대한 아주 정교한 지식을 필요로 한다. 하지만 지구로 들어오는 태양복사 에너지를 정교하게 관측하는 것은 지구의 대기가 태양광을 흡수 또는 산란시키기 때문에 상당히 어려운 일이다. 이러한 이유로 인해 대기권을 넘어 우주에서 관측을 시작할 수 있는 인공위성 관측이 본격적으로 시작되기까지 과학자들은 정교한 관측을 할 수 없었다. 인공위성을 이용한 관측은 대기와 기후 모니터링에 있어 새로운 패러다임으로의 획기적인 전환을 가져오는 계기가 되었다. 과거에 시공간적인 제약이 많았던 관측의 한계를 한꺼번에 해결할 수 있는 장을 제공한 것이다. 오늘날 인공위성에 탑재된 센서를 가지고 매일 매일의 관측을 통하여 지구에 대한 태양의 영향을 파악하고 있다. 특히, TSI와 SSI(Spectral Solar Irradiance, 특정한 파장범위에서 지구의 대기상층에 도달하는 태양복사에너지)는 중요한 관측 요소들이다. 지금까지 축적된 위성 관측 결과를 종합해 볼 때 태양으로부터 방출되는 에너지 및 그 변동성이 지난 50년 동안의 전지구적 평균기온 상승에 유의한 정도로 기여했다고 할 수는 없다(Myhre et al., 2013). 그러나 태양활동과 그 변화가 기후변화에 어떤 커넥션을 가지는가에 대한 이해는 여전히 부족하다. 태양활동의 변화가 장기간의 시간규모에 걸쳐 기후에 어떤 영향을 주는 메커니즘에 대해서는 연구의 여지가 충분히 남아 있다. 또한 단편적인 차원의 접근이 아니라 태양, 고기후(paleoclimate), 기후모델링 분야를 상호 결합하여 연구를 수행한다면 태양이 기후변화에 미치는 영향에 대하여 새롭고 진전된 사실을 밝혀 낼 수 있을 것이다.

5. 기후변화에 따른 태풍 전망

태풍 볼라벤은 매미에 버금가는 최대순간풍속을 기록하면서 침수, 정전, 양식업 어패류 폐사, 낙과나 비닐하우스 파손 등 많은 피해를 입혔다. 볼라벤은 2000년 이후 서해상으로 접근한 태풍 중 세력이 가장 강한 태풍으로 기록되었다. 근대적인 기상관측이 이루어진 19세기 중반 이후부터 현재까지 육지와 해양을 포함하는 지구의 평균기온이 지속적으로 상승하는 추세에 있다. 태풍과 같은 열대저기압이 발생하는 장소인 열대해역도 예외가 아니어서 이 지역 대부분의 해수면 온도가 지난 수 십년 동안 약 0.25~0.5℃ 정도 상승한 것으로 보고되었다. 점점 더워지는 지구의 기후환경 하에서 태풍이나 허리케인과 같은 강한 열대저기압은 앞으로 어떻게 될까? 이들이 더 빈번하게 발생할까? 또한 과거에 비해 더 강도가 세어져 더 큰 피해를 입힐 수 있을까? 태풍에 대한 미래전망은 방재대책 수립 등 여러 가지 측면에서 매우 중요하다.

태풍은 해수온도가 높고 바람의 연직시어가 약하며 종관적인 기상조건이 적절하게 유지되는 조건이 갖추어졌을 때 크고 강하게(즉, 최대풍속이 세고 중심기압이 낮으며 강풍반경이 큼) 발달한다. 이는 연직적으로 발달한 초기의 대류운동에 의해 수증기가 응결되는 과정에서 내뿜는 잠열이 공기의 부력을 증가시키면서 강한 연직운동을 반복적으로 일으켜 막대한 에너지를 생성시키기 때문이다. 그러나 태풍이 발생하는 좀 더 근본적인 원인에 대한 이해가 필요하다. 이는 열대해양의 뜨거운 환경에서 찾을 수 있다. 여름이 가까울수록 태양고도가 높아짐에 따라 점점 더 강해지는 일사에 의해 뜨거워진 열대해역은 장파복사의 형태로 에너지를 우주로 방출함으로써 어느 정도 식혀져야 하는데 열대해역에 존재하는 구름과 다량의 수증기 는 이러한 냉각이 효과적으로 일어나지 못하게 한다. 즉, 뜨거운 열대해역은 광학적으로 두꺼운(optically thick) 환경에 놓여있으며, 태풍은 열대해양 표면 부근에 축적된 열을 증발이나 해수의 혼합, 강한 대류활동 등을 통해 효과적으로 전달하는 수단으로 작용한다. 비록 폭발적 현상이기는 하지만 하나의 자연스러운 과정으로 볼 수 있다. 열대해역의 대기 하층은 뜨거운 표층해수의 왕성한 증발과정에 의해 물이 수증기로 변하는 과정을 통해 냉각된다. 표층 해수가 하층의 차가운 해수와 강한 바람에 의해 혼합되는 과정을 통해서 식혀지게 되며, 강한 대류활동에 의해 대기 상하층의 공기가 혼합되는 과정을 통하여 열대해양 표면 부근의 열이 상층으로 효과적으로 수송되면서 결국에는 장파복사 에너지의 형태로 우주로 방출된다.

태풍의 근본적인 에너지 원천인 해수면 온도가 상승하게 되면 태풍이 더 잘 발생할 수 있고 또 더 강하게 발달할 수 있는 것으로 생각할 수 있다. 그러나 대기와 해양에서 일어나는 각종 현상들 사이에는 매우 복잡한 비선형적 관계가 있다. 그리고 태풍 구조와 발달 과정에 대해 충분히 이해하지 못하고 있는 한계점도 있다. 특히, 지구온난화(해수온도의 상승을 포함하여)에 따른 ENSO(엘니뇨 및 남방진동)나 몬순 활동의 변화, 대기대순환의 변화, 또 이와 관련된 북태평양 고기압의 변화(즉, 위치와 강도, 팽창과 수축 및 그 방향 등)와 같은 여러 가지 요소들이 태풍의 빈도, 강도, 진로(우리나라 영향 가능성과 관련됨)에 영향을 줄 수 있다. 이와 더불어 대기와 해양의 자연변동성(natural variability)이 인위적인 강제(anthropogenic forcing) 효과와 합쳐지면서 현상들이 일어나기 때문에 문제는 더욱 복잡해진다. 따라서 태풍이 앞으로 어떻게 될 것이라고 예상하는 장단기적인 미래 전망은 상당한 예측 불확실성을 기본적으로 내포하고 있다.

지구온난화로 인해 태풍과 같은 열대저기압이 점점 더 빈번하게 발생하고 있는가? 이에 대한 답은 다행스럽게도 "아니오"로 모아지고 있다. 과거 수십 년 동안 장기적으로 태풍을 포함한 열대저기압의 발생 추이를 조사한 결과 전지구적인 연간 발생 빈도는 시간에 따라 일관되고도 뚜렷한 변동추세를 보이고 있지 않는 것으로 나타났다. 태풍의 예만 보더라도 1951년 이래 최근(2011년)까지 61년 동안 발생한 연평균 개수는 약 26개 정도가 되는데 1995년 이후의 연도별 태풍 발생수를 보면 1997년을 제외하곤 지난 60여년의 평균 보다 발생수가 적은 해가 대부분이었다. 특히, 지난 2010은 총 14개의 태풍이 발생하여 1951년 이래 발생 수가 가장 적었던 해로 기록되었다. 대서양에서 발생한 허리케인의 경우에는 서태평양지역의 태풍과는 그 발생 메커니즘이 동일함에도 불구하고 상당히 다른 경향성을 보인다. 1951년 이래 최근까지 허리케인의 연평균 발생 개수는 약 11개 정도인데 1995년을 기점으로 최근까지 발생 개수가 상당히 증가하는 경향을 보였다. 특히, 지난 2005년에는 총 28개의 허리케인이 발생하여 역대 최고의 발생수를 기록하였다. 이와 같이 지구상의 지역에 따라 태풍이나 허리케인의 발생빈도 및 추세가 서로 다르게 나타나고 있어, 어떤 일관성 있는 변화경향을 보이고 있다고 말할 수는 없다.

열대저기압의 강도가 점차 세어지고 있는가? 이에 대한 답은 우려스럽게도 "그렇다"는 쪽으로 모아지고 있다. 이와 관련된 몇 가지 증거들이 제시되고 있는데, 과거 기록에 의하면 열대저기압의 최대풍속과 지속시간이 모두 증가하는 경향을 보여주고 있다. 특히, 열대저기압에서 방출되는 에너지가 지난 30년 동안 약 70% 정도 증가된 것으로 보고되었는데, 이는 최대풍속에 있어서 약 15%의 증가와 지속기간(또는 수명)에 있어서 약 60%의 증가에 따른 결과이다.

열대저기압의 과거 활동에 있어서의 변화가 인위적인 요인에 의한 것인지에 대한 여부는 "태풍의 장기적 변화가 자연 변동성의 범위를 초과하여 온실가스 배출 등에 따른 인위적 요인에 의한 영향까지도 받았는지의 여부를 판단하기에는 아직 불확실한 부분이 많다."는 의견이 지배적이다. 열대저기압의 발생빈도와 강도의 변화 추세에 대한 대체적인 결과에도 불구하고 장기간 기록 자료의 가용성과 자료 품질에 있어서의 한계를 개선하고 극복하는 것이 중요한데, 열대저기압이 활동하는 지구상의 광범위한 해역에 대해 조밀하고, 안정적이며, 정확하고, 장기적으로 관측할 수 있는 현실적 수단이 많지 않다는 것이 문제다. 이러한 측면에서 위성을 이용한 태풍관측이 매우 중요하다. 한편 위성관측 자료의 품질을 검증하고 개선시키기 위해 항공기를 이용한 태풍의 현지관측(in-situ measurement)을 병행하는 것도 매우 중요하다. 이를 통해 실제로 태풍의 구조와 강도, 중심위치 등을 외과의사가 환자를 해부해 보듯이 가장 정확하게 알 수 있다. 위성관측이 가지고 있는 많은 장점에도 불구하고 위성을 이용한 관측 자료의 축적기간이 길지 않고 위성의 제한된 수명으로 인해 위성자료의 연속성에 대한 품질이 떨어진다는 점은 기후학적 측면의 태풍 관측에 있어서 여전히 한계로 존재한다.

태풍을 진단하고 예측하는 중요한 도구 중 하나로서 태풍 수치모델 연구가 있다. 고해상도의 역학적 모델에 기반한 태풍의 미래 전망에 따르면, 지구온난화가 전지구적으로 열대저기압의 강도를 증가시키는 방향으로 작용할 것이며, 2100년까지 2~11% 정도의 강도 증가가 전망된다. 또한 기존의 모델링 연구에 따르면 발생빈도 측면에서 6~34% 정도 감소할 것으로 전망하고 있다. 이와는 별도로 고해상도 모델 연구에 따르면, 아주 강한 열대저기압의 발생빈도는 상당히 늘어날 것으로 전망하고 있으며, 특히 열대저기압의 중심으로부터

100km 이내의 강우강도가 20% 정도 증가할 것으로 전망하고 있다 (Myhre et al., 2013). 하지만 전체적으로 지역 별 또는 모델 별 결과가 상당한 차이를 보이기 때문에 앞으로 지속적인 추가 연구가 필요하다.

지난 2005년에 대서양지역에서는 예년보다 많은 허리케인이 발생하였는데, 그 중에서 카트리나는 재즈의 도시 뉴올리언즈를 초토화시키며, 총 1250억 달러에 달하는 미국 역사상 최악의 자연재해 피해를 입혔다. 미국과 같은 선진국도 강력한 허리케인 앞에서 속수무책으로 무너질 수밖에 없었다는 사실은 당시 많은 사람들을 의아하게 만들었다. 기상재해 측면에서 태풍이나 허리케인으로 인한 피해와 영향은 막대하다. 태풍은 강풍과 함께 집중호우를 동반하면서 홍수, 산사태 등 수많은 종류의 피해를 유발한다. 이와 더불어 해안지역에서의 피해도 크게 우려된다. 앞으로 지구가 점차 온난화되게 되면 해수온도와 함께 해수면 고도도 상승하게 된다. 이는 새로운 위협요인으로 작용한다. 도시로의 인구집중이 점차 가속화 되고 있고, 상당수의 큰 도시들은 해안지역에 위치해 있다. 인구가 밀집된 해안도시에 강력한 태풍이 내습하게 되면 해일 등으로 인해 큰 피해가 나타날 수 있다.

Ⅲ 맺음말

미국의 45대 대통령인 도널드 트럼프는 미국이 파리기후협정에서 탈퇴함을 2017년 6월 1일에 선언하였다. 이에 따라 기후변화 문제 해결을 위한 인류의 노력과 국제 공조 시스템에도 새로운 환경적 변화와 큰 변수가 발생하였다. 앞으로 기후변화 문제에 대한 원인과 해결방안 등에 대한 국제적 논쟁은 더욱 뜨거워 질 것으로 전망된다. 그리고 기후변화와 온실가스 배출과의 인과관계에 대한 기후변화 과학의 역할과 중요성이 더욱 커지고 있다.

참고문헌

Chapman, W.L., and J.E. Walsh. 1993. Recent variations of sea-ice and air temperature in high latitudes. Bulletin of the American Meteorological Society 74:33-47.

Easterling, D.R., G.A. Meehl, C. Parmesan, S.A. Changnon, T.R. Karl, and L.O. Mearns. 2000. Climate extremes: Observations, modeling, and impacts. Science 289:2068-2074.

Eddy, J. A., 1976: The Maunder Minimum, Science, 192, 1189-1202, doi:10.1126/science.192.4245.1189.

Gray, L.J., et al., 2010: Solar influences on climate. Rev. Geophys., 48, RG4001, doi:10.1029/2009RG000282.

Intergovernmental Panel on Climate Change (IPCC), 2001a: Climate Change 2001: Impacts, Adaptations, and Vulnerability. Report of Working Group II.

Intergovernmental Panel on Climate Change (IPCC), 2001b: Climate Change 2001: The Science of Climate Change, J.T. Houghton (ed.). Cambridge University Press, UK.

Myhre, G., D. Shindell, F.-M. Bréeon, W. Collins, J. Fuglestvedt, J. Huang, D. Koch, J.-F. Lamarque, D. Lee, B. Mendoza, T. Nakajima, A. Robock, G. Stephens, T. Takemura and H. Zhang, 2013: Anthropogenic and Natural Radiative Forcing. In: Climate Change 2013: The Physical Science Basis. Contribution of Working Group I to the Fifth Assessment Report of the Intergovernmental Panel on Climate Change [Stocker, T.F., D. Qin, G.-K. Plattner, M. Tignor, S.K. Allen, J. Boschung, A. Nauels, Y. Xia, V. Bex and P.M. Midgley (eds.)]. Cambridge University Press, Cambridge, United Kingdom and New York, NY, USA.

National Academies of Sciences (NAS), 2002: Abrupt Climate Change: Inevitable Surprises. Washington, DC: The National Academies Press. doi: 10.17226/10136.

National Academies of Sciences (NAS), Engineering, and Medicine, 2016: Attribution of Extreme Weather Events in the Context of Climate Change. Washington, DC: The National Academies Press. doi: 10.17226/21852.

National Research Council (NRC), 2001: Climate Change Science: An Analysis of Some Key Questions. National Academy Press, Washington, D.C.

한-중남미 환경산업협력과 민간투자사업 활용

박시영(한국환경산업기술원)

I 서론

전통적인 환경시설에 대한 국내 건설 및 제조시장은 대부분 포화상태이며, 재활용, 폐자원 에너지화 시설 및 유지관리 등의 분야에서 시장수요가 발생하고 있다. 물 분야는 '13년 상수도보급률 98.5%, 하수도 보급률 92.1%로 매우 높다. 주요 환경기업들은 최근까지 급격한 성장세를 보인 반면, '12년 기점으로 많은 수의 국내 환경기업들이 수익적인 측면에서 하락세를 보이고 있고 있는 것으로 나타났다. 이는 공공예산의 시장영향역이 높았던 과거와 달리, 최근 상하수도 시설의 확충 및 정비분야('15년 기준 약 22조원)을 제외한 전통적인 환경

분야에서 공공예산 영향력이 낮아진 영향도 있는 것으로 보인다.

이러한 추세에 따라 한국의 환경사업 지속성장을 위해서는 공격적인 해외 신시장 발굴 및 환경의 미래 유망분야를 개발하는 것이 중요한 화두로 떠올랐다. 더 이상 국내시장에서의 경쟁이 아닌 해외시장에서 우리 환경기업들이 세계의 기업들과 경쟁을 요구받고 있다. 해외 발주처와 국내기업들의 수요에 따라 전통적인 주력시장인 아시아, 중동 위주의 사업이 최근에는 개발신흥국인 중남미와 아프리카 등으로 바뀌고 있는 추세이다.

그러나 이런 신흥국에서도 상하수도처리장, 위생폐기물 매립장 등 상징적인 환경 공공시설 확충에 있어 가장 중요한 자금조달 어려움의 해소를 위해 과거 재정사업으로 추진하던 구조에서 민간투자형으로 사업추진의 구도를 만들어 가고 있다.

특히, 중남미의 PPP 시장규모는 '14년 약 795억 달러, 전세계 시장규모의 56%로 세계 최대의 PPP 시장으로 급속히 성장하고 있다. 이에 따라 한국 정부는 중남미 국가들에게 우리의 제도를 전파하고, 이들 국가의 담당 공무원들과 인적네트워크 구축을 위한 노력을 시작했고, 향후 우리 기업들의 중남미 PPP시장 진출에 유리한 환경을 조성할 것으로 기대하고 있다. 이에 정부적 차원에서 최근 민간투자사업 관련 국제협력의 확대 계획을 수립하고, 이를 위한 기초단계로서 개도국 공무원 교육, 국제회의, KSP 사업 연계 등을 통해 민간투자사업 선도국의 위상을 제고하며, 민관협력 확대를 통해 우리 기업들의 해외진출 기반도 확충해 나갈 계획을 수립하고 있다.

최근에는 중남미 환경시장의 경제성장률이 회복되면서 특히 녹색산업, 환경산업, 신재생에너지산업 및 에너지 효율화에 대한 산업투자 및 참여에 대한 중남미 국가들의 다양한 인센티브가 도입되고 있다. 이에 따라 중남미 각국별 특성에 부합하는 환경기술 현지화 및

R&D 분야차원의 연구기회가 확대되고 있고, 에너지와 환경산업 위주의 새로운 산업진출 기회가 확대되고 있는 추세이다. 또한 이와 맞물려 수질, 폐수, 폐기물 및 대기분야의 대규모 환경프로젝트 발주도 기대된다.

반면, 중남미 인프라 시장규모는 지속적으로 증가하고 있지만, 정부의 재정부족으로 수요를 충족시키지 못하는 인프라 부족분이 발생되고 있다. 이러한 인프라 부족의 갭을 충족하기 위하여 2020년까지 3,200억 달러가 필요한 것으로 추산되고 있다. 따라서 중남미 시장을 접근함에 있어서도 환경 및 기후변화시장을 중심으로 국제개발협력 공적자금인 국내 ODA자금, 국제기금(녹색기후기금) 및 미주개발은행(IDB)을 활용방안을 구체화 한다면, 중남미 국가가 환경산업을 추진함에 있어 발생하는 국가재원 부족과 국가 리스크를 해소할 수 있을 것이다.

Ⅱ 국내 환경산업의 해외진출 필요성 대두

1. 국내 환경시장의 포화

국내 환경시장은 정부의 환경산업 육성 지원정책에 힘입어 국내 환경산업은 전반적으로 성장세를 유지하고 있다. 2014년 기준으로 매출액은 약 98조원, 수출액은 약 8조2,000억원으로 전년대비 9.2%, 3.4% 각각 증가했다. 2020년에는 매출액이 140조원 이상 규모로 성장할 것이라는 전망도 나오고 있다. 하지만 매출액 100억원 미만의 중소기업이 환경산업체의 98%를 차지할 정도로 시장이 양극화 돼

<그림 1> 국내 환경시장 성장현황

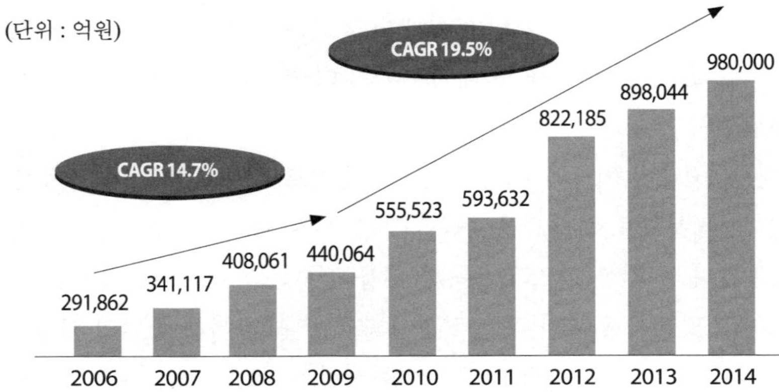

자료 : 환경통계연감, 2015

있고 아직은 개발된 기술의 사업화 역량이 부족한 것이 현실이다.

전통적인 환경시설에 대한 국내 건설 및 제조시장은 대부분 포화 상태이며, 재활용, 폐자원 에너지화 시설 및 유지관리 등의 분야에서 시장수요가 발생하고 있다. 물 분야는 '13년 상수도보급률 98.5%, 하수도 보급률 92.1%로 매우 높고, '14년 종말처리시설 폐수유입률은 약 46.6% 수준에 불과하다.

이렇듯 대규모 상하수도 및 폐수처리시설에 대한 추가 수요보다는 기존 시설에 대한 유지·보수 중심으로 시장이 형성 중이다. 대기 분야 매출액의 약 75%는 화력발전과 철강산업에서 발생하고 있으며, 특히 시설유지·보수 중심으로 비용절감을 위한 고효율 기기에 대한 수요가 발생하고 있다. 폐기물 발생 증가율은 '09~'13년 1.8% 수준으로 낮고, 재활용률은 약 84% 수준으로 꾸준히 증가하여 매립은 감소 추세에 있다.

2. 환경산업체의 미래 먹거리 해외 新시장 발굴 요구 확대

최근 환경오염피해구제법, 환경시설통합관리법, 온실가스배출권 거래제 시행 등 新환경규제 및 정책 도입으로 환경컨설팅 시장의 성장이 예상되고, 화관법, 화평법 등 화학물질 관리제도 도입으로 화학안전산업과 시험분석시장 확대가 전망된다. 또한 규정된 용도와 방법만 허용하던 방식에서 기준에 적합한 폐기물만 허용하는 방식으로 폐기물관리법이 '15.7월 개정되어 재활용 기술과 시장을 확대 중으로 국내 환경산업의 신규 수요가 전망되고 있다.

하지만 주요 환경기업의 약 10년간 성장추이를 <그림 2>에서 분석한 결과, 최근까지 급격한 성장세를 보인 반면, '12년 기점으로 많은 수의 국내 환경기업들이 수익적인 측면에서 하락세를 보이고 있는 것으로 나타났다.

공공예산의 시장영향력이 높았던 과거와 달리, 최근 상하수도 시설의 확충 및 정비분야('15년 기준 약 22조원)을 제외한 전통적인 환경분야에서 공공예산 영향력이 낮아진 영향도 있는 것으로 보인다.

<그림 2> 환경기업별 성장유형

	대기	물	폐기물	기타
성장주춤형	테크윈 ('09. 536억→'12. 997억 →'14. 479억) KC코트렐 ('13. 1,626억→'14. 1,692억)	부강테크 ('09. 138억→'12. 306억 →'13. 273억) 생 ('10. 45억→'12. 223억 →'14. 112억)	한라산업개발 ('11. 3,000억→'14. 1,455억) 한솔이엠이 ('11. 3,000억→'14. 1,347억) 코오롱글로벌 ('12. 33,224억→'14. 28,067억) 인선이엔티 ('09. 1104억→'14. 449억)	건화 ('10. 1,757억→'14. 1,374억) 도화 ('11. 3,718억→'14. 3,336억) 동명 ('10. 1,334억→'14. 1,043억) 삼안 ('10. 2,712억→'14. 1,204억) 에이치플러스에코 ('12. 400억→'14. 359억)
지속성장형	에어릭스 ('10. 802억→'14. 963억) 제이텍 ('10. 40억→'14. 138억)	휴비스워터 ('08. 490억→'14. 2,355억) TSK워터 ('10. 804억→'14. 2,355억) 하이앤텍 ('10. 317억→'14. 1,000억)	상신금속(금속) ('10. 888억→'14. 1,208억) KG ETS(금속) ('10. 362억→'14. 1,056억) 스틸앤리소시즈(금속) ('10. 1,027억→'14. 1,856억) 에코에너지홀딩스(폐자원에너지) ('10. 88억→'14. 169억)	코비(분석기기) ('10. 46억→'14. 274억)

자료 : 한국환경산업술원, "환경산업 육성 활성화 방안", 2015

이러한 추세에 따라 한국의 환경사업 지속성장을 위해서는 공격적인 해외 신시장 발굴 및 환경의 미래 유망분야를 개발하는 것이 중요한 화두로 떠올랐다. 더 이상 국내시장에서의 경쟁이 아닌 해외시장에서 우리 환경기업들이 세계의 기업들과 경쟁을 요구받고 있다.

하지만 여전히 국내 기업들은 자체적 역량으로 해외 진출을 하는 데에 많은 어려움을 겪고 있다. 2008년 글로벌 금융위기와 이어진 유럽발 금융위기의 영향으로 전통적인 건설시장인 중동국가들의 재정악화로 인해 해외 인프라 시장의 진출 접근방식이 민간투자 개발형으로 변화하고 있다. 그럼에도 세계 건설시장은 2016년까지 연평균 4.6%로 꾸준히 성장하고 있어 과거에 비해 발주재원이 중요한 요소가 되고 있다. 따라서 이러한 경제적 여건을 고려할 때 최근 해외 환경 인프라 시장에 대한 진출의 금융조달 방식으로 가장 주목받고 있는 프로젝트 파이낸싱(PF, Project Financing)[1)]은 민관협력(PPP, Public Private Partnership)을 활용하는 것이다.

1) 개발금융으로서 프로젝트 파이낸싱(PF)는 1970년대부터 자원개발, 제조업, 부동산 개발 등 다양한 산업에서 민간부문의 자금조달 기법으로 사업주의 신용이나 물적담보와는 별개로 특정 프로젝트를 위해 설립한 독립회사가 발생하는 미래의 수익을 상환재원으로 사업에 필요한 재원을 조달한다(농협경제연구소, 해외개발금융의 시장성과 성장과제, 2014).

Ⅲ 대 중남미 민관협력의 가능성

1. 중남미 경제 안정성 향상

중남미 경제는 브라질, 칠레 등 남미 자원 부국을 중심으로 2000년대 초반부터 원자재 산업의 호황과 함께 큰 폭의 성장을 기록했다. 세계 금융 위기의 여파도 극복하며 지속 성장하는 하는 것처럼 예상되었으나, 중국의 저성장과 미 금리 인상 전망으로 해외 자본이 급격히 유출되며 결국 경기 침체되기에 이르렀다. 중남미 경제 위기의 원인은 원자재 수요 감소(경상 적자), 환율 불안, 정부 재정의 방만 운영, 정치 및 사회 불안으로 압축된다.

그럼에도 불구하고 중남미 지역은 경제공동체라는 특별한 무기를 만들어 돌파구를 찾아가고 있어 우리 환경기업이 중남미 시장을 진출할 때 유리하게 활용할 수 있는 방법이 있는지 꼼꼼히 따져볼 필요가 있다.

<그림 3> 중남미 경제성장률 전망

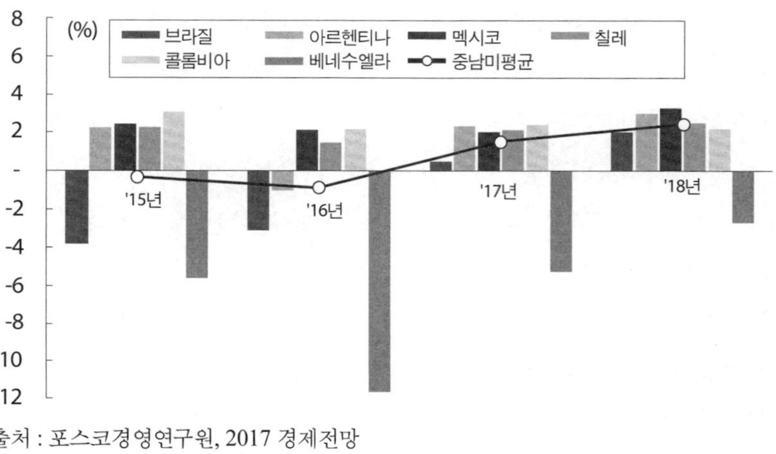

출처 : 포스코경영연구원, 2017 경제전망

중남미에는 우리 기업이 활용할 수 있는 3개의 대표적인 경제공동체가 있다. 그 중 최근 신흥 시장으로 떠오르는 태평양 동맹(Pacific Alliance)과 우리나라와 FTA협상을 추진 중인 중미 6개국 시장을 눈여겨 볼 필요가 있다.

자유무역과 개방경제를 목표로 중남미 태평양 연안 4개국(멕시코, 칠레, 콜롬비아, 페루)이 12년 6월 결성한 태평양 동맹이 '15년 7월 20일 발효했다. 협정 발효 시점부터 전체 상품의 92% 무관세 혜택, 7%는 향후 3, 7, 10년 안에 나머지 1%는 15~17년 안에 철폐하는 것을 목표로 한다. 한국은 '13년 7월 태평양동맹 옵서버로 가입했고, 태평양 동맹국 중 이미 칠레, 페루, 콜롬비아와 FTA를 체결하였으며, 멕시코와는 논의 중단 상태이나 협상 재개 가능성이 있으며, 한국이 TPP참여시 자동적으로 무역협정이 체결되게 된다.

태평양 동맹을 이루는 4개국의 총 인구는 2억 16백만 명으로 1인당 평균 GDP 16,525(PPP기준) 달러의 경제 중견국이며 중남미 및 카리브 지역 GDP의 36.7%, 대외무역의 52.4%, 외국인투자의 43.1%를 유치하는 대표 경제 블록이다. 태평양 동맹국 회원국은 공통적으로 원유, 광물 등 풍부한 자원을 보유하고 있으며, 세계은행이 발표하는 Doing Business 보고서에서 중남미 내 사업하기 좋은 국가 상위권을 차지하고 있다. 또한 여느 중남미 국가들과 달리 인프라 확충에 아주 적극적인 것이 특징이다.

한·중·일 3국간 경쟁이 치열한 상황에서 한국이 3국 중 처음으로 중미 6개국과 FTA를 체결할 경우 한국 및 한국산 제품에 대한 인식제고로 이어져 제품 구매 확대에 기여할 전망이다. 특히, 파나마, 니카라과 등 중미국가들은 인프라 투자가 활발히 추진되고 있거나 추진 예정인 국가들로 한·중미 FTA 체결은 중미 국가들의 인프라 프로젝트 진출에 기여할 것으로 기대된다.

한편 남미공동시장(MERCOSUR)회원국들은 유가하락, 원자재 하락 여파로 여러 가지 난관에 봉착했지만, 중남미지역 여러 국가들은 정치적 현안 해결을 통해 경제 성장 동력을 얻으려고 노력 중이다.

2016년 초부터 아르헨티나, 브라질 등에서 잇따라 핑크 타이드(온건좌파) 세력의 퇴진이 가시화되고, 우파 정부가 집권하면서 과거 금리 인하나 재정 확대를 통해 대규모 경기 부양과 고비용의 사회 복지 제도를 유지해 오던 남미 특유의 경제 정책에 큰 변화가 예상된다. 그간 중남미 정부가 보여준 이념주의를 벗어나 경제회복과 성장을 최우선 과제로 위기극복을 위한 정책과 미국 유럽은 물론 아시아 국가들로의 관계다변화와 확대를 통한 국제주의를 추구하고 있다.

먼저 아르헨티나, 콜롬비아 등은 금리 인상과 함께 국채 발행 등을 통해 통화량을 조절하여 인플레이션을 억제하면서 해외 자금 유치에 힘쓸 것으로 보인다. 멕시코 역시, 미국의 금리 변화에 더 영향을 받기는 하겠지만, 추가 금리 인상 가능성도 예상된다. 반면, 원자재 수요 위축과 투자 부진 등으로 내수 침체에 빠져있는 브라질, 칠레, 페루 등은 과거와 같이 금리 인하와 함께 대규모 경기 부양에 나설 것으로 예상된다. 그러나 이 국가들이 세수 확보의 어려움으로 공공 지출을 줄이는 상황에서 과연 재정 건전성을 유지할 수 있을 지는 다소 의문이다.

반면, 게릴라 반군(FARC)과의 평화 협정을 이끌어 내며 경제 재건을 꾀하고 있는 콜롬비아의 경우, 소비 회복과 인프라 개발 수요 등으로 견조한 성장세를 보이는 가운데, 높은 인플레이션과 실업률 상승에 직면하고 있어 어떤 정책을 취하더라도 당분간 혼조세는 지속될 것으로 보인다.

2. 중남미 인프라 시장의 민관협력 기회

중남미 지역은 지난 20년간 연간 GDP의 2.5%(약 1천 5백억 불)를 인프라 개발 및 유지에 투자해왔으나, 역내 인프라 부족을 해결하기 위해서는 GDP의 3%(약 3천억 불)의 투자가 요구되는 것으로 나타났다.

최근 중남미 각국 정부는 역내 수요를 충족시키고 지속가능한 성장을 위해 인프라 및 교육·보건 등의 공공사업을 진행해왔으나, 최근 중남미 지역의 경기침체로 인프라 사업이 지연 또는 취소되고 있으며 민간 투자액 역시 크게 줄어든 것으로 나타났다. 이와 더불어 세계은행(WB)은 최근 보고서를 통해 남미와 카리브해 국가의 부족한 인프라 문제를 해결하기 위한 수단으로 민관합작사업(PPP)의 확대가 상당한 잠재력이 있으나, PPP와 관련한 일련의 문제점들이 드러나고 있다고 지적했다.

또한 미주개발은행(IDB)은 '2017 Infrascope Index' 보고서에서 중남미 지역 민관협력사업(PPP) 환경이 지난 2010년 이후 지속적으로 개선되고 있고, 민관협력사업 추진 과정에서의 투명성 제고와 프로젝트 자금원 다변화 등이 필요하다고 평가했다. 실제로 세계은행(WB)에 따르면, 중남미 지역의 인프라 사업 수는 2014년 251개에서 2015년 162개로 줄었으며, 2015년 민간 투자액은 전년 대비 57% 감소한 400억 9,800만 불을 기록했고, 미주개발은행(IDB)에 따르면, 2008~2013년간 GDP의 5% 이상을 인프라에 투자한 중남미 국가는 니카라과가 유일하다.

아르헨티나, 브라질, 칠레, 멕시코 등 중남미 주요 경제대국들 역시 인프라 투자율 GDP의 3% 내외를 기록해왔으며, 이들 국가들은 인프라 부족을 해결하기 위해 대규모의 공공 인프라 사업을 계획하였으나, 정세 불확실성과 경기 침체 등으로 인해 추진이 어려운 상황이다. 특히, 브라질은 대통령 탄핵소추 및 경기침체, 멕시코는 재정 감축 등으로 공공사업 추진에 어려움을 겪는 중이다.

또한 PPP환경을 6가지 항목으로 분석하여 다른 권역과 비교한 결과에서도 중남미 국가들의 평균 사업환경은 다른지역에 비해 아직 열악한 것으로 평가되었다. 그 이유는 투자 환경이 중남미 내 사업환경이 양호한 국가군과 열악한 국가군 사이에의 격차가 크기 때문으로 분석되었다.

<표 1> 중남미 지역별·항목별 PPP 환경 평가

	중남미	아프리카	아태지역	신흥지역
전체	42.5	43.8	43.7	43.3
법률과 규칙	45.4	47.9	42.1	45.2
제도	37.7	40.6	38.3	38.8
운영성숙도	36.9	39.2	38.5	38.1
투자환경	57.7	54.2	61.6	57.8
금융조달	41.7	40.4	43.1	41.7
지방정부의 역량	31.6	36.7	40.0	35.7

출처 : 민관협력사업(PPP)을 활용한 중남미 인프라·플랜트 시장 진출 확대방안, 2016 재인용

중남미 각국은 이러한 인프라 투자 감소를 해결하기 위해 민관협력사업(PPP)을 활성화해야 하며, 세계은행, 미주개발은행 등 다자은행들과 연계하여 자금조달을 보장할 필요를 요구받고 있다. 또한, 부정부패가 역내 인프라 투자를 저해하는 고질적인 요인으로 지적되는 바, 각국 정부는 사업의 투명성 제고를 위한 법적 기준 마련과 사업에 대한 모니터링 실시가 필요하다. 또한 미주개발은행이 지적한 대로 특히 자금 조달 메커니즘 변화 및 대안 마련, 사업에 대한 정보공개 범위 확대, 추진 과정에서의 효율성 제고 등의 노력은 필수적 요소이다.

<그림 4> 중남미 민관협력 분야별 투자비중

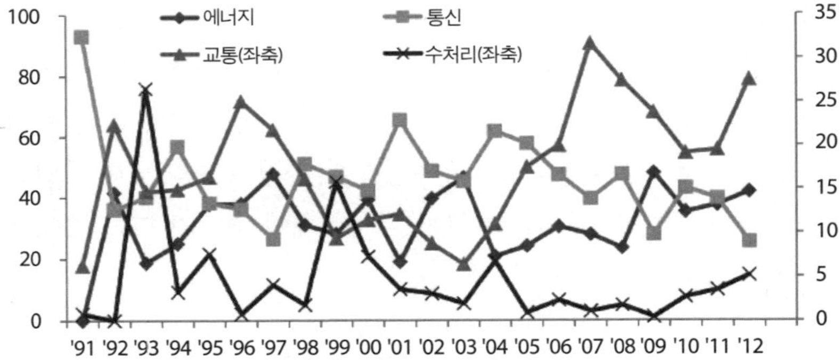

출처 : 중남미 인프라 민관협력의 특징 및 주요분석(2014) 재인용

<그림 5> 중남미 민관협력 분야별 투자타입(수처리)

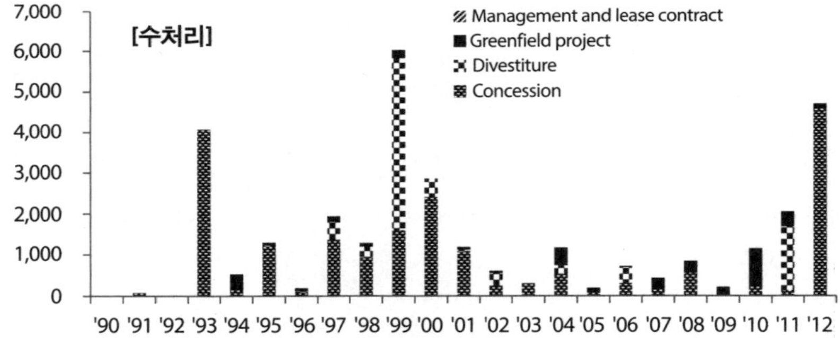

출처 : 중남미 인프라 민관협력의 특징 및 주요분석(2014) 재인용

중남미의 PPP 시장규모는 '14년 약 795억 달러, 전세계 시장규모의 56%로 세계 최대의 PPP 시장으로 급속히 성장하고 있다. 이에 따라 한국 정부는 중남미 국가들에게 우리의 제도를 전파하고, 이들 국가의 담당 공무원들과 인적네트워크 구축을 위한 노력을 시작했고, 향후 우리 기업들의 중남미 PPP시장 진출에 유리한 환경을 조성할 것으로 기대하고 있다. 또한 정부적 차원에서 최근 민간투자사업 관련 국제협력의 확대 계획을 수립하고, 이를 위한 기초단계로서 개도국

공무원 교육, 국제회의, KSP 사업 연계 등을 통해 민간투자사업 선도국의 위상을 제고하며, 민관협력 확대를 통해 우리 기업들의 해외진출 기반도 확충해 나갈 계획을 수립하고 있다.

전체 투자규모를 비교해보면, 교통, 통신, 에너지 부문의 프로젝트에 대규모 사업이 치중되어 있고 아직 환경분야의 수처리 분야는 전체 대비 5% 미만수준으로 미미한 수준이다. 중남미 지역의 수처리 민관협력의 분야별 투자 형태는 기존 국유자산 시설의 효율성을 높여 새로운 수익성을 높이는 경우로 Concession[2]형태로 빈번히 이루어지고 있으나, 아주 다양한 형태의 포트폴리오를 보여주고 있는 것으로 분석되었다.

중남미에서 PPP사업을 추진한 경험이 없는 우리 환경기업들은 현지 사업 발굴시 기존에 시장을 선점한 선진국들과 달리 중소규모의 사업을 우선공략하는 것이 필요하다. 초기에 낮은 진입장벽의 사업을 타겟으로 하여 오히려 리스크가 적은 사업을 중심으로 경험과 노하우를 축적하여 향후 대규모 사업으로 진출을 확장해 나가는 것이 바람직하다.

2) Concession : 상당한 투자리스크가 있는 경우 주어진 동안 공기업의 관리를 맡기는 것으로 ROT(Rehanilitate, Operate and Transfer), RLT(Rehanilitate, Lease or rent and Transfer), BROT(Build, Rehanilitate, Operate and Transfer)의 세 가지 유형으로 구성된다.

Ⅳ 중남미 환경프로젝트와 민관협력

1. 대중남미 환경협력과 ODA

중남미는 환경이슈가 개발과의 통합을 강조한 국제적인 논의가 시작된 이후, 경제·사회·환경의 통합적으로 접근하고 있다. 이는 UN이 2015년까지 지속가능한 개발 원리를 국가정책 및 프로그램에 통합하도록 하는 등 3대 지향점과 환경지표들을 제시하면서 환경 거버넌스를 강화하여 환경적 지속가능성 보장의 목표를 달성하기 위한 노력이 필요해졌기 때문이다.

이러한 과정에서 중남미 국가들은 환경지속가능성 목표를 달성하기 위해 필요한 부족한 재원을 마련하기 위하여 시장개방형으로 전략을 추진하고 있다. 국내기업뿐 아니라 다국적 기업의 참여도 허용하고, 투자유치 및 금융조달을 통해 국가, 지방 및 소지역 단위에서 필요한 환경이슈의 해결 우선순위를 효과적으로 배치하고 있다. 또한 지속가능한 개발과 환경보호 구상을 위한 기술이전 방식의 수립 및 이행에 대한 노력도 계속하는 가운데, 현재의 환경관리 재정지출을 확대하는 동시에 환경기금설립 및 증액, 환경기술 이전장치 촉진 및 환경교육 진흥을 통한 지역개발 촉진 필요성을 재확인했다.

중남미 환경 부문에 대한 전 세계 ODA는 연간 3억~4억 달러 수준에 그치다가 2010년에는 2009년 대비 80% 증가한 7억 8,280만 달러를 기록했다. 이는 공여국 전체 세계 환경 부문 ODA의 14%와 대중남미 ODA의 5.7%에 달하는 규모로서 중남미지역 환경 부문이 중요한 ODA 대상으로 부상하고 있음을 보여준다. 이 가운데는 DAC 회원국에 의한 대중남미 양자 환경 ODA가 83.6%로 대부분을 차지하고, 지구환경기금(GEF), 유럽 연합(EU), 미주개발은행(IDB) 등 다자기구가 16.3%를 제공했다. 2010년 기준으로 전 세계 공여국이 중남미 환경 부문에 제공한 ODA의 대부분인 70%는 환경정책/행정/관리에, 다음으로는 생물권역 보호(10%)와 생물다양성(13.4%)에 각각 투입되었다. 이는 환경보호 및 관리와 관련한 제도 구축은 미흡하고 행정 관리 능력은 부족한 반면, 풍부한 생물자원을 보유하고 있는 중남미지역의 특징을 나타낸다.

2. 중남미 환경산업 이슈의 변화

최근에는 중남미 환경시장의 경제성장률이 회복되면서 특히 녹색산업, 환경산업, 신재생에너지산업 및 에너지 효율화에 대한 산업투자 및 참여에 대한 중남미 국가들의 다양한 인센티브가 도입되고 있

<그림 6> 중남미 환경시장 진출여건분석

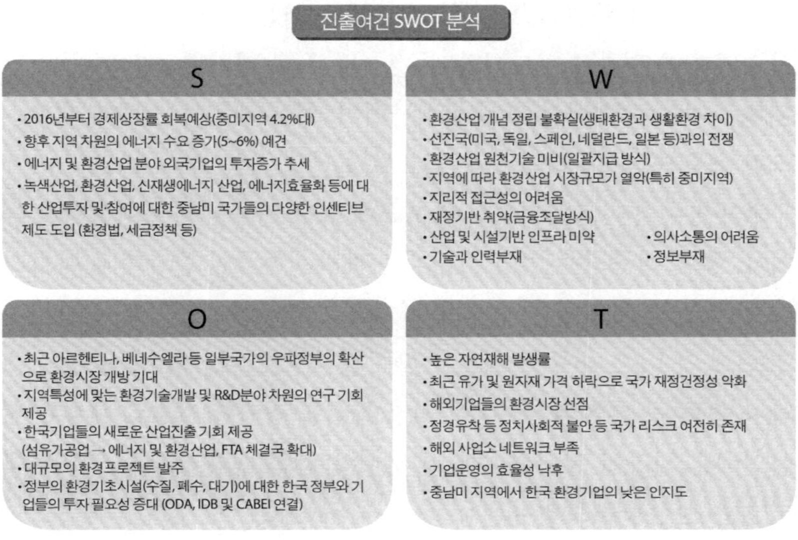

자료 : 한국환경산업술원, 2016

다. 이에 따라 중남미 각국별 특성에 부합하는 환경기술 현지화 및 R&D 분야차원의 연구기회가 확대되고 있고, 한국기업들이 섬유가공업을 기반으로 진출했던 과거와 달리 에너지와 환경산업 위주의 새로운 산업진출 기회가 확대되고 있는 추세이다. 또한 이와 맞물려 수질, 폐수, 폐기물 및 대기분야의 대규모 환경프로젝트 발주도 기대된다.

또한 중남미의 환경오염의 원인으로 과거 한국과 유사한 급속한 도시화와 경제발전으로 인한 반대급부로 발생되는 문제가 더욱 심각하게 고려되고 있다. 따라서 여러 중남미 국가들은 탄소제로국가 선언, 신재생에너지 확대 및 청정기술 활용에 대한 두각을 보이며, 국제적으로 그린 이노베이션 부분에서 마켓으로서 아주 빠른 속도로 성장하고 있다. 풍부한 자원, 해외직접투자에 우호적인 법과 정부 그리고 다양한 이니셔티브들이 한데 어우러져 중남미 내에서 지속가능한 기술의 글로벌 시장 협력이 점점 확대되고 있는 추세이다. 중남미에서 지속가능한 환경기술의 성장을 이끌어가는 것은 개발로 인한 환경오염과 빠른 속도의 도시화로 인한 물 부족, 폐기물 무단투기 및 교통체증 같은 고질적인 도시 문제들이며, 이를 해결하는 데에 새로운 그린 솔루션을 접목하고 있는 것으로 보인다.

해외 발주처와 국내기업들의 수요에 따라 전통적인 주력시장인 아시아, 중동 위주의 사업이 최근에는 개발신흥국인 중남미와 아프리카 등으로 바뀌고 있는 추세이다. 향후 연평균 약 3.3%로 성장하여 '20년에 약 $1조1,610억 규모로 확대될 것으로 예상되며, 아시아, 중남미 중동 등 신흥 환경시장이 시장 확대를 견인할 것으로 예상된다. 선진국은 성장이 정체된 반면 중남미와 같은 신흥시장은 6~10%대의 높은 성장률을 보인다.

<그림 8>은 '10년 이후 정부적 지원을 활용한 對중남미 환경분야

<그림 7> 세계 환경시장 성장 전망 전망

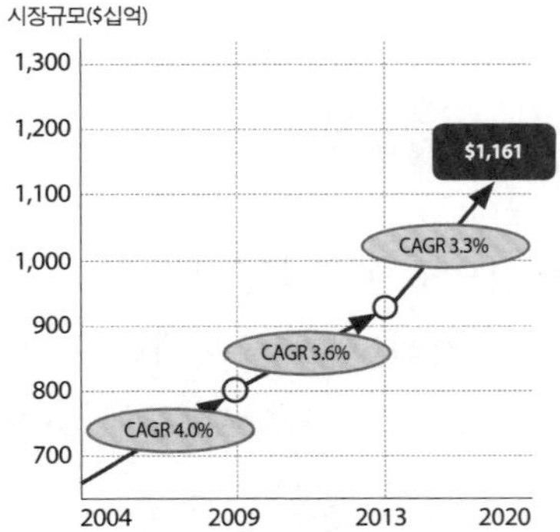

<그림 8> 국가별 '20년 환경시장 전망

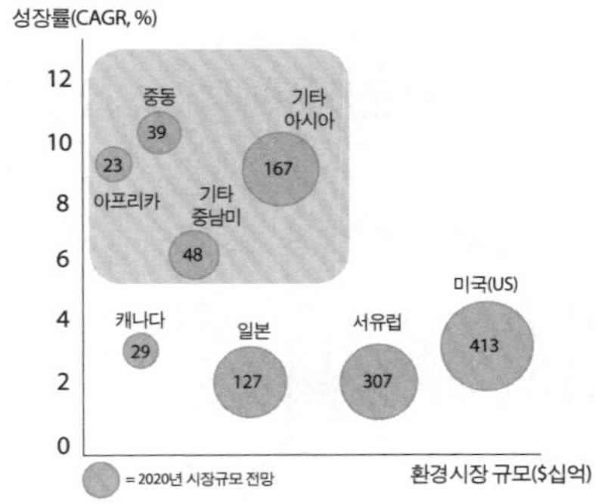

자료 : 한국환경산업술원, 2015 재인용

<그림 9> 중남미 환경분야 협력현황

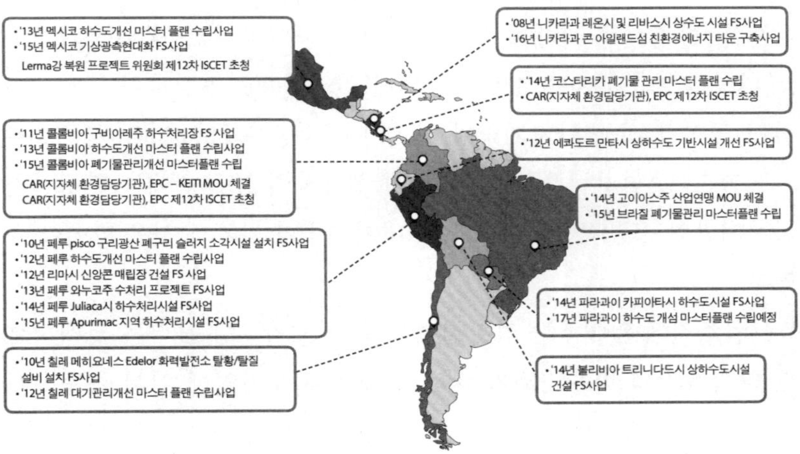

자료 : 한국환경산업술원, 2016

협력이 확대하고 있는 현황을 나타낸 것이다. '10년도 초반에는 대상 사업이 주로 정부재정 위주 성격이었으나, '15년도 이후에는 중남미 대부분 국가가 사회간접자본의 수요확대 대비 재정악화로 인한 PPP 법의 도입이 확대되면서 외국인 투자에 우호적인 여건으로 바뀌었는데, 이러한 부분들이 국내 환경기업들의 중남미 진출에 청신호가 될 것으로 기대된다.

3. 공적자금 활용의 기회 확대

국제사회의 지속적인 환경에 대한 관심으로 국제개발협력 환경 공적자금은 비환경 공적자금대비 빠르게 증가하고 있는 추세이다. 유엔기후변화협약의 목표에 따르면 개발도상국 내 기후변화산업 시장규모는 2020년까지 연간 약 100조원에 도달할 것으로 예상되고 있으며, 다자개발은행이 연간 약 27조원, 녹색기후기금이 연간 약 2.5조원을 투자하는 등 이미 형성된 시장규모 역시 상당한 수준이다.

한편, 환경관련 국제협력 공적기금은 공여국과 수원국을 기준으로 다자원조와 양자원조로 구별해서 살펴볼 때, 환경관련 국제개발협력 공적자금 중 다자기구가 차지하는 비중은 2010년을 기준으로 34%였으나, 연평균 9.3%로 빠르게 성장하여 2014년에는 환경관련 국제개발협력 공적자금의 42%를 다자기구가 차지한 것을 확인할 수 있다.

사업추진에 있어서는 양자협력을 통한 입찰 수주보다는 상대적으로 다자협력의 발주기회가 국내 업체의 시장진입에 있어 가능성이

<그림 10> 국제개발협력 공적자금 추이

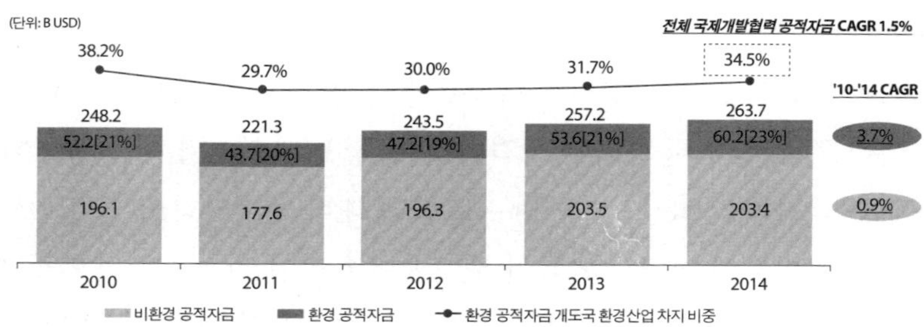

자료 : 한국환경산업술원, 2016

<그림 11> 양자기관 공적자금 프로젝트 사업 수주 주체 비교

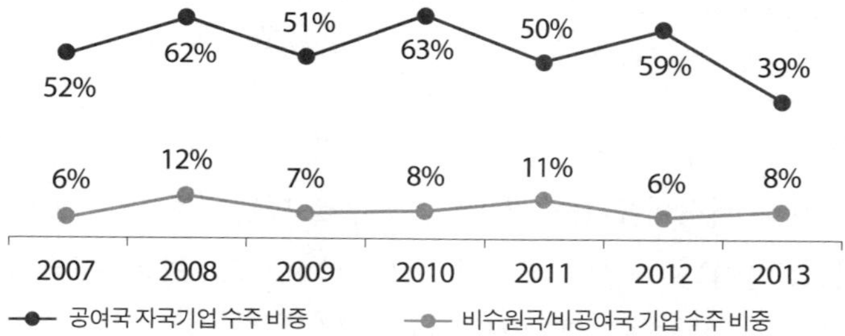

자료 : 한국환경산업술원, 2016

높을것으로 예상된다. 환경개발협력 공적자금의 75%를 차지하는 ODA 분석 결과, 양자협력에서는 입찰 수주에 있어 공여국 자국기업의 수주 비중이 높고, 양자관계에 있어 제3자에 해당되는 업체의 수주 비중이 10%이하로 낮은 것으로 나타났다.

따라서 정부적 차원에서는 증가하고 있는 다자협력 공적자금의 구체적인 활용 전략 수립이 필요하며, 국내 환경사업체는 다자기구 및 우리나라 공적자금 프로젝트를 우선적으로 수주하여 실적(Track Record)를 확보 한 후, 이러한 실적을 바탕으로 점차 해외 양자 공적자금 프로젝트를 타겟하는 시장 확장 전략이 필요하다.

중남미 인프라 시장규모는 지속적으로 증가하고 있지만, 정부의 재정부족으로 수요를 충족시키지 못하는 인프라 부족분이 발생되고 있다. 이러한 인프라 부족의 갭을 충족하기 위하여 2020년까지 3,200억 달러가 필요한 것으로 추산되고 있다. 따라서 중남미 시장을 접근함에 있어서도 환경 및 기후변화시장을 중심으로 국제개발협력 공적자금인 국내 ODA자금, 국제기금(녹색기후기금) 및 미주개발은행(IDB)을 활용방안을 구체화 한다면, 중남미 국가가 환경산업을 추진함에 있어 발생하는 국가재원 부족과 국가 리스크를 해소할 수 있을 것으로 보인다.

V 맺음말

중남미는 천연자원은 풍부함에도 불구하고, 정부가 인프라에 투자할 재정적인 여력이 없는 개도국을 위주로 민관협력이 활발하게 시작되었고, 현재는 중남미 대부분 주요 국가들도 PPP를 적극적으로 경기부양책으로서 활용에 나서고 있다.

중남미 지역은 지난 20년간 연간 GDP의 2.5%(약 1천 5백억 불)를 인프라 개발 및 유지에 투자해왔으나, 역내 인프라 부족을 해결하기 위해서는 GDP의 3%(약 3천억 불)의 투자가 요구되는 것으로 나타났다. 그러나 최근 중남미 각국 정부가 역내 수요를 충족시키고 지속가능한 성장을 위해 인프라 및 교육·보건 등의 공공사업을 진행해 왔으나, 최근 중남미 지역의 경기침체로 인프라 사업이 지연 또는 취소되고 있으며 민간 투자액 역시 크게 줄어든 것으로 나타났다. 따라서 중남미에서 PPP사업을 추진한 경험이 없는 우리 환경기업들은 현지 사업발굴시 기존에 시장을 선점한 선진국들과 달리 중소규모의 사업을 우선공략하는 것이 필요하다. 초기에 낮은 진입장벽의 사업을 타겟으로 하여 오히려 리스크가 적은 사업을 중심으로 경험과 노하우를 축적하여 향후 대규모 사업으로 진출을 확장해 나가는 것이 바람직하다.

실제 민관협력이 결정되는 제도적, 정치적 및 비즈니스 환경적 요인에는 많은 변수들이 작용한다. 하지만 개도국에서의 인프라 민관협력 프로젝트 개발 및 수행에 있어서 가장 중요한 것은 지속 가능한 자금조달과 안정적인 사업 수행을 위한 리스크 보증이다. 따라서 우선 타겟하는 중남미 국가의 PPP 인프라 사업 참여 전에 관련 법규를 충분히 숙지하는 것이 가장 중요하며, 현지의 유력기업이나 이미 중남미 시장을 선점하고 있는 유럽 및 중남미 대형 기업들과의 전략적 제휴를 모색해 볼 필요가 있다.

한국 환경부는 국내 환경기업이 아직은 독자적인 해외진출이 어렵다는 판단 하에 다양한 해외진출 지원사업을 마련하여 2007년부터 운영하고 있다. 그 중 해외에서 환경분야의 민간투자사업 진출 확대를 목적으로 다음의 3가지 사업을 지원하고 있다. 첫 번째, 예비 타당성조사 지원사업으로 해외 투자 가능성이 있는 사업을 발굴 및 개발을 지원하고, 두 번째, 민간이 발굴한 해외 환경프로젝트에 대한 재무, 법률, 기술, 시장 등을 bankable한 검토를 실시하여 자금조달을 위한 금융구조를 설계하고, 사업수주의 가능성을 확대하기 위한 목적으로 투자개발형 사업의 본 타당성 조사 및 프로젝트 실사(Due Diligence)를 지원한다. 마지막으로 미래환경펀드를 조성하여 해외환경프로젝트 투자용으로 활용하여 민간투자 사업의 확대를 유도할 계획이다. 국내 기업들이 진출을 희망하는 중남미 환경설비 및 인프라 구축 사업에 대한 가능성이 확인 되면, 그 실행력을 우리 기업들이 능동적으로 만들어가는 데에 도움이 되기를 바란다.

참고문헌

환경부(2015.11), 환경시장 창출 및 환경산업 육성방안 연구

환경부(2016.12), 다자개발은행 및 국제금융기구 활용 해외진출 확대 중장기 전략 수립 연구

대외경제정책연구원, 권기수, 김진오, 박미숙, 이시은(2016), 민관협력사업(PPP)을 활용한 중남미 인프라·플랜트 시장 진출 확대방안

포스코경영연구원(2016.11), 2017 경제전망

POSRI 보고서, 중남미, 잔치는 끝났다, 오성주 수석연구원, 글로벌연구센터

코트라(2017.4), 글로벌전략보고서, 신통상시대 중남미 주요국의 다각화 전략과 시사점

코트라(2016), 2016 권역별 진출전략

이준희, 김종석(2014), 중남미 인프라 민관협력의 특징 및 주요요인 분석

대외경제정책연구원, 권기수, 김진오, 박미숙, 이주영, 이시은(2016), 중남미의 개발수요와 한국의 분야별 ODA 추진방안

IDB(2017), Evaluating the environment for Public-Private Partnership in Latin America and the Caribbean

ITA(International Trade Administration)(2016), 2016 Top Markets Report Environmental Technologies Regional Supplement-FTA South America

참고기사

건설경제, 이용광(2016), 해외건설협회 페루지부, <글로벌줌인> 민관협력(PPP) 인프라 사업 참여확대로 중남미 진출

조선일보, 김범수, 김수현(2016.05.07.), [新 건설한류] ③ 비중 점점 커지는 중남미…금융지원·정보공유 필요

참고사이트

http://energia.mofa.go.kr

국가 기후변화 영향 및 적응대책에 대한 이해

박일수(한국외국어대학교 한·중남미녹색융합센터),
홍성철, 김상균(국립환경과학원 지구환경연구과)

I 서론

IPCC(Intergovernmental Panel on Climate Change)에서는 지난 1990년 이후 총 5회에 걸쳐 기후변화 평가보고서를 출간하였다. 제5차 평가보고서는 2013년도 제1 실무그룹(WG I)의 '과학적 근거(The Physical Science Basis)'를 시작으로 2014년도에는 제2 실무그룹(WG II)의 '영향, 적응 및 취약성(Impacts, Adaptation and Vulnerability)', 제3 실무그룹(WGIII)의 '기후변화의 완화(Mitigation Climate Change)'와 '종합보고서(Synthesis Report)'가 발간되었다.

2014년도 승인된 IPCC의 제5차 기후변화 종합보고서에 따르면

"인간의 활동이 기후시스템에 미치는 영향은 분명한 사실이며 기후변화가 인류와 자연 시스템에 폭넓은 영향을 미치고 있다"고 언급하고 있다. 또한 기존 보고서에서는 잘 다루지 않았던 기후변화가 사회 및 경제에 미치는 영향과 지속가능한 개발의 중요함을 다루고 있다. 특히 미래의 영향과 취약성을 평가하는 많은 연구들이 전지구 모델자료에 의존하고 있는바 의사결정에 있어서 그 불확실성이 큼을 지적하였으며, 이를 극복하기 위하여 지역적 특성을 반영한 평가가 필요함을 언급하였다(IPCC, 2014).

우리나라는 기후변화와 관련한 연구들이 다양하게 진행되면서 미래 기후변화에 대한 부정적인 영향을 파악하고 적응능력을 강화하기 위한 정책수립에 노력을 기울이고 있다. 노력의 일환으로 IPCC에서 제공하는 기후변화 시나리오에 따른 모델링 전망결과를 활용하여 현재대비 미래의 부문별 영향과 취약성을 평가하는 연구들이 진행 중에 있다. 이러한 연구결과를 바탕으로 환경부를 포함한 관계부처 합동으로 국가 기후변화 적응대책을 5년마다 수립·이행하고 있다. 그러나 지금까지의 국내 기후변화와 관련된 연구를 살펴보면, 영향평가를 위한 기초통계자료가 미흡하고 IPCC 시나리오에 의존한 모델의 전망자료를 대상으로 하고 있기 때문에 이를 바탕으로 한반도의 기후변화 현상을 이해하는 것은 정보의 활용성이나 그 신뢰성에 한계가 있다. 특히 기후변화로 인한 한반도 영향은 전 지구적 변화 속도에 비해 빠르고 다양하게 진행되는 것으로 보고되고 있어 한반도에서 발생 가능한 기후변화의 부정적 영향을 최소화하기 위해서는 기후변화 영향 및 취약성과 관련된 연구 결과의 체계적인 정리와 분야별 다양한 연구들의 비교분석이 필요하다(국립환경과학원, 2015). 즉, 동아시아의 배출여건과 정책반영 시기, 사회·경제변화를 고려한 기후변화의 과학적 연구와 정책수립이 이루어져야한다.

이렇듯 기후변화에 대비하는 것은 쉽지 않겠지만 국가 차원의 과학기술개발연구사업 증대와 적응대책 마련이 그 피해를 최소화하는 최선의 방법일 것이다. 본지에서는 기후변화의 관측된 부문별 영향과 미래 전망에 대한 선행 연구결과, 그리고 제2차 국가기후변화 적응대책 수립의 내용을 이해하기 쉽게 요약하였으며, 국가 및 지자체의 기후변화 적응을 위한 정책적 제언을 포함하였다. 향후 본 내용은 우리나라의 기후변화와 관련된 영향 및 적응, 그리고 부문별 적응대책을 이해하는 참고자료로 활용되기를 바라며, 많은 연구자들로부터 기후변화의 과학적 이해와 영향 및 취약성 평가 등과 관련한 활발한 연구 활동을 기대한다.

II 우리나라의 부문별 기후변화 영향

1. 수자원

기후변화에 의한 수자원의 변화는 지구의 물순환에 영향을 미치고 이는 다시 에너지, 대기성분, 대륙·수생 생태계 전반에 영향을 미치게 된다. 수자원분야의 영향평가 결과를 살펴보면, 한반도의 지표유출량은 미래로 갈수록 증가할 것으로 전망되었으며, 그 변화정도는 먼 미래로 갈수록 심화될 것으로 분석되었다(은코모제피 템파와 정상옥, 2014). 한편, 지하수 함양량은 줄어들 것으로 전망된다. 집중강우의 빈도증가는 지표의 침투보다 유출을 증가시키고, 강설의 감소로 지하수 함양량이 줄어들어 수자원 관리 측면에서 어려움이 가중될 것으로 보인다(이진용 등, 2012). 한반도 홍수 연구에 따르면 기후변화로 인해 홍수량은 증가할 것으로 전망된다. 따라서 향후 홍수위험성 및 취약성이 현재에 비해 증가할 것으로 예상된다(김병식과 하성룡, 2013). 미래 가뭄의 발생빈도 및 심도는 지역적으로 다소 차이를 보이지만 전반적으로 모두 증가할 것으로 전망됨에 따라 가뭄의 발생빈도와 그 심도가 증가하는 지역에서는 필연적으로 물부족이 발생할 것으로 예상된다. 가뭄의 계절별 경향을 보면 봄철 및 겨울철의 가뭄현상이 심화될 것으로 전망된다(손경환 등, 2014).

이렇듯 국내 기후변화가 수자원에 미치는 영향에 대한 연구는 수질, 홍수와 가뭄분야에 한정되어 있으며, 기초 통계자료의 부족이 큰 한계점으로 작용한다. 따라서 지표수 및 지하의 수자원에 대한 기초조사와 통계자료의 구축이 필요하다. 또한 다양한 평가기법과 시나리오별 분석이 요구되며, 이를 기반으로 한 경제성 분석을 통해 적응전략을 도출할 수 있는 연구가 진행되어야 할 것이다.

2. 생태계

기후변화에 따른 연평균 기온의 상승과 강수량의 증가로 식물계절의 시기가 변하였고, 식물과 동물들 모두 분포와 종의 변화가 나타나고 있다. CO_2 농도 증가에 따른 기온상승으로 식물의 개화시기가 빨라지고, 한랭성 식물들의 경우 수평적, 수직적 분포지가 축소되고 있으며 난대성 식물들의 경우는 분포지가 확대될 것으로 전망된다. 우리나라 식생의 경우 기온상승에 따라서 개화시기와 개엽시기가 앞당겨지고 있는 것으로 관측되었다(Kim et al., 2009). 종 분포 모델을 통해 살펴본 결과, 기후변화에 따라 난온대 낙엽활엽수림대의 북상이 예상되며, 후박나무, 구실잣밤나무, 참식나무, 동백나무 등의 난온대 상록활엽수림이 난온대 낙엽활엽수림을 대신할 것으로 예측하였다. 수온상승에 따른 각 어류종의 서식지 변화를 유역 단위에서 평가하기 위해 13종의 대상어종을 중심으로 한 연구결과, 수온상승에 따라 둑중개, 연준모치, 산천어, 돌상어(멸종위기 야생동물 II급 어류)의 서식지 감소 비율이 모두 40% 이상임을 보였다(정남일 등, 2010).

생태계의 경우에는 북방계 극지, 고산식물이 자라는 고산대와 아고산대의 피해가 가장 클 것으로 예상되고 있으며, 습지와 해안사구는 개발과 환경변화에 따른 영향을 많이 받는 것으로 전망되었다. 따라서 기후변화에 따른 생태계의 영향에 대해서는 지속적인 모니터링과 생물자원의 다양성 보존을 위한 장기적인 기후변화 적응대책 수립이 필요하다.

3. 산림

우리나라는 산림면적이 전체 국토면적의 64%에 해당하여 산림의 면적이 다른 나라에 비해 넓은 편이지만, 최근 도시화와 개발수요의 증대로 인한 산지전용이 해마다 증대하여 산지의 면적이 감소하고 있는 추세이다. 국내의 관련연구를 살펴보면, 전국을 대상으로 산림의 분포, 산림 및 산림토양의 탄소저장량, 산림의 재해에 대한 관측과 미래의 기후변화에 따른 영향 예측이 주로 진행되고 있는 것으로 나타났다(국립산림과학원, 2011, 2012). 연평균 기온상승에 따라 지역별 산림 구성의 변화가 나타났으며, 한대성 병충해의 감소와 아열대성 병충해 유입 및 확산이 확인되었다. 산림분포는 침엽수 및 혼효림이 감소하고 활엽수림은 증가할 것으로 예상된다.

기후변화에 따라서 산림분포를 모니터링하고 예측한 결과 특히 아고산, 고산 지대의 산림과 활엽수가 쇠퇴하는 것으로 나타났으며, 한반도 전체 식생의 변화가 관측되었다. 산림재해와 관련된 연구에서는 산사태, 산림병해충, 산불에 대한 연구가 주를 이루고 있다. 병해충에 대한 연구는 미진하지만 기후변화와 그에 따른 이상기상현상이 빈번하게 발생됨에 따라 병충해의 종류 및 분포범위에 변화가 있을 것이며, 특히 아열대성 병해충의 지속적 유입 및 정착과 함께 특정 병해충의 돌발적 발생 또한 예상된다.

기후변화 영향 및 취약성 평가를 통해 적응대책을 수립하기 위해서는 산림분포, 탄소, 재해 등의 분야로 한정되어있는 연구 분야의 확장이 필요하다. 특히 산림의 탄소저장량은 미래에는 대부분 감소하는 것으로 나타나 산림의 탄소 흡수원으로서의 역할을 증대시키기 위한 관리 및 적응전략이 필요하다. 또한 산림생태계 및 생물다양성 보전과 임업의 생산성 관리, 산림재해 예방 및 대응계획을 포함한 포괄적인 연구들이 진행되어야 할 것이다.

4. 농업

농업은 토양, 기후, 생물 등 자연 환경에 지배를 받는 산업이다. 특히 기후환경은 직접적으로 농업에 영향을 미칠 뿐만 아니라 토양 및 생물환경을 변화시켜 간접적으로도 그 영향을 미치므로 지역별 농업형태, 농작물의 작부형태, 적지, 작기, 생산성, 안정성 등을 결정하는 결정적인 요소이다.

기후변화에 따라 노지작물의 생육 가능기간이 길어지고 있다. 첫서리는 늦어지고 늦서리는 빨라져 무상기간이 뚜렷하게 길어지고 있으며, 기후의 변동성이 커져서 폭염, 폭설, 한파, 한발, 폭우 등의 이상기후의 발생과 농작물 피해가 급격히 늘어나고 있다. 반면에 이상저온의 연간 빈도수는 크게 감소하여 저온과 관련된 농업기후자원특성이 과거에 비하여 많이 개선되는 것으로 보이나, 기후변화에 따라 발아기, 개화시기 등이 빨라짐으로 인하여 저온에 의한 피해 위험성은 상존할 것이다.

기후변화로 인해 농업생산성을 저하시키는 병해충의 발생이 증가하고 있다. 이는 따뜻한 월동환경, 식물체의 피복기간 연장, 장마변동 등으로 월동해충의 증가와 토착화 가능성 확대 때문이다(심교문 등, 2008). 우리나라는 점점 온대성 기후대에서 아열대성 기후대로 변함에 따라 재배 가능한 농작물의 종류 및 재배 작형이 변화될 것으로 예상되며, 그에 따른 병해충·잡초 발생양상도 달라질 것으로 전망된다. 병해충에 대한 벼 생산의 취약성은 현재보다 미래의 기후조건에서 크게 높아지고 취약지역 면적도 증가할 것으로 전망된다(정유란 등, 2006).

기후변화로 인한 농업부문의 피해영향은 미래에 더 악화될 것으로 전망됨에 따라 그 피해를 줄이기 위한 노력의 일환으로 미래 여건변화를 고려하여 국가 경제에 유리하도록 적응전략과 정책을 수립하고 이행하여야 한다. 특히 기후변화 적응을 위한 새로운 작물 도입 및 신품종 육성을 통하여 농작물 생산의 안정성을 향상하여야 한다. 또한 기후변화로 인한 식량안보 문제를 해결하기 위해 작부체계, 재배시기, 재배관리기술 등 다양한 기술이 융합된 스마트형 작물관리 기술 개발의 노력이 필요하다.

5. 해양 및 연안

기후변화에 의한 해수면 상승, 해류의 변화, 해양 산성화, 용존기체의 감소 현상이 관찰되고 있으며, 그 진행속도는 전지구적 해양의 변화보다 빠르다(Yeh et al., 2010; Park et al., 2012). 2016년 우리나라 주변 해역의 전년대비 평균 해수면 상승은 2.68 ㎜로 전지구 평균값(2.00㎜)보다 높았다(국립해양조사원, 2016). 해역별로 살펴보면, 제주도를 포함하는 남해 3.02㎜, 동해 3.35㎜, 서해 1.06㎜로 전년대비 남해안이 상대적으로 높이 상승한 것으로 분석되었다. 특히 연안지역 해수면이 1m 상승할 경우, 한반도 면적의 1.2%(여의도의 300배)가 침수될 것으로 예측되는 등 해양온난화로 인한 피해에 직접 노출되어 있다. 이에 정부는 한반도 주변 해역에서 해양산성화에 따른 생태계 교란, 해수면 상승, 태풍과 해일의 증가 등에 따른 연안지역 피해에 대응하기 위한 연구 및 정책 개발이 필요하다.

1968년부터 2010년까지 전 지구의 해양 표층 수온이 0.4℃ 상승한 것에 반해 우리나라 연근해 표층 수온은 같은 기간 동안 1.29℃ 상승하여 우리나라가 받은 지구온난화의 영향이 훨씬 큰 것으로 나타났다. 이런 추세로 볼 때 21세기 말에는 서해안과 동해안 중부까지 아열대 기후구가 북상하여 한반도 주변해역 생태계에 큰 변화를 끼칠 것으로 예상된다. 수온상승이 해양생태계에 미친 영향으로는 수산업 대상 어종의 가입 증가와 생물의 분포, 계절생물학적 변화가 있다. 우리나라 해역의 온난화 현상은 지속적으로 진행될 것으로 예상되며, 먹이망 구조의 변화, 일차 생산량의 변화, 주요 어획어종의 변화와 어획 해역의 이동을 수반할 것으로 예측된다. 기후변화에 따른 우리나라 연근해 표층의 수온증가가 연근해 수산업에 미치는 영향은 전체적인 어획고는 큰 변화가 없으나 상대적으로 저어류 어획고는 감소하고 부어류 어획고는 증가, 연안어업 어획고는 감소하고 근해어업 어획고는 증가할 것으로 전망되었다. 또한 현재의 주요 어획 대상인 부어류 분포가 북상하는 대신 새로운 아열대성 어종 어획고는 증가하고, 현재의 주요 어획 대상인 저어류 분포는 대체적으로 남하하거나 현 상태를 유지하는 등 어종, 어업방법, 해역에 따라 긍정적인 면과 부정적인 면이 혼재하는 것으로 전망됨에 따라 이에 대한 맞춤형 정책이 필요하다.

현재 해양부문 관련 많은 연구들이 동해지역에 편중되어 있으며 중국, 러시아, 일본 등과의 국제 공동연구는 미흡한 실정이다. 이에 해양 및 수산자원의 관리를 위한 인프라 구축과 상시 모니터링 체계를 구축할 필요가 있으며 각 분야에서의 개별적 연구를 통합하여 해양생태계 조성별로 구분된 맞춤형 대과제 연구진행이 요구된다.

6. 산업 및 에너지

우리나라 경제의 경우에는 수출 의존도가 높다. 에너지 소비의 97%를 해외에 의존하고 있어 국내·외 기후변화와 관련된 온실가스 규제에 따라서 국내 산업에 미치는 영향이 대단히 클 것으로 예상되고 있다. 특히 여름철 기온 패턴 변화와 강풍에 의한 에너지 공급의 차질 등으로 기후변화에 따른 소비패턴과 산업 및 에너지 분야 전반에 걸쳐 다양한 피해비용이 발생된다. 기후변화에 따른 재해를 가정할 때 국내 산업단지의 규모와 현황, 업종에 따라 기후변화의 피해영향의 정도가 다르게 나타날 것으로 전망하고 있다.

산업 측면에서는 기후변화 그 자체로 취약성의 원인이 될 수 있다. 기온상승과 강수일수의 감소는 건설 등과 같은 작업가능일수를 증가시키지만 집중호우의 증가는 현장침수와 건설자재의 유실, 안전사고 등의 피해로 이어질 수 있다. 국내 산업계 인식조사 결과, 발전과 화공 업종은 기후변화에 따라 부정적인 영향이 있을 것으로 인식되고 있으며, 금속 산업은 부정적인 영향이 낮을 것으로 예상하는 것으로 분석되었다. 특히 기후변화에 따라 부정적 영향이 있을 것으로 예상되는 기업의 경우는 기후경영체계나 기후관련 전담 조직을 구성하여 적극적인 대응을 하는 것으로 조사되었다(이명균과 김호석, 2010). 에너지 분야의 송·배전 측면에서 기후변화에 따른 도시지역에서의 자연재해 시에는 복구차원의 임시주거 개념을 포함한 재난대비 안전가옥 및 안전주거에 대한 계획수립이 이루어져야 한다(남경목 등, 2010).

기후변화가 산업과 에너지에 큰 영향을 미치고 있다는 것은 명확한 사실이다. 하지만 기존의 연구에서는 일부 산업단지와 신재생에너지의 일정부문만 다뤄지고 있어, 개념을 확장하기 어렵다는 한계가 있다. 산업과 에너지 부문은 전체적으로 연구의 수가 적고 제한적이기 때문에 추가적인 연구가 필요하며, 영향평가를 통한 적응전략에 대한 구체적인 계획수립이 필요하다.

7. 보건

건강에 미치는 기후변화의 영향은 건강관련 기초통계자료의 부족과 질병과 관련된 분포와 강도를 결정하는 비-기후적인 동인들의 중요성으로 인하여 그 증거를 찾기가 매우 어렵다. 그러나 기후변화와 연관이 있는 것으로 알려진 건강영향에는 폭염 및 혹한 스트레스로 인한 영향, 곤충을 매개로 하는 질환, 음식 및 수인성 질병, 그리고 꽃가루 및 먼지에 의한 질병 등이 있다. 국내의 기후변화로 인한 건강영향에 대한 연구는 주로 폭염이 건강에 미치는 영향, 기상재해로 인한 인명피해 특성과 변화 추세, 대기오염에 의한 건강 영향, 곤충 및 설치류 매개 전염병에 의한 영향, 수인성·식품 매개 질환에 의한 영향과 같은 분야에서 연구가 진행되고 있다. 특히 2016년 여름의 기록적 폭염으로 인해 기후변화의 피해영향을 경험한 바 있다. 폭염에 의한 서울 지역의 사망자를 전망한 결과, 현재대비(2001~2010) 미래(2036~2040)에는 인구 10만 명당 0.7명에서 1.5명으로 약 2배 이상 증가할 것으로 전망되었다(양지훈 등, 2013).

기상재해로 인한 피해의 특성과 변화 추세를 분석한 결과 재해의 빈도는 감소하고 있으나 피해의 강도는 증가하고 있다. 병원균 매개체에 의한 질병은 기온상승의 이유도 있지만, 병원충들의 저항력 증가, 병원균 매개체에 대한 관리 소홀 등도 원인으로 볼 수도 있다. 그러나 대부분 짧은 시기에 축적된 자료이기 때문에 명확한 인과관계를 밝히기가 어렵다. 미래 재해의 빈도 및 불확실성이 높아짐에 따라서 사회·경제적 피해가 증가할 것이며, 동시에 대기오염의 증가, 전염성 질병의 증가로 인한 피해가 가중될 것으로 예상된다(Hong et al., 2011). 특히 어린이, 노인, 저소득층, 만성질환을 가진 사람들의 피해가 심각할 것으로 예상되며, 도시지역과 해안 및 저지대 인구의 피해가 클 것으로 전망되고 있다.

보건부문에서는 기후변화와 건강과의 상관관계 및 취약성 분석 중심의 연구들이 증가하고 있으나 정책반영은 미흡한 실정임에 따라 이러한 결과들을 반영한 적응정책 수립이 필요하다. 인체건강에 미치는 영향에 대한 과학적 규명뿐만 아니라 취약계층 및 지역별 연구를 통한 맞춤형 정책제안이 필요한 실정이다.

8. 인간정주공간과 복지

전 세계 인구의 절반정도가 도시에 거주하고, 전체 지구에너지의 60~80%를 소비하며 이산화탄소를 50% 가까이 배출하고 있다. 우리나라는 전체 인구의 90% 이상이 도시에 거주하고 있어 기후변화에 따른 재해위험에 매우 취약하다. 도시는 기후변화로 인한 영향에 대해서 취약점을 지니는 동시에 기후변화 현상을 유발시키는 탄소배출에서도 큰 비중을 차지하고 있다. 미래 한반도의 기후 변화를 전망해 본 결과 도시지역 모두는 아열대 기후지역에 포함될 것으로 예측된다(국립기상연구소, 2005, 2008). 기후변화가 도시 시스템에 미치는 영향에 대해 가장 취약한 공간은 도시의 해안, 하천변, 지하 공간, 산기슭으로 이러한 취약공간에 위치한 도시 기반시설, 건축물, 시민은 기후변화로 인한 재해 위험성이 더욱 높아지게 된다(국토교통부, 2013a). 기후변화 영향에 따라 도시에서 발생하는 홍수 등 재해규모는 대형화 되며, 도시는 홍수, 폭설, 폭염, 해수면 상승 등 다양한 재해, 새로운 위험에 노출될 것으로 전망된다. 즉, 기후변화가 일상화되고, 재해는 대형화, 다양화 되고 있는 것이다. 이때 앞서 말한 것처럼 기후변화에 가장 취약한 공간에 위치한 도시기반시설, 건출물, 시민은 기후변화로 위한 재해 위험성이 더욱 높아지게 된다. 기후변화 취약성 측면에서는 기반시설군 전체적으로 홍수 및 집중호우와 태풍 및 폭풍에 대한 취약성이 높게 나타났다(심우배 등, 2013).

지역정주공간으로서 농촌의 미래는 인구감소와 고령화로 농산업 중심의 농지와 산지이용이 줄어들고, 여가관광 공간으로 활용될 것으로 예측되며, 지역 간 인구이동은 크게 진정되고, 인구유동이 상대적으로 확대될 것으로 전망된다(국토교통부, 2013b). 농촌에서는 기후변화로 인하여 농작물생산이 가장 크게 영향을 받을 것으로 예상되며, 우리나라의 경우 농경지는 온실가스 배출비중은 적지만 기후변화를 저감하기 위한 방안 중 하나로 이산화탄소 배출이 없는 청정에너지원 개발에 대한 정부투자가 지속적으로 증가할 것으로 예상된다.

기후변화로 인한 취약계층의 피해 정도는 공간적인 요소뿐만 아니라 소득, 연령과 같은 사회적인 요소와도 관계를 가진다. 풍수해 피해와 관련하여 수도권 지역에서 저소득계층이 상대적으로 밀집거주하고 있는 지역에 풍수해 발생빈도가 유의하게 높게 나타난다. 우리나라 복지부문의 경우, 사회소외계층, 경제적인 저소득층 등을 중심으로 한 기후변화 연구는 초기 단계에 있다.

도시와 농촌지역의 균형있는 발전을 고려할 때, 지역특성을 고려 DB 구축과 이를 반영할 수 있는 영향 및 취약성 평가도구 개발이 요구된다. 국가 및 지자체가 협력하여 이행가능한 적응 실천계획을 수립하는 것이 필요하다.

Ⅲ 국가 기후변화 적응대책(제2차 적응대책을 중심으로)

1. 수립배경

우리나라에서 기후변화 대책이 본격적으로 추진되기 시작한 것은 교토의정서가 채택된 이후인 1999년 기후변화 대책위원회가 설치된 이후부터다(김정식,2009). 기후변화 적응에 대한 본격적인 논의는 제3차 종합대책(2005 ~ 2007년)에 이르러서야 시작되었고, 2008년의 국가 기후변화 적응마스터플랜(2008) 마련과 2011년 '저탄소 녹색성장 기본법에 따른 국가기후변화 적응대책(2011 ~ 2015년)으로 발전되었다. 국가기후변화 적응대책은 우리나라 최초의 법정 계획이며, 현재와 같은 국가-광역지자체-기초지자체의 기후변화 적응체계를 마련하였다.

국가기후변화 적응대책은 2008년 최초의 적응대책이 마련된 이후 과학적, 법적 기반 마련, 세부시행계획 수립 등에 의해 계속 발전되고 있다. 환경부 등 정부는 2008년 국가 기후변화 적응 종합계획을 마련하였고 이후 녹색성장기본법에 근거하여 제1차 국가기후변화 적응대책(2011 ~ 2015년)을 수립하였으며, 2013년에는 수정·보완한 세부시행계획을 마련한 바 있다. 2015년에는 제2차 국가 국가기후변화 적응대책(2016 ~2020)을 수립하였다. 이러한 국가기후변화 적응대책에 따라 관계부처 합동 세부시행계획을 마련하여, 각 세부과제 및 담당부처별 사업개요, 추진실적과 함께 연차별 사업내용 및 소요예산, 기대효과를 작성하였다. 이를 통해 적응대책의 이행성과 책임성을 제고하고자 노력하였다. 지자체 적응대책은 광역지자체와 기초시범지자체로 구분하여 살펴볼 수 있다. 광역지자체 적응대책 세부시행계획은 기후변화의 영향 및 취약성 평가, 비전 및 목표 설정, 적응대책 및 중점과제 선정, 분야 및 전략별 적응대책 등을 담고 있어 체계 및 내용은 강화되었으나 해당 계획의 목적과 목표, 성격에 대한 정립이 필요하다. 2015년 기초지자체 적응대책 수립 의무화를 앞두고 35개 기초지자체에 대한 시범사업(2012 ~ 2013년)을 통해 기초지자체 적응 경험을 축적하고 설명회, 가이드라인 마련 등을 통해 수립기반을 강화하기 위하여 노력한 결과 현재에는 17개 광역시, 168개 기초지자체가 적응대책을 수립하고 이행중에 있다.

2. 추진방향 및 목표

정부는 급변하는 기후변화 환경에 대응하기 위하여 저탄소녹색성장 기본법 제48조 및 동법 시행령 제38조에 기후변화 적응대책 수립, 이행근거를 마련하였다. 이를 위해 13개 관계부처 합동으로 제1차 국가기후변화 적응대책(2011 ~ 2015년)을 수립·시행한 바 있다. 제1차 국가기후변화 적응대책은 직접적인 사업 수행이 필요한 건강, 농업, 물관리, 재난/재해, 해양/수산, 산림/생태계와 같이 부문별 적응대책(7개 부문)과 감시예측, 산업·에너지, 교육협력·국제홍보와 같이 대책 수립 지원을 위한 적응기반대책(3개 부문)으로 구성되어 있다(관계부처 합동, 2012). 최근 전 세계 및 우리나라에서는 기록적인 극한 기후현상이 빈번하게 발생하였으며, 기상청에서 발표한 新 시나리오에 따르면 기후변화가 점점 가속화되고 있으며, 피해의 규모도 더 커질 것으로 전망되었다. 이에 따라 기후변화 新시나리오를 반영한 국가기후변화 적응대책의 수정·보완이 관계부처 합동으로 2012년 12월에 완료되었다.

최근에는 제1차 국가기후변화 적응대책을 기반으로 기후변화의 피해를 최소화하고 기회로 활용하기 위해 환경부를 포함한 20개 관계부처 합동으로 제2차 국가기후변화 적응대책(2016 ~ 2020)을 수립·시행중에 있다(관계부처합동, 2015). 본 대책에는 기후변화의 위험요소를 과학적으로 분석하고 분야별로 연계와 통합을 강화하는 한편 고령화 사회 진입으로 인한 취약계층 증가 등 사회 여건 변화도 반영하였다. 또한 IPCC 5차 평가보고서의 기후변화 가속화 전망과 UN 지속가능발전목표와 新기후체제에서의 적응의 중요성이 강조됨에 따라 최근 가뭄과 폭염 등 이상고온 현상에 따른 국민의 관심·우려를 반영하였다. 2016년부터 추진 중인 제2차 국가기후변화 적응대책은 '기후변화 적응으로 국민이 행복하고 안전한 사회구축'을 위해, '기후변화로 인한 위험감소 및 기회의 현실화'를 목표로 하여 4대 정책부문과 이행기반 마련에 따른 총 20개 정책과제로 구성되어 있다.

이와 더불어 정책의 실효성을 강화하기 위하여 기후변화 적응과 관련된 법적기반을 강화하고, 정책계획과 개발기본계획 수립시 기후변화를 고려하도록 할 예정이다. 또한, 지역의 기후변화 적응활동을 촉진하기 위해 2017년부터 권역별 대표 적응사업을 발굴해 추진하고, 지역별로 민·관협의체도 운영할 계획이다. 우리나라 위상에 걸맞은 국제사회 기여를 위해 그간의 경험과 기술을 토대로 개도국 지원 프로그램을 운영하고, 북한지역 기후정보체계 구축과 협력사업 발굴 등 북한과의 협력사업도 추진할 계획이다.

<그림 1> 제2차 국가기후변화 적응대책 주요 추진방향(2016~2020, 관계부처합동)

추진방향	1차 대책		2차 대책
구 성	14개 부처 농수산, 국토 9개부문	▶	20개 부처 4개 정책부문, 1개 정책기반
과학기반	분야별 주요대책 중심	▶	87개 우선순위 기후리스크 기반 (관광 등 신규대책 마련)
기후변화 정 보	부문별 취약성 평가 부처별 정보관리	▶	통합 취약성 평가 기후변화 정보 통합·연계 제공
사 회 안 전 망	차별화된 적응대책 미흡	▶	취약계층·지역 관리강화
정책기반	연간 실적점검	▶	지표설정, 종합평가

<그림 2> 제2차 국가기후변화 적응대책 추진체계

비전	기후변화 적응으로 국민이 행복하고 안전한 사회구축		
목표	기후변화로 인한 위험감소 및 기회의 현실화		
적응원칙	지속가능발전 부합 ▶ 취약계층 고려 ▶ 과학기반 ▶ 통합적 접근 ▶ 참여활성화		
4대 정책 부문 (16개 과제)	과학적 위험관리	• 기후변화 감시·예보시스템 • 취약성 통합평가·리스크관리 • 한국형 기후 시나리오 개발	• 통합정보 제공시스템 마련 • 기후영향 모니터링
	안전한 사회건설	• 기후변화 취약계층 보호 • 건강피해 예방 및 관리	• 취약지역·시설 관리 • 재난·재해 관리
	산업계 경쟁력 강화	• 산업별 적응역량 강화 • 기후변화 적응 기술개발	• 산업별 적응인프라 확대 • 해외시장 진출기반 조성
	지속가능한 자연자원관리	• 생물종 보전·관리 • 생태계 복원·서식처 관리	• 생태계 기후변화 위험요소 관리
이행 기반 (4개과제)	국내·외 이행기반 마련	• 적응정책 실효성 강화 • 적응 국제협력 강화	• 지역단위 적응활동 촉진 • 적응 홍보·교육
점검평가	적응대책 핵심지표·부문별 성과지표		

이와 같이 정부는 최근 기후변화 동향과 新시나리오 전망을 통한 부문별 영향분석 결과를 반영하고 일부 세부 대책을 보완하여 적응대책의 실효성을 제고하였으며, 제2차 적응대책의 세부이행계획을 2016년도에 수립하여 이행하고 있다.

3. 목표달성을 위한 관리원칙

현실성 있고 실효성 있는 적응대책 수립을 위해서는 불확실성을 줄이는 것이 중요하므로 이를 위한 관련 자료를 생산하고 지속적으로 축적하는 것이 필요하다. 기후변화 적응대책은 기후변화에 대한 취약성/리스크, 미래 시나리오에 따른 전망과 예측 등을 토대로 계획되므로 불확실성을 내포하고 있기 때문이다. 국립환경과학원(2013)은 2012년 시범사업 16개 지역을 대상으로 취약현황과 특성 등을 고려하여 중점분야를 사전 검토 및 선정(scoping)하고, 현재 추세(감축 없음)로 온실가스가 배출되는(RCP8.5, Representative Concentration Pathways)시나리오를 기반으로 취약성 평가를 실시하여 취약성 지도 및 평가도구(LCCGIS, Local government Climate Change adaptation toolkit based on GIS)를 작성·배포하였다. 환경부(2013)는 기후변화에 따른 자연생태적, 사회경제적 취약성을 결정하는 지역인자를 파악하여 취약계층, 취약분야, 취약지역 관리대책 수립을 위한 기초지자체 의사결정을 지원하고 취약성 평가 표준화 기반을 구축하였다. 환경부(2014)는 지자체 단위 기후변화 적응대책 수립을 운영·지원하는 과정에서 계획수립 관련 애로사항을 수립 기간 동안 정기적으로 조사하였는데, 그 결과 지자체는 취약성 평가와 관련하여 관련 자료 부재와 수집의 어려움, 국가제공 취약성 평가 결과의 한계점 등을 애로사항으로 지적하였다. 이러한 관점에서 살펴볼 때 기후변화 취약성 평가와 관련하여 지역차원의 평가 방법론 뿐 아니라 지자체 단위의 취약성 평가를 위한 관련 자료의 생산, 구축, 공유를 위한 체계 마련이 필요하다.

기후변화 적응 관리 구축을 위해서는 중앙정부, 지방정부, 전문가, 시민, 환경단체간의 협력이 중요하다. 효과적인 기후변화 적응대책 수립 및 이행을 위해서는 각 주체별, 주체간의 협력적 관리 구축이 필요하다. 협력적 관리의 성공 요인으로는 참여성, 투명성, 책임성을 들 수 있다. 참여성을 제고하기 위해서는 실질적인 주민참여의 보장, 참여적 의사결정, 이해당사자 간 합의형성 시스템 등이 필요하다. 투명성을 제고하기 위해서는 정보의 불균형이 발생하지 않도록 적극적이며 공평한 정보제공, 절차적 합리성 제고 등이 필요하다. 그리고 책임성을 제고하기 위해서는 효율적인 행정협조체계 구축 및 역할선정, 합리적인 보상체계구축, 전문지식과 상식의 조화를 통한 정책문제의 진단 등이 필요하다(한국환경정책·평가연구원, 2013a). 기후변화로 인해 나타나는 요인별로 해당되는 주체들이 다양하게 변하기 때문에 거버넌스 구성에서 충분한 검토와 이해당사자의 충분한 참여와 실질적 역할이 중요하다(한국환경정책·평가연구원, 2013b). 또한, 민간의 참여가 중요시 된다고 해도 정부의 정책추진체계와 조정체계가 안정이 되지 않으면 성공이 불가능하기 때문에, 실효성 있는 정책추진체계와 조정체계를 우선적으로 확립하고, 이를 바탕으로 국민들의 실생활에 직접 영향을 주고 홍보할 수 있는 민간구성원들을 참여시키는 협력적 거버넌스가 만들어져야 할 것이다.

IV 맺음말

세계기상기구(WMO)와 유엔환경계획(UNEP)이 공동으로 설립한 '기후변화에 관한 정부간협의체(Intergovernmental Panel on Climate Change, IPCC)'가 2013년 9월에 발표한 제5차 평가보고서에 따르면, 지구평균 온도는 21 세기 전반에 걸쳐 상승할 것으로 전망 하였다. 많은 지역에서 폭염의 발생 빈도와 지속 기간뿐만 아니라 극한 강수 현상의 발생 빈도 및 강도 또한 증가할 가능성이 매우 높다. 해양에서는 온난화와 산성화가 지속될 것이며 전지구 평균 해수면은 계속해서 상승할 것이다. 특히 기후변화 시나리오 중 최악의 경우에는 금세기 말(2081~2100년)의 전 지구 평균기온은 3.7℃ 상승, 해수면은 63㎝ 상승, 강수량은 4.1~8.1% 증가할 것으로 전망하였다. 또한, 전지구적 기온상승으로 21세기에는 북극의 해빙면적이 지속적으로 줄어들고 얇아질 것이며, 북반구 봄철 적설 면적이 줄어들 가능성이 매우 높다. 특히 RCP 8.5에서는 21세기말 9월에 북극 해빙면적이 거의 사라질 것으로 전망되었다.

우리나라는 연평균 기온과 해수면의 상승 현상이 관측되고 있으며 연평균 기온이 1954년부터 1999년에는 0.23℃/10년, 1981년부터 2010년에는 0.41℃/10년, 2001년부터 2010년에는 0.5℃/10년의 변화율을 보이고 있어 온난화가 더욱 심화되고 있다. 우리나라 주변 해양의 수온과 해수면 상승률은 전지구 평균인 0.85℃, 1.4mm/년 보다 약 2~3배 높은 것으로 관측되었다. 온실가스 배출추세를 현재대로 유지한다면(RCP 8.5) 21세기 후반(2071~2100) 우리나라의 기온은 현재(1981~2010)대비 5.3℃ 상승할 것으로 전망된다.

우리나라의 경우는 최근 기후변화로 인한 기상재해가 빈번해 환경, 경제, 사회 등 다양한 분야에 영향을 미치고 있다. 특히, 한반도를 포함한 아시아 지역은 기후변화로 인한 생물다양성 감소, 질병, 홍수 등과 같은 영향이 타 지역에 비해 클 것으로 평가되어 이에 대한 적응 대책 수립이 요구되고 있다. 현재 기후변화는 많은 관측 자료로부터 현재 진행 중인 것이 명백해짐에 따라 정부와 사회에서는 적응계획을 수립하고 이행하고 있다. 많은 온난화 가스들은 대기 중으로 방출되면 100년 혹은 그 이상 동안 대기에 머무르게 된다. 온실가스의 장기적인 효과 때문에 우리가 오늘날 추가적인 온실가스의 방출을 멈춘다고 하더라도, 대기 중으로 이미 방출이 된 온실가스는 21세기 동안 지구를 온난화 시킬 것이다. 현재 이미 발생하고 있는 그리고 앞으로 수십 년 후에 발생 할 것으로 예상되는 기후변화의 영향에 대비하고 대처하기 위한 조치가 필요한 상황이다.

따라서 기후변화 적응전략 및 적응기법에 관련한 지속적인 연구와 정책적 관심이 필요하다. 특히, 국가와 지자체 이행평가체계 구축 및 적응지표 마련, 기후변화 리스크 평가체계 마련, 적응형 공간계획 강화, 공간 계획기법 개발, 적응 인식제고와 적응행동 강화 매커니즘 분석, 적응 거버넌스 구축, 감축과 적응의 연계 등에 대한 지속적인 연구와 관심이 필요한 때이다.

감사 글 : 2009년 정부(교육과학기술부)의 재원인 한국연구재단(KRF-2009-413-B00004)의 지원을 받아 수행되었다.

참고문헌

국립기상연구소, 2005: 한반도기후 100년 변화와 미래 전망.

국립기상연구소, 2008: 기후변화 전망 및 대책.

국립산림과학원, 2011: 제5차 국가산림자원조사 보고서.

국립산림과학원, 2012: 기후변화 숲 그리고 인간.

국립해양조사원, 2016: 우리나라 평균 해수면 상승 속도, 전년보다 다소 빨라져 (12.22. 보도자료)

국립환경과학원, 2013: 기초지자체 적응 세부시행계획 수립 시범사업 지원을 위한 기후변화 취약성 지도.

국립환경과학원, 2015 : 한국 기후변화 평가보고서 2014 –기후변화 영향 및 적응-, 326 pp.

국토교통부, 2013a: 2012년 국가도시방재연구센터 운영연구, 국토연구원.

국토교통부, 2013b: 도시 기후변화 재해취약성분석 매뉴얼(VER 3.0).

관계부처 합동, 2012: 기후변화 新시나리오 반영, 국가기후변화적응대책 수정·보완.

관계부처 합동, 2015: 제2차 국가 기후변화 적응대책

김병식, 하성룡, 2013: 기후변화시나리오를 이용한 기후변화가 미호천 유역의 설계 홍수량에 미치는 영향평가, 한국습지학회지, 15(1), 105-114.

김정식, 2009: 기후변화 적응 필요성 및 국가적응정책, 한국방재학회지, 9(4), 25-33.

남경목, 김주영, 홍원화, 2010: 도시지역 기후변화 재해시 에너지 수급에 대한 안전가구 및 안전지구 도입에 관한 연구, 대한건축학회 논문집, 26(1), 369-377.

손경환, 배덕효, 안재현, 2014: 미래기후-수문정보에 따른 국내 가뭄의 전망 및 분석, 한국수자원학회논문집, 47(1), 71-82.

심교문, 김건엽, 노기안, 정현철, 이덕배, 2008: 기후변화에 따른 농업기후지수의 평가, 한국농림기상학회지, 10(4), 113-120.

심우배, 이병재, 이찬희, 김재호, 2013: 재해예방형 도시계획 수립 지원을 위한 도시의 기후변화 재해 취약성 분석방법 연구, 한국방재학회논문집, 13(6), 239-247.

양지훈, 하종식, 2013: 기후변화로 인한 고온의 미래 사망부담 추정, 한국환경보건학회지, 39(1): 19-31.

윤종학, 중미승양, 박찬호, 이병윤, 오경희, 2011: 기후변화에 따른 한반도 난온대 상록활엽수의 잠재 생육지 변화 예측, 한국환경생태학회지, 25(4), 590-600.

은코모제피 템바, 정상옥, 2014: 기후변화에 따른 우리나라 수문 기상학적 예측의 불확실성, 한국수자원학회논문집, 47(3), 257-267.

이명균, 김호석, 2010: 기업경쟁력에 미치는 기후변화의 영향: 경쟁력 결정요인과 측정지표 개발, 자원·환경경제연구, 19(2), 383-411.

이진용, 전우현, 박영윤, 임홍균, 2012: 강원도 평창군의 지하수 현황과 전망, 지질학회지, 48(5), 435-444.

정남일, 박배경, 김경현, 2010: 수온 증가에 따른 어류 서식지 변화에 관한 연구, 한국환경과학회 2010년 정기학술발표회 논문집, 19.

정유란, 조경숙, 이변우, 2006: 지구온난화에 따른 우리나라 벼농사지대의 생산성 재평가, 한국농림기상학회지, 8(4), 229-241.

환경부, 2013: 기후변화 취약계층 적응대책 개발 및 시범적용 연구.

환경부, 2014: 시범 기초지자체 적응대책 수립 운영 및 지원.

한국환경정책·평가연구원, 2013a: 국가와 지자체의 기후변화 적응대책 실효성 제고를 위한 연계강화 방안, 한국환경정책·평가연구원.

한국환경정책·평가연구원, 2013b: 기후변화 적응정책 이행의 효과성 제고방안, 한국환경정책·평가연구원.

Hong, S.J., Ju-Hee Seo, 2011: Climate change and human health, J Korean Med Assoc, 54(2), 149-155.

Intergovernmental Panel on Climate Change (IPCC), 2014, Climate Change 2013: The Impacts, Adaptation and Vulnerability. Contribution of Working Group II to the Fourth Assessment Report of the Intergovernmental Panel on Climate Change, M.L. Parry, O.F. Canziani, J.P.Palutikof, P.J. van der Linden and C.E. Hanson (eds), Cambridge University Press, Cambridge, United Kingdom and New York, NY, USA.World Bank, 2010a: Economics of Adaptation to Climate Change : Synthesis Report. WorldBank, Washington D.C.

Kim, S. H., J. H. Sung, and Y. K. Kim, 2009: Changes in Flowering Times of the Woody Plant Species in the Hongneung Arboretum, Seoul. In: IUFRO Conference -Extending Forest Inventory and Monitoring over Space and Time-, Quebec, 135.

Park, Y.-H., J.-H. Yoon, Y.-H. Yoon, and F. Vivier, 2012: Recent warming in the western North Pacific in relation 1 to rapid changes in the atmospheric circulation of the Siberian High and Aleutian Low systems, Journal of Climate, 25(10), 3476-3493.

Yeh, S.-W, Y.-G. Park, H.S. Min, C.-H. Kim, and J.-H. Lee, 2010. Analysis of characteristics in the sea surface temperature variability in the East/Japan Sea, Progress in Oceanography, 85(3), 213-223.

페루 광산 개발과 사회 환경 분쟁의 제도적 요인[1)]

서지현 (전북대학교 스페인·중남미연구소)

I 서론

라틴아메리카 대부분의 국가에서 '잃어버린 10년'(the Lost Decade)이라고 불리는 경제위기의 80년대를 거쳐 경제 발전의 원동력으로 재조명 받게 된 산업 부분은 천연 자원 개발 산업(extractive industries)이다. 아니발 끼하노(Anibal Quijano, 2000)가 지적하는 '권력의 식민성'(coloniality of power)이 형성되기 시작한 15세기 말부터 천연 자원의 개

1) 본고는 저자의 "페루 신자유주의 자원개발과 사회 환경 분쟁의 요인 - '민주주의 없는 민주제도 개혁'"(중남미 연구 35권 2호, pp.79-112)을 본서의 목적에 맞게 발췌한 내용임을 밝혀둔다.

발은 식민시대는 물론이고 독립 이후 라틴아메리카 각국에서 정치, 사회, 경제, 문화적 권력의 식민성을 유지하는 중요한 물적 기반이 되어왔다. 특히 이러한 '권력의 식민성'으로 인해, 라틴아메리카는 에두아르도 갈레아노(Eduardo Galeano)가 지적하듯 대지를 수탈당했을 뿐 아니라, '발전'(development)에 대한 상상력까지도 수탈당하게 되었다.[2] 다시 말해, 풍부한 천연자원을 가지고 있는 라틴아메리카 국가들의 '발전'은 천연자원이라는 비교우위를 최대한 효율적으로 활용하는 방식이어야 하며, 이러한 발전에 대한 대안적 방식은 발전에 대한 '반대' 혹은 '저발전'에 안주하는 것으로 치부되는 것이다. 물론, 리카르도(D. Ricardo)를 위시하는 주류경제학자들의 '발전'에 대한 제안은 20세기 중반 종속 이론가들에 의해 비판 받기도 했지만, 후자들의 비판은 '발전' 방식의 구조적 문제(즉, 무역 체제에서의 '불평등 교환')에 제한되어 있었을 뿐, 정작 '발전'(의 목표) 자체는 의문시하지 않았다. 즉, 이데올로기적 성향에 관계없이 발전의 목표는 민족 국가의 자본주의 발전을 통해 유럽 국가들과 같은 '발전된' 선진 산업국의 지위에 도달하는 것이었다. 다만, '국민'의 경제사회적 삶의 여건을 향상시키기 위한 사회 분배적 측면과 관련하여서는, 고전주의 경제학자들은 시장의 '보이지 않는 손'을, 구조주의 학자들은 '국가'의 역할을 강조하는 것이 차이점이라고 볼 수 있다.

이러한 역사적 배경에서, 경제 위기 이후 라틴아메리카 '발전'전략으로 천연자원 개발이 재조명 받게 된 것은 새로운 현상은 아니다. 다

2) 끼하노가 지적한 '권력의 식민성'은 다양한 측면에서 성찰되고 있지만, 본고에서는 라틴아메리카 천연자원 개발과 관련된 사회분쟁을 분석하면서, '민족국가'의 '발전' 모델과 '국가와 사회의 관계'라는 차원에서 권력의 식민성이 지속적으로 유지되고 있음을 보여주고자 한다. '권력의 식민성'과 관련된 보다 자세한 논의는 Quijano(2000), Dussel(2000), Mignolo(2007), Grosfoguel(2007), Escobar(2007) 등을 참조할 수 있다.

만 90년대 이후 천연 자원의 개발은 그 규모와 범주의 측면에서, 국제적 자본의 이동이 가능해지고, 자원 개발을 위한 산업 기술이 발전하고, 각 정부들의 투자 유치 노력과 탈규제 조치들로 인해 보다 광범위하고 대규모로 이루어지고 있음을 알 수 있다(Bridge, 2004). 특히 2009년 국제 금융위기 이전 고공행진을 하던 국제 원자재 가격과 중국 발 자원 투자 붐에 힘입어 라틴아메리카 천연 자원에 대한 투자가 기하급수적으로 증가했으며, 이러한 자원투자 확대와 수출 증대에 따라 상당수 국가들의 거시경제가 안정되었음은 부인할 수 없다.[3] 2000년대 이러한 자원 개발 붐에 따른 거시경제의 안정적인 성장세를 유지해 온 대표적인 국가가 페루이다. 페루의 경우, 후지모리 정권(1990-2000)하에서 적극적인 시장 개방정책을 도입하면서, 천연 자원 개발(특히 광물)을 위한 외국인 투자를 적극적으로 유치하기 위해 각종 세제 혜택을 제공하고, 규제를 철폐했다. 이러한 시장 중심의 자원 수출 경제 정책 하에 80년대 말 7,000%에 달하는 하이퍼인플레이션으로 심각한 경제위기를 겪었던 페루의 거시경제가 점차 안정세를 회복했으며, 2000년대 전반에 거쳐 꾸준한 경제 성장세를 유지했다. 특히, 광산 투자 확대[4]에 힘입어 97년 45.5%에 미치던 광물 수출이 2010년 61.1.%에 달했다(ICMM, 2013: 26).

하지만 이러한 거시 경제 안정화와 성장세와 함께, 페루는 2000년대 자원개발과 관련된 사회 환경 소요가 끊이질 않았다. 페루 옴부즈만 사무소(Defensoría del Pueblo)에서 매달 발간하는 사회분쟁 보

3) 페루 전 환경부 차관이었던, 데 에차베(De Echave)에 따르면, 2000년대 초반 라틴아메리카 광산 부분에 대한 국제 자본의 투자 비중이 33%에 이르렀는데, 이는 90년대 초반에 비해 그 비중이 3배 가량 증가 한 것 이다(2009: 105).

4) 아레야노-양구아스(Arellano-Yanguas)에 따르면, 대 페루 총 외국인 투자에서 광물부문이 차지하는 비중은 2002년에서 2007년 사이 65%에 달할 정도로 절대적인 비중을 차지했다(2011: 620).

고서(Reporte de Conflictos Sociales)에 따르면, 2016년 2월 총 208건의 사회 분쟁이 보고되었고, 이 중 약 70%가 사회 환경 분쟁(conflictos socioambientales)이었으며, 사회 환경 분쟁의 주요원인은 광산 개발과 관계가 있는 것으로 보고되었다.[5] 이러한 배경 하에 특히 2000년대 이후, 광산 개발과 관련된 사회 환경 분쟁의 요인에 대한 학계의 연구도 급속도로 증가 했다(Arana, 2002; Bury, 2002; Ballard and Bank, 2003; Bebbington, 2009; Scurrah, et al., 2008; de Echave et. al., 2009a, 2009b; Bebbington et al., 2007, 2008, 2011, 2012; Bebbington and Humphreys Bebbington, 2010a, 2010b; Arellano-Yanguas, 2011; Renfrew,2011; Taylor; 2011; De Echave and Diez, 2013; Himley, 2013; Triscritti, 2013; Arce, 2014; Lust, 2014; and Seo, 2015a, 2015b). 선행 연구들의 사회 환경 분쟁 '요인'에 대한 분석은 크게 세 가지로 나눌 수 있는데, 첫 번째는 사회 환경 분쟁의 요인을 다국적 기업에 의한 자원 개발과 그 자본주의적 축적 기제에 따른 지역주민들의 삶의 여건의 변화, 데이비드 하비(2005)의 용어를 빌리자면, '수탈을 통한 축적'(accumulation by dispossession, 이하 ABD) 때문이라고 보고 있다. 대규모로 광범위하게 이루어지는 다국적 기업의 자원 개발은 자본과 기술 집약적인 형태로 이루어지며, 가공이 이뤄지지 않은 천연 자원 개발 형태로 수출이 이루어지기 때문에, 자원 개발로 인한 지역의 경제 사회적 측면에서 혜택, 즉 연계 효과(linkage effects)가 낮다고 비판받았다. 낮은 연계효과와 더불어, 개발과정에서 지역주민의 또 다른 자원에의 접근성(예를 들면, 수자원 혹은 토지) 그리고 환경오염, 지역 주민의 건강은 물론, 삶의 방식의 변화까지 가져오는 자본의 축적 기제, 즉

5) Defensoría의 보고서에 따르면, 2016년 2월 발생한 사회 환경 분쟁의 62.8%를 차지하는 91건이 광산 개발과 관련되어 있으며, 다음 요인으로 23건(15.9%)을 차지하고 있는 탄화수소 개발이 차지하였다. 옴부즈맨 사무소는 2004년 5월 이후 매달 사회 분쟁과 관련된 보고서를 발간해 왔으며, 2009년 이후 보고서에 기록된 분쟁 건수가 200여건을 넘었다(Seo 2015, 135).

ABD로 자원 개발은 지속적인 사회 환경 분쟁의 요인이 되어 왔다는 것이다(Harvey, 2005; Bebbington, 2009; Bebbington et al. 2008; Lust, 2014; and Seo, 2015b).

다국적 자본의 지역 주민에 대한 수탈과 함께, 페루 사회 환경운동의 또 다른 중요한 요인으로 지적되는 것은 2000년 민주주의로의 재이행에 따른 사회 운동의 정치적 기회이다. 이러한 분석이 자원 개발과 관련된 사회 환경 분쟁에만 특별히 제한된 것은 아니지만, 정당체제가 여전히 허약한 상태에서, 2000년을 기점으로 한 페루 정치적 변화(즉 민주화)가 전반적으로 거리의 정치(politics of streets)의 빈도수 증가에 기여했다고 보는 것은 어느 정도 타당성이 있다고 볼 수 있다. 가라이와 따나까(Garay and Tanaka)는 시위의 빈도수와 정치적 기회변수 간의 상관관계를 조사한 그들의 연구에서 1995년부터 2006년에 발생한 총 시위 5,443건 중, 2000년 이후 기간에 발생한 시위건 수가 약 63.7%를 차지한다고 밝히고 있다(2009: 59). 이와는 다르지만, 자원개발과 관련된 사회 환경 분쟁을 정치적 변수에 의해 분석한 또 다른 연구로, 아르쎄(Arce, 2014)는 정치적 기회가 중요하기는 하나, 보다 중요하게 사회 환경 분쟁이 증가하는 요인을 특히 지방분권화 과정에서 여전히 허약한 정당체제에서 찾고 있다. 특히 페루의 경우 90년대 중반 정당 체제가 완전히 붕괴되었고, 재 민주화된 이후 이를 회복하기 위해 2003년 정당 개혁법이 발효되었다. 그럼에도 불구하고, 국가와 사회 간의 이해관계를 조율하는 견고한 정당체제의 부재는 페루가 '분열된' 정치 상태를 벗어나지 못하는, 즉 거리의 정치 증가를 설명하는 또 다른 이유라는 것이다(Crabtree, 2011). 이는 다국적 자본의 자원개발에 따라 사회 환경적으로 부정적인 영향을 받은 지역 주민들의 다양한 이해관계를 제도권 정치를 통해 조율하기 보다는, 거리의 정치를 통해 지역주민들로부터 정치적 정당성을 얻고자 하는 일부 기회주의적이고 반(反)제도권적인 정치인들로 인해 더욱 사회 환경 시위가 더욱 조장되었고, 이는 지방 분권화와 함께 지역 차원에서 더욱 극명하게 나타나게 되었다는 것이다. 같은 맥락에서, Arellano-Yanguas(2011) 역시, 자원 개발에 따른 세수의 50%를 지방으로 이전하는 canon minero가 사회 환경 분쟁을 무마하기 보다는 오히려 지방 내 사회 환경 갈등을 더욱 증폭시키고 있다고 지적하였다. 이를 Arellano-Yanguas(2011)는 지방분권화와 '자원의 저주' 심화라는 차원에서 분석하였다.

마지막으로 베빙턴과 그의 동료들(2012)은 광산 개발과 사회 환경 분쟁과 관련하여, 다양한 이해관계 조절을 위한 민주적 제도의 한계를 분쟁의 주요 요인으로 지적하고 있다. 즉, 초국적 자본의 힘에 대한 국가의 부재나 허약성, 그로 인한 지역주민들에의 일방적인 수탈과 함께, 자원의 지속적인 개발과 투자를 위한 사회 환경적 영향을 최소화하기 위해 고안되고 이행된 민주제도적 개혁의 한계가 사회 환경 분쟁의 주된 요인이 되었다는 것이다(Bebbington et al., 2012).[6] 이러한 선행 연구에 기반을 두어, 본고는 자원 개발과 관련된 사회 환경 분쟁의 주된 요인이 자본축적기제와 정치과정적 변수에도 있지만, 보다 중요하게 '권력의 식민성'을 지속시키는 제도 개혁의 한계에 있음을 주장하고자 한다.

6) 이러한 제도적 개혁과 관련된 논의는 '자원의 저주'(Resource Curse)를 극복하기 위해 국제적 차원에서 제안 그리고 일부 시행 되고 있는 논의와도 맥락을 함께하고 있다. 예를 들어, 2003년부터 영국의 국제 개발 부처에서 주관하고 있는 '자원 개발 산업의 투명성을 위한 계획'(Extractive Industry Transparency Initiative, EITI)은 자원 개발에 따른 재원 관리의 투명하고 책임성 확보를 위해 고안되어 국제적 기준의 투명성 평가 기준으로 발전하였다(Seo 2015a, 125). 이러한 제도적 개혁은 국제기구 혹은 국가적 차원 뿐 아니라, 자원 개발을 주도하고 있는 다국적 자원개발 기업들의 이니셔티브로도 발전했으며, 그 예로 국제 광물/금속 위원회(International Council on Mining and Metals, ICMM)이 있다. 자원 개발의 '지속가능성'을 위한 국제 제도적 이니셔티브와 관련해서는 Seo(2015a)를 참조 할 수 있다.

Ⅱ 페루 조세제도 개혁과 한계

서론에서도 밝혔듯이, 자본, 기술 집약적인 오늘날의 광산 개발은 '지역' 사회 발전을 위한 전후방 연계효과가 매우 약하다고 지적받아왔다. 물론 개발 지역에서 광산 개발로 인해 혜택을 얻게 되는 부분들이 전혀 없다고는 할 수 없다. 아라곤(Aragón)과 루드(Rud)가 지적하듯, 광산 개발의 확대로 일부 지역주민들이 일자리를 얻게 되고, 일부 상업, 서비스업이 활발해지면서, 단기적으로는 지역 경제를 활성화하는데 도움이 될 수 있다(2013, 2). 하지만, 페루에 투자하고 있는 광산회사들의 절반이상(65%)이 광산 개발에 필요한 물품을 페루 국내에서 조달하는데, 지방에서 조달하는 비율은 약 13%로 매우 제한적이다(Carlos Monge, 2006: 175). 또한, 광산 개발과 관련된 고용의 경우도, 그 형태와 기한의 한계가 있는데, 지역 주민들은 주로 광산 인프라를 건설하는 초기 단계에서 비기술직, 비정규직 노동자로 고용되는 경우가 대부분이다. 그나마도 주로 하청 리크루팅 업체를 통해 간접적으로 고용되기 때문에, 노동 조건 개선을 위해 노조를 조직하는 등 단체적 행동을 하는 것에도 한계가 있다. 오늘날의 광산 개발의 약한 연계효과로 인해 지역 경제사회 발전에 미치는 직접적인 영향은 극히 제한적이기 때문에, 자원개발과 관련된 조세 제도 개혁과 조세 수입의 효율적이고 책임성 있는 투자와 운용의 필요성에 대해서는 항상 강조되어왔다. 특히 90년대 신자유주의 경제 구조조정 정책과 함께 광산 부문에의 외국인 투자 촉진을 위해 만들어진 조세 제도에 대한 개혁요구는 2000년 이후 계속해서 높아졌다.[7] 이는 2000년대 초

7) 90년대 초 광산부문을 비롯한 대 페루 외국인 투자 활성화를 위해 마련된 일련의 법조항 중에는 외국인투자 촉진법(No. 662), 민간투자 활성화법(No.757), 광산 투자 활성화법(No. 708) 등이 있으며, 이와 더불어 후지모리 정권은 투자 안정화를 보장하기 위해 대형 광산 개발 프로젝트에 투자 하고 있는 20개의 민간 기업과 투

부터 급속도로 증가하기 시작한 사회 환경 분쟁에서 정부에의 주요한 요구사항들 중 하나였다. 하지만 2000년대 이후에도 여전히 광산 개발은 페루 국가 경제 성장의 전략적인 부분을 차지하고 있었기 때문에, 조세 제도 개혁은 '외국인투자 활성화와 민간 투자의 안정성 보장'이라는 근본적인 정책 방침은 바꾸지 않는 범위 내에서 미온적으로 이루어져왔다.

조세 제도에 대한 개혁은 크게 두 가지 부분으로 나눌 수 있는데, 첫 번째는 자원 개발 기업들이 '중앙 정부'에 내는 세금의 비율과 운용과 관련된 것이고, 두 번째는 자원 개발 기업들이 개발활동을 하는 '지역'의'발전'을 위해 '자발적'으로 경제사회적 투자를 하는 경우이다. 첫 번째 경우와 관련된 조세 제도 개혁의 한계는 먼저 광산 개발에 참여하는 기업들로부터 중앙 정부가 거둬들이는 세금이 정부가 결정한 고정적 비율이 아닌, 기업 운용 수익에 기반하고 있다는 점이다. 다시 말해, 기업이 중앙 정부에 지불해야 하는 소득세 비율은 자원개발을 통해 얻은 기업 순이익에 기반하고 있는데, 이 경우 기업 세는 국제원자재 가격의 등락에 따라, 기업의 회계 방식에 따라 큰 편차를 보일 수 있다는 것이다. 이러한 제도적 한계를 극복하기 위해 정부, 기업, 학계 등에서 지속적인 토론이 있었고, 특히 2011년 우말라(Humala) 정권이 들어서면서, 자원 개발 기업들, 특히 광산 기업들로부터 거둬들이는 조세 비율에 관한 개혁 논의와 기대가 매우 높았었다. 결국 우말라 정부와 광산 기업들이 합의한 사항은 근본적인 소득세 비율의 조정이 아닌, 추가적인 세금을 징수 하는 것이었는데, 하나는 'gravamen minero'라고 불리는 기업들의 추가 세금이고, 다른 하나는 로열티관련 법의 개정이다. gravamen minero의 경우 초기 논의 단계에서 연간 50억에서 70억 누에보 쏠(약 15억에서 17억 달러) 정도

자안정화 협약을 맺었다(Campodónico 1999).

를 추가로 정부에 지급하는 것으로 논의 되었으나 최종적으로 결정된 추가 징수 금액은 연간 30억 누에보 쏠(약 8억 9천 달러)에 협의되었다(Monge and Viale 2015, 264-5). 문제는 기업들이 이 gravamen minero를 생산 비용에 포함시켜 회계 처리하게 되기 때문에 기업들이 중앙정부에 내는 소득세는 실질적으로 줄어들게 된다는 것이다(Monge and Viale, 2015: 265). 한편, 로열티 비율 조정의 경우 광산 로열티 관련법(No. 28258)이 2004년 처음으로 재정되었는데 당시 광산기업들은 소득 중 1~3%의 고정 비율은 로열티로 지출해야했다. 게다가 90년대 초 후지모리 정권과 조세 안정화 협약을 맺은 기업들은 이 로열티 조항에서마저 면제 되었다. 하지만 우말라 정권하에서 로열티 관련법이 수정되면서, 로열티의 고정률이 소득세의 1~12%로 확대되었으며, 다만 기존의 조세 안정화 협약으로 로열티 지급에서 면제된 기업들은 gravament minero의 형태로 '자발적 의지'에 의해 추가로 세금을 지불하는 것으로 협의한 것이다(Seo 2015a, 130-131). 그러므로 우말라 정권하에서 야심차게 시도된 듯해 보였던 조세 개혁 정책은 여전히 국제 원자재 가격과 기업의 의지에 상당부분 의존해 있음을 알 수 있다.

이러한 조세 제도 개혁의 한계를 보완하고 증가하는 사회 환경 분쟁에 대응하기 위해 정부는 자원개발에 참여하는 기업의 소득세의 50%를 '주 정부'와 이하 지방 정부로 이전하기 시작했다.[8] 이후 canon minero법은 증가하는 사회분쟁의 추이와 함께 지속적으로 개정되었는데, 개정의 방향은 지역의 경제 발전과 지역주민의 사회경제적 불평등과 빈곤 상태를 개선하기 위한 것이라기보다는, 임시방

8) canon minero의 지방으로의 분배는 90년대에도 존재했으나 그 비율이 20%에 그치다가, 2002년부터 시작된 지방 분권화와 함께 2001년 canon minero법(No. 27506) 이 개정되면서 50%로 그 비중이 증가하였다.

편적 형태로 자원 개발 '지역'으로의 canon minero의 분배 비율을 높이는데 집중되었다. 결과적으로, canon minero의 지방으로의 분배는 몇 개 주에 집중되는 경향을 보였는데, 아레야노-양구아스에 따르면, 2007년 중앙 정부에서 분배된 canon minero의 약 52%가 6개 주에 집중되었다(2011: 623). 한편, 지방 차원에서도 기존의 canon minero의 분배가 광물 개발이 주로 이뤄지는 농촌지역 보다는 도시 지역에 집중되고, 지역 주민들의 필요에 부응하지 못한다는 지적에 따라, 2004년 새로운 canon minero법(No. 28077)이 재정되었고, 이 법을 통해 분배되는 canon이 보다 광물 생산 지역을 중심으로 바뀌었다. 하지만 여전히 생산 지역 내 전반적인 빈곤 상태나 지역주민의 필요를 고려한 분배는 아니었다(Monge, 2011: 171). 더욱이 지방 분권화 과정이 여전이 지지부진하게 추진되는 과정에서 canon의 분배가 이뤄질지라도 종합적인 지역 발전 정책 하에 예산을 효율적으로 운용할 만한 행정적 능력이 부족한 것도 사실이다(Arellano-Yanguas, 2011).

이러한 관점에서 자원 개발 기업의 소득세를 지방으로 이전하는 canon minero는 아레야노-양구아스가 지적하듯 오히려 지역 내 다양한 이해관계를 가진 당사자들 간의 분쟁을 증가시키는 주된 요인이 되었다(Arellano-Yanguas, 2011). 더욱이, canon의 지방 분배로 인해 기존의 지역 내 불평등 구조 - 다국적 기업과 중앙 정부 간, 중앙 정부와 지방 정부 간, 지방 정부와 지역 주민들 간의 관계 - 가 후견주의(clientelistic relationship)라는 형태를 통해 지속적으로 유지되게 된 것이다. 빈곤 감축을 위한 사회정책의 후견주의적 성격과 결과의 한계에 대한 분석에서 프랑크(Francke)는 정부의 사회 프로그램 이행에서 가장 중요한 목표는 정부에 대한 반대 급부적인 정치적 지지를 얻는 것이기 때문에, 특히 신자유주의 시장 중심적 정책을 펼치는 정권하에서 사회 프로그램은 일부 대상에 집중되어 있고, 프로그램을 종합적인 사회 발전 계획 없이 남발하기도 하고 중복투자하기도 한다는 것이다(2006, 90-92). 이러한 후견주의적 사회 프로그램의 이행은 canon minero가 지방에 분배되어 투자되는 형태와 유사한 패턴을 보이는데, 이는 예산의 남용과 비효율성의 문제뿐 아니라, 기존의 불평등한 사회적 관계를 개선하기보다는 오히려 지속적으로 유지시키는 결과를 가져오게 된다는 것이 더욱 심각한 문제이다. 프랑크가 지적하고 있듯, 사회 프로그램을 통해 정부 혹은 여당과 유권자 간의 위계적 관계가 지속되면서, 빈곤 계층의 사회경제적 삶의 수준이 이러한 사회 프로그램의 지속에 종속되게 되고, 결과적으로 이들의 정치적 권리는 심각한 위협을 받게 된다(Franke 2006, 93). 마찬가지로, 제대로 된 조세 개혁이 이뤄지지 않은 상태에서, canon minero 체제는 기업과 중앙 정부간, 중앙 정부와 지방 정부간, 지방 정부와 지역주민 간 후견주의적 관계를 유지하는데 큰 역할을 하게 되었으며, 이러한 제도 개혁의 한계로 인해 지역 주민들이 중앙 정부, 지방 정부, 혹은 다국적 자원 개발 기업으로부터 보다 많은 재원 분배를 요구하기 위해 시위의 빈도와 강도를 높이는 결과를 가져오게 되는 것이다.

조세 개혁의 한계(낮은 조세 비율 혹은 면세)를 보완하기 위해 도입된 또 다른 정책은 자원을 개발하는 지역의 '발전'을 도모하기 위해 민간 기업의 자율적 지역 투자 참여를 유인하는 것이다. 예를 들면, 광산 개발과 관련된 조세 제도의 개혁요구에 대면하여 알란 가르시아(2006-2011)정부는 2006년 '지역주민과의 연대를 위한 광산 프로그램'(Programa Minero de Solidaridad con el Pueblo, 즉 óbolo minero 혹은 óbolo voluntario로 불림)을 도입하여, 임기동안 매년 5억 누에보 쏠(약 1억 5천만 달러)을 기업들이 자발적으로 지역사회에 투자하고, 주로 지역에서 사회 프로그램을 운용하기 위해 기업들이 자체적으로 기금을 운용하는 것으로 협의했다(Monge 2006, 169). 이러한 기업의 자발적인 참여를 유도하는 이러한 일시적이고 '민간' 중심의 조세 체제는 기업의 사회적 책임(CSR)과도 맥락을 함께 하는 것인데, 힘리(Himley)가 지적하듯 문제는 CSR프로그램이 지역의 경제 사회적 발전보다는 광산 개발 기업들의 입장에서 갈수록 증가하는 지역 내 사회 환경 분쟁에 대응하여 지속적으로 자본을 축적하기 위한 사회의 '규율'의 한 방식으로 활용되고 있다는 점이다(2013: 395). 지역 주민들 중 이러한 CSR프로그램의 혜택은 받은 주민들도 존재한다. 문제는 이러한 혜택이 대부분의 경우 단기적인 경우가 많고, canon minero의 분배와 같이 CSR 프로그램의 경우도 자원 개발 기업과 지역주민들을 비롯한 교회, 정치인 등 지역 내 다양한 세력들과의 후견주의적 관계를 심화 시키는 결과로 이어진다는 점이다. 특히 CSR프로그램은 광산 복합체 근처의 아주 제한된 지역의 주민들을 대상으로 하는 경우가 대부분이기 때문에, 혜택을 받지 못한 주민들이나 혹은 혜택에서도 소외되고 광산 개발에 따른 피해도 입게 된 주민들의 경우, 기업을 대상으로 광산 개발에 반대하는 시위에 참여하게 되는 것이다. 이와 더불어 혜택을 받는 주민들 역시 기업과의 관계가 후견주의적, 위계적이기 때문에, 혜택을 받는 동안 기업의 사회 프로그램에 의존적이게 되고, 그나마도 이 혜택이 장기적이기 않은 것이 사회 분쟁을 유발하는 요인 중 하나로 지적되고 있다.

요약하자면, 90년대 페루 신자유주의 개혁과 함께 새로운 발전 모델로 자원 개발 부분에 대한 투자와 수출이 적극적으로 추진되었고 이는 주로 다국적 기업이 주도하는 대형 개발 프로젝트를 중심으로 이뤄졌다. 글로벌 자본이 주도하는 광물 개발의 형태는 자본·기술 집약적으로 지역 경제·사회 발전을 위한 연계효과가 약하기 때문에, 인클레이브식 개발(enclavic development)이라는 비판을 받아왔다. 이를 보완하고, 증가하는 광산 개발과 관련된 사회 환경 분쟁에 대응하기 위해 페루 정부는 여러 차례 조세제도 개혁을 시도했다. 이는 크게 개발 기업이 중앙 정부에 지급하는 조세율을 조정하고, 이를 개발이 직접 이루어지는 지역으로 분배(canon minero)하거나 혹은 개발 기업이 직접 지역사회의 '발전'을 위해 사회 프로그램 등에 투자하는 방식으로 이뤄졌다. 하지만 이러한 개혁은 국제 원자재 가격이나 기업의 회계 방식에 취약한 조세 수취 제도가 그대로 유지되면서, 지방의 통합적인 사회경제적 발전 계획 없이 임시방편적으로 재정 분배가 이뤄지면서, 그리고 기업의 실행 의지에 의존적인 사회 프로그램 투자에 제한되었다. 그 결과, 개혁이 근본적으로 목표해야하는 자원개발에 따른 지역주민들의 사회경제적 삶의 개선보다는 오히려 일시적이고 선별적인 재정 확대에 따른 후견주의적 행태가 증가하면서, 제도 개혁 자체가 사회 환경 분쟁의 빈도와 강도를 더욱 조장하는 결과를 낳게 된 것이다. 이는 앞서도 밝혔듯이 제도 개혁이 근본적으로 사회경제적 불평등과 정치적 불평등의 구조를 개선하기 보다는 자원 개발에 따른 불평등의 심화(즉, 다국적 자본과 개발 지역 주민 간의 정치, 경제, 사회적 불평등)를 가져오는 제도적 구조를 지속적으로 유지하고 있음을 반증하고 있다. 다음에서는 특히 자원 개발에 기반을 둔 발전 모델을 유지하는데 작용되고 있는 '권력의 식민성'을 지속적으로 유지하고 있는 제도적 구조(즉, 정치 의사 결정 구조)를 살펴보기 위해 사회 환경 분쟁의 가장 중요한 쟁점 중 하나인 환경 영향 평가제도의 개혁과 그 한계에 대해 살펴보겠다.

III 환경 영향 평가제도(EIA)의 개혁과 한계

광산 개발과 관련된 사회 환경 분쟁의 또 다른 중요한 요인 중 하나는 광산 개발의 형태와 그에 따른 환경적 영향과 관련이 있다. 오늘날 다국적으로 주도하고 있는 대형 광산 프로젝트들의 경우, 이전의 채굴광과 달리 대규모 자원(가령 토지와 수자원), 자본, 기술 투자를 요하는 노천광(open pit)의 형태로 개발하는 경우가 대부분이고, 이 경우 광물 추출의 효율성을 고려해서 시안화물과 같은 독성 화학물질을 사용하기도 한다. 페루는 환경부가 2008년이 되어서야 신설될 정도로 '환경 관리'에 대한 통합적인 제도적 틀이 부족한 국가로 광산 개발에 따른 환경적 영향을 관리하기 위한 제도는 국제적 이니셔티브에 의해 시작되었다. 특히 90년대 후지모리 정권하에서 광산을 비롯한 자원 개발 산업에 대한 외국인 투자 활성화를 위한 노력을 하는 과정에서 환경 관리와 관련된 규정은 국내적 유인보다는 국제적 유인이 더 크게 작용했음을 알 수 있다. 90년대 발전 담론을 장악하기 시작한 지속가능한 발전의 틀에서 세계은행은 각국 정부, 광산 회사, 그리고 국제 금융기관들을 대상으로 개발 투자와 지속가능한 발전을 위한 정책적 가이드라인을 제시했으며, 이는 자원 개발에 있어 사회적 책임성과 환경적 지속가능성을 염두 해 둔 제안이었다(Seo 2015a, 126). 세계은행의 정책 제안에는 '사회적 환경적 영향 평가, 각종 개발 프로젝트 모니터링 과정에서 지역 주민들의 참여 유도(특히 자원 개발 사업들과 관련해서), 시안화물 사용, 폐광이후 관리 계획, 광산 개발 과정에서 발생하는 부산물과 오염 물질 관리와 처리 계획과 같은 기술적 관리 사안들'과 같은 요소들이 포함되었다(World Bank 2004, 7). 데 에차베(De Echave)에 따르면 후지모리 정권은 이러한 정책적 제안에 따라, 광산 개발 투자와 관련된 환경 영향 관리를 위한 제도적 틀로 도입했는데, 이는 환경의 지속가능성에 대한 고려라기보다는 국제 금융기관들로부터 자금을 보다 수월하게 융통받기 위한 노력의 일환으로 볼 수 있다는 것이다(2009a: 301).[9] 결과적으로 90년대 페루에 도입된 환경 관리 제도는 전 산업 분야를 아우를 수 있는 통합적인 접근 방식이라기보다는 각 산업 부문별로 단편적인 환경 '관리'를 목표로 한 방식이라는 측면에서 매우 임시방편적 정책 도입이라고 할 수 있다.

특히 광물 개발 부문과 관련해서는 1993년 광산 법 하에서 '광물-금속 개발과 관련된 환경 보호 관련 규정'(이하 환경 보호 관련 규정)으로 법이 제정되었다. 환경 보호 관련 규정에 따르면, 광물 개발과 관련된 환경 관리 행정의 유일한 책임 부처는 에너지 광물부(Ministerio de Energía y Minas, 이하 MINEM)로 MINEM이 광산 개발 투자 활성화와 동시에 환경 보호 관리에 대한 이중 책임을 맡도록 규정된 것이다(Seo 2015a, 126-127). 또한 환경 보호 관련 규정에 따라 1993년 이전에 개발을 시작한 광산 프로젝트의 경우 환경 영향을 최소화하거나 줄이기 위한 계획(Programa del Adecuación y Manejo Ambiental, 이하 PAMA)을 제출해야 하며, 1993년 이후 개발의 시작할 광산 프로젝트의 경우 개발 전 환경영향평가 보고서(Estudio de Impacto Ambiental, 이하 EIA)를 MINEM에 제출해야 한다. 하지만 이러한 환경 보호 관련 규정의 제정으로 인해, 환경의 지속 가능성이 보장되기 보다는 오히려 PAMA혹은 EIA가 광산 개발과 관련된 사회 환경 분쟁의 주된 요인이 되었다.[10] 다

9) 광산 부분 투자와 관련하여 국내외 NGOs는 물론이고, 변호사 단체, 국내외 언론 등에서 기업들이 책임 있는 개발활동을 요구하는 목소리가 높아지고 있으며, 이는 지속가능한 발전의 담론과 맥락을 함께하고 있다(Ballard and Bank 2003, 289; Himley 2010, 3272).

10) PAMA과 관련된 대표적인 사회 환경 분쟁 사례는 페루 중부 고산 지대의 La Oroya와 관련된 분쟁으로, 보다 자세한 내용은 Scurrah(2008)을 참조할 수 있다. EIA는 일련의 사회 환경 분쟁의 주된 원인 중 하나가 되어 왔는데, 대표적인 사례로 꽁가 광산 프로젝트, 띠아 마리아 프로젝트, 라스 밤바스 프로젝트 등이 있다.

시 말해, 이것은 대규모 광산 개발과 그 자본 축적 기제 자체가 환경과 지역 주민들의 건강에 미치는 부정적 영향 때문이기도 하고, 지속가능한 개발과 관련된 환경 관련 시민단체들과 NGOs의 활동이 증가한 것이 요인이 되기도 했지만, PAMA와 EIA같은 환경 보호 관련 규정이 제 기능을 못하고 있기 때문이라고 볼 수 있다. 사회 환경 분쟁이 발생하는 경우 중 상당수가 EIA자체의 신빙성의 문제를 제기하고 있으며, EIA 승인 과정의 공평성에 대해서도 의문을 제기하고 있다. EIA에 관련된 사회 환경 분쟁은 환경 보호 관련 제도들 자체가 환경의 지속가능성을 보장해주지 못할뿐더러, 궁극적으로는 발전에 대한 다양한 시각(특히 자연과 사회의 관계와 관련하여)을 조율하는 제도적 기제로 역할을 하지 못하는 것에 기인하고 있다. 특히, 이러한 제도적 구조 하에서는 자원 개발이 '발전'의 유일한 모델이며, 그러므로 자원 개발 과정에서 발생하는 환경적 피해는 효율적으로 '관리'되는 것이 최선이라는 전제에서, 지역 발전의 방식에 대한 대안적인 시각, 보다 넓게는 자연과 사회의 관계에 대한 다양한 시각은 '저발전' 혹은 '발전에 대한 반대'로 처음부터 제도적 틀 내의 고려 대상에서 배제되고 있다.

한편, 우말라 정권에서 이러한 EIA와 관련해서 증가하는 사회 환경 분쟁에 대응하고, EIA제도에 대한 신뢰성을 회복하기 위해 환경부 산하에 2012년 SENACE(Servicio Nacional para la Certificación de las Inversiones Ambientales Sostenibles)를 개설하였다. SENACE는 광산 개발과 같은 대형 개발 프로젝트의 환경영향평가(EIA)를 승인 하는 역할을 담당하는 부처로 지속 가능한 발전을 목표로 독립적인 제도적 틀 내에서 환경영향평가를 공정하게 관리하기 위해 형성되었다. 하지만, SENACE가 승인할 수 있는 EIA는 일부 프로젝트에 제한되고, 대부분의 경우(특히 중요한 대형 투자 프로젝트의 경우) 여전히 대통령 산하의 총리 부처에서 EIA의 승인 업무를 각 투자 부문의 해당부처로 이행할 수 있도록 조정하였다. 몽헤와 비알레가 지적하듯, 이로 인해 SENACE 형성 초기부터 제도적 독립성에 상당한 타격을 입었으며, 실질적인 업무 수행의 실효성 여부도 여전히 불투명하다(Monge and Viale 2015, 267). 또한 환경영향에 대한 관리 감독을 담당하는 OEFA(Oficina de Evaluación y Fiscalización Ambiental) 역시 2008년 환경부 산하에 신설되었을 당시부터, 무명 무실한 기관이었으나, 우말라 정부 하에서 그 기능이 강화되었다.[11] 하지만 SENACE와 유사하게 실질적으로 OEFA의 활동이 실질적으로 그 독립성이 보장되는지에 대해서는 의문의 여지가 많은 것이 사실이다(Monge and Viale 2015, 268). 앞서 보았듯이 지속가능한 발전을 위한 책임 있는 투자와 개발을 요구하는 국제 사회의 여론과 정책적 제안, 그리고 신자유주의 자원 개발의 확대와 함께 증가하는 사회 환경 분쟁에 대응하여 페루 정부는 환경 관리 제도를 여러 차례 개혁했으나, 실질적으로 그 독립성과 실효성에 의구심을 남기면서, 오히려 사회 환경 분쟁의 또 다른 주된 요인이 되었다.

11) 몽헤와 비알레에 따르면, 우말라 정권하에서의 OEFA의 감시 감독 기능의 강화로 2014년 10월까지 약 350여개 이상의 기업들이 환경 영향과 관련된 규율 위반으로 벌금형을 선고 받았으며, 대부분은 광산과 탄화수소 개발과 관련이 있다(Monge and Viale 2015, 267-268).

Ⅳ 맺음말

이상에서 본고는 페루 광산 개발에 따른 사회 환경 분쟁의 요인이 관련 제도 개혁의 구조적 한계에 있다고 주장하였다. 오늘날의 대규모 광산 개발이 미치는 환경적 영향을 고려하여 환경영향평가(EIA)제도가 도입되었지만, 제도 자체가 환경 영향을 객관적이고 공정하게 평가하고, 환경 피해에 대한 보상을 보장할 수 있는 가에 대한 신뢰를 얻고 있지 못 할 뿐만 아니라, 발전 모델에 대한 다양한 사회 세력의 시각을 반영하는 데 한계를 가지고 있음이 여러 사회 환경 분쟁을 통해 드러났다. 또한 자본·기술 집약적으로 연계 효과가 지역 발전을 위해 충분하지 않은 상황에서 지역 주민들의 사회경제적 삶의 수준을 개선하기 위한 조세 제도의 개혁이 여러 차례 시도되었으나, 이러한 제도 개혁이 경제사회적 불평등 구조를 개선하기 보다는 오히려 후견주의적 관계를 심화시킴으로써 오히려 분쟁의 주요 요인이 되었음도 살펴보았다. 요약하자면, 광산 개발과 관련된 사회 환경 분쟁의 요인이 이를 해결하기 위한 제도 개혁에 있음은 이러한 개혁이 자원개발과 관련해서 지속적으로 존재해 온 자본과 지역 주민과의 정치, 경제, 사회적 불평등 관계를 개선하기보다는 오히려 그 불평등 구조를 심화하는 역할을 했기 때문이라고 볼 수 있다. 이는 보다 근본적으로 민주제도 개혁에도 불구하고 민주화 없는 개혁에 머물면서 페루 국가와 사회관계에서 제도권 내 일부 '선별된' 사회세력의 참여만 보장되는 '권력의 식민성'이 지속적으로 유지되고 있는 것에서 반증되고 있다.

참고문헌

Aragón, F. and Rud, J. (2013), "Natural Resources and Local Communities: Evidence from a Peruvian Gold Mine,"*American Economic Journal: Economic Policy,* Vol. 5, No. 2, pp.1-25.

Arana, M. (2002), *Resoluciones de Conflictos Medioambientales en la Micro-Cuenca del Río Porcón, Cajamarca 1993-2002.* Master{s degree thesis, Catholic University of Peru.

Arce, M. (2014), *Resource Extraction and Protest in Peru.* Pittsburgh: University of Pittsburgh Press.

Arellano-Yanguas, J. (2011), "Aggravating the Resource Curse: Decentralisation, Mining and Conflict in Peru," *Journal of Development Studies,* Vol. 47, No. 4, pp.617-638.

Ballard, C. and Bank, G. (2003), "Resource Wars: The Anthropology of Mining," *Annual Review of Anthropology*, Vol. 32, pp.287-313.

Bebbington, A. (2009), "The New Extraction: Rewriting the Political Ecology of the Andes?", *NACLA Report on the Americas,* Vol. 42, No. 5, pp.12-20, 39-40.

Bebbington, A. et al. (2008), "Mining and Social Movements: Struggles over Livelihood and Rural Territorial Development in the Andes," *World Development,* Vol. 36, No. 12, pp.2888-2905.

Bebbington, A. (ed.) (2007), *Mining and Development in Peru, with Special Reference to the Rio Blanco Project, Piura.* London: Peru Support Group.

Bebbington, A. (ed.) (2011), *Minería, Movimientos Sociales y Respuestas Campesinas: Una Ecología Política de Transformaciones Territoriales.* 2ed. Lima: IEP; CEPES.

Bebbington, A. et al. (2012), *Social Conflicts, Economic Development and Extractive Industry: Evidence from South America.* London and New York: Routledge.

Bebbington, A. and Humphreys Bebbington, D. (2010a), "An Andean Avatar: Post-Neoliberal and Neoliberal Strategies for Securing the Unobtainable," BWIP Working Paper, No. 117. Manchester: Brooks World Poverty Institute.

Bebbington, A. and Humphreys Bebbington, D. (2010b), 'Anatomy of a Regional Conflict: Tarija and Resource Grievance in Morales' Bolivia," *Latin*

American Perspectives, Vol. 37, No. 4, pp.140-160.

Bury, J. (2002), "Livelihoods, Mining and Peasant Protest in the Peruvian Andes," *Journal of Latin American Geography*, Vol. 1, No. 1, pp.3-19.

Campodónico, S. (1999), "Las Reformas Estructurales en el Sector Minero Peruano y las Características de la Inversión 1992-2008," *Serie Reforma Económicas*, No. 24. Santiago de Chile: CEPAL.

Crabtree, J. (ed.) (2011), *Fractured Politics: Peruvian Democracy Past and Present.* London: Institute for the Study of the Americas.

De Echave, J. et al. (2009a), *Minería y Conflictos Sociales.* Lima: IEP.

De Echave, J. et al. (2009b), *Minería y Territorio en el Perú: Conflictos, Resistencias y Propuestas en Tiempos de Globalización.* Lima: Programa Democracia y Transformación Global; CONACAMI; CooperAcción; and UNMSM.

De Echave, J. and Diez, A. (eds.) (2013), *Más Allá de Conga.* Lima: RedGE.

Dussel, E. (2000), "Europe, Modernity, and Eurocentrism," *Nepantla*, Vol. 1, No. 3, pp.465-478.

Escobar, A. (2007), "Worlds and Knowledges Otherwise: The Latin American Modernity/Coloniality Research Program," *Cultural Studies,* Vol. 21, No. 2-3, pp.179-210.

Franke, P.(2006), "Institutional change and Social Programmes," in Crabtree, J. (ed.), *Making Instututions Work in Peru: Democracy, Development and Inequality since 1980.* London: Institute for the Study of the Americas.

Garay, C. and Tanaka, M. (2009), "Las Protests en el Perú entre 1995 y 2006," in Grompone, R. and Tanaka, M. (eds.), *Las Protestas Sociales en el Perú Actural: Entre el Crecimineto Económico y la Insatisfacción Social.* Lima: IEP.

Grosfoguel, R. (2007), "The Epistemic Decolonial Turn: Beyond Political-Economy Paradigms," *Cultural Studies*, Vol. 21, No. 2-3, pp.211-223.

Harvey, D. (2005), *The New Imperialism.* Oxford: Oxford University Press.

Himley, M. (2013), "Regularizing Extraction in Andean Peru: Mining and Social Mobilization in an Age of Corporate Social Responsibility," *Antipode*, Vol. 45, No. 2, pp.394-416.

ICMM (2013), *Responsible Mining in Peru. Mining: Partnership for Development.* August.

Lust, J. (2014), "Peru: Mining Capital and Social Resistance," in Veltmeyer, H. and Petras, J. (eds.), *The New Extractivism: A Post-Neoliberal Development Model or Imperialism of the Twenty-First Century?* London and New York: Zed Books.

Mignolo, W. (2000), "Delinking: The Rhetoric of Modernity, the Logic of Coloniality and the Grammar of De-Coloniality," *Cultural Studies,* Vol. 21, No. 2-3, pp.449-514.

Monge, C. and Viale, (2015), "Industrias extractivas: contunuismo y Carrera hacia el fondo," in *La Divina Tragedia*, Serie: Perú Hoy, No. 27, Lima: Peru.

Quijano, A. (2000), "Coloniality of Power and Eurocentrism in Latin America," *International Sociology*, Vol. 15, No. 2, pp.215-232.

Renfrew, D. (2011), "The Curse of Wealth: Political Ecologies of Latin American Neoliberalism," *Geography Compass*, Vol. 5, No. 8, pp.581-594.

Scurrah, M. et al. (2008), "El Caso de La Oroya," in Scurrah, M. (ed.), *Defendiendo Derechos y Promoviendo Cambios: El Estado, las Empresas Extractivas y las Comunidades Locales en el Perú.* Lima; Oxfam Internacional; Instituto del Bien Común; and IEP.

Seo, J-H. (2015a), *Neoliberal Extractivism and Rural Resistance: the Anti-Mining Movement in the Peruvian Northern Highlands, Cajamarca (2011-2013).* Ph.D dissertation, University of Liverpool.

Seo, J-H. (2015b), "Spatial Understanding of New Mineral Extraction and Local Contestation: Experience from the Peruvian Northern Highlands, Cajamarca," *Asian Journal of Latin American Studies*, Vol. 28, No. 3, pp.77-99.

Taylor, L. (2011), "Environmentalism and Social Protest: the Contemporary Anti-Mining Mobilization in the Province of San Marcos and the Condebamba Valley," *Journal of Agrarian Change,* Vol. 11, No. 3, pp.420-439.

Triscritti, F. (2013), "Mining, Development and Corporate-Community Conflicts in Peru," *Community Development Journal,* Vol. 48, No. 3, pp.437-450.

World Bank (2004), *Striking a Better Balance – The World Bank Group and Extractive Industries: The Final Report of the Extractive Industries Review.* Board Report.

브라질 여성 환경운동의 발전

이순주(울산대학교 스페인중남미학과)

I 서론

1960년대 이후 전 세계적으로 가속화된 도시화, 산업화, 인구증가는 다양한 방법으로 숲, 강과 바다, 토양의 오염을 야기하여 이미 자연의 자정능력을 넘어선 지 오래다. 1972년 6월 5일 스웨덴 수도 스톡홀름에서 '하나뿐인 지구(Only one Earth)'를 주제로 개최된 UN인간환경회의에서 채택된 'UN인간환경선언문'은 자연에 대한 세계인들의 인식을 전환하는 계기가 되었다. 그 다음 해에는 유엔환경계획(United Nations Environment Programme: UNEP)이 출범되었다. 하지만 'UN인간환경선언문'은 위기에 처한 지구환경을 보호하기 위해 전 세계가 함께 노력하자는 취지의 선언문에 가까웠지 구체적인 환경보호를 위한 행동강령과는 거리가 멀었다. 스톡홀름회의가 개최된 지 20년 뒤인 1992년, 리우데자네이루에서 개최된 유엔환경개발회의(UNCED, United Nations Conference on the Environment and Development)는 리우선언과 함께 '의제21(Agenda 21)'이라는 구체적인 행동강령을 채택했다. 지구정상회담(Earth Summit)이라고도 불리는 이 회의에서는 지구의 환경오염을 개선하는 것뿐 만 아니라 선진국과 개도국간의 빈부격차의 해소, 그리고 지속가능발전이라는 관점이 폭넓게 논의되었다. 이 회의는 기후변화협약과 생물다양성협약, 그리고 삼림협약 등을 이끌어 내기도 했다.

지구정상회담은 여성의 입장에서도 매우 중요한 의의가 있었다. 사회, 경제, 환경적으로 지속가능한 발전을 촉진하기 위해 여성의 역할이 매우 중요하다는 점을 강조하고, 지역과 국가 그리고 글로벌 수준에 이르기까지 모든 정책 결정 과정에 여성참여를 강화하도록 하는 구체적인 제안들을 담고 있었기 때문이다. 브라질에서도 지구정상회담은 페미니스트와 많은 NGO가 환경이슈를 주요 의제로 삼는 계기가 되었다. 국내외 여성NGO의 네트워크가 활성화되고 연대하면서 환경보존에 대한 상당한 효과와 지지를 이끌어 내는 다양한 전략들을 수립하고 추진했다. 중간계층과 상류계층 여성들은 에코페미니즘에 관심을 가지고 국제적인 네트워크와 연계하였다. 다른 한편으로는 소외되어있던 원주민 여성들과 노동자계층 여성들의 현실 청취를 바탕으로 실질적인 방안들을 만들어 나갔다.

지난 2014년 브라질 대선에서 세계 최초로 환경운동가 대통령의 당선가능성에 대해 관심을 끌었던 마리나 시우바(Marina Silva)도 브라질 여성환경운동의 중심에 있었던 인물이다. 시우바는 아마존 지역 고무채취자 가정출신으로 거침없는 환경보존 활동으로 '아마존 여전사'라는 별명을 가지고 있다. 36세의 나이에 첫 연방 상원의원이자 브라질 역사상 최연소 상원의원으로 선출되어 아마존 저지대의 보호와 지속가능발전을 위해 저지대의 환경보존을 지지해 왔다. 2003년 환경장관이 된 이후 아마존 밀림을 보호하기 위해 불법 개발활동을 단속하여 2004년부터 2007년까지 거의 60%에 달하는 벌목을 감소시켰다. 그 외 밀림보호를 통해 온실가스 배출을 예방하기 위해 아마존 기금(Amazon Fund)를 설립하고 원주민들에게 환경보존활동에 대한 경제적 보상프로그램을 마련하기도 했다. 마리나 시우바는 대표적인 브라질 여성환경운동가로서 브라질의 환경정책에 상당한 영향력을 발휘하고 있다. 브라질의 여성환경운동에는 마리나 시우바 뿐만 아니라 아마존 원주민과 도시빈민, 소외된 흑인공동체 여성, 그리고 중산층 엘리트 여성들까지 다양한 사회경제적 계층에 속한 수많은 여성들이 참여해 왔다. 풀뿌리 여성공동체와 다양한 여성NGO, 그리고 국제NGO의 연대를 통해 일상의 환경운동에서 시작하여 인간, 자연, 사회, 정치, 경제 등 모든 분야에서 평등과 민주주의를 요구하는 운동으로 자리잡아가고 있다. 이 글에서는 브라질 여성환경운동이 어떻게 발전해왔는지를 세계 여성환경운동의 흐름과 브라질 여성환경운동의 주요사례를 통해 살펴보고자 한다.

Ⅱ 브라질 여성환경운동의 발전

1. 세계 여성환경운동의 흐름

1970년 미국에서 시작된 '지구의 날'제정은 전 세계인들이 자연과 환경오염에 대한 인식을 갖게 하는 중요한 계기였다. 페미니스트들도 자연과 여성의 상호연관성을 분석하였고 에코페미니즘(ecofeminism, 생태여성주의)이라는 새로운 흐름을 만들어 냈다. 에코페미니즘에서는 여성에 대한 억압과 자연을 파괴하는 원인이 가부장제 원리와 구조에 있으며, 여성억압과 자연억압이 상호 연관되어 있을 뿐만 아니라 유사한 맥락에 있다고 인식한다. 1974년 에코페미니즘이라는 용어를 처음 사용한 프랑소와즈 도본느(Francoise d'Eaubonne)는 '지구상에서 인간의 생존을 보장해 줄 생태학적 혁명을 일으킬 만한 여성의 잠재력'을 표현하기 위해 이 용어를 고안해 냈다(박영미, 2005). 이는 여성이 생태계 보호와 환경보존에 매우 중요한 역할을 할 수 있다는 점을 의미했다. 에코페미니즘은 1970년대에 등장한 이래 수많은 비판과 성찰을 통해 어떠한 이론보다도 짧은 시간동안 많은 변화를 거듭해 왔다. 또한 개인과 사회단체가 행하는 사회운동이나 학계의 이론적 분석 등을 포함한 다양한 사회활동 과제로부터 등장했기 때문에 다양한 기원과 형태, 그리고 관점으로 발전해 나왔다.

에코페미니스트의 작업은 크게 두 가지 분석틀로 분류된다. 하나는 문화-상징 영역, 또 다른 하나는 사회-경제영역이다. 문화-상징 영역에서는 여성과 자연의 연계가 갖는 의미를 개념화하기 위한 분석이 이루어졌다. 여성과 자연의 연결방식이 개인, 인척, 가족, 정치, 사회적 관계에서도 다양한 방식으로 나타난다는 것이다. 권력이 갖는 규범적 패턴을 분석하여 기존 사회에서 적합하고 도덕적이라고 규정되었던 가부장적 '진실'의 실체를 파악하기 위해 심도 있게 분석하였다. 사회경제적 영역에서는 삶의 방식을 경험적으로 분석하여 이론화하였다. 예를 들면, 숲 파괴, 물 오염 그리고 공동토지에 대한 집단통제 등이 어떻게 사람들의 건강에 영향을 미치는 지 연구하였다. 경험적 자료들은 농약, 독이든 물, 오염된 공기를 사용함으로써 얻게 되는 질병들을 연구하는 데 집중되었다. 이 자료들은 국가와 글로벌 경제권력 등 정책결정 책임자들에 대한 도전의 근거로 사용되었다 (Eaton, 2005).

에코페미니즘은 여러 학문분야에서 수용되면서 다양한 비판과 성찰을 통해 생태론적 페미니즘(ecological feminism), 페미니스트 환경주의(feminist environmentalism), 사회 생태여성주의(social ecofeminism), 비판적 페미니스트 생태사회주의(critical feminist eco-socialism) 혹은 젠더와 환경(gender and environment) 등 다양한 관점과 용어로 확산되었다. 에코페미니즘은 페미니스트 연구와 환경보건 그리고 사회정의와 같은 다양한 운동의 교차점에서 젠더, 생태, 인종, 생물, 국가들 사이의 억압이 상호 연관되어 있다고 본다(Gaard, 2011).

1987년 브룬트란트 보고서로 알려진 <우리 공동의 미래>라는 보고서가 제시한 '지속가능한 발전'의 개념은 경제발전에 대한 기존의 인식을 전환시켰다. '지속가능한 개발'이라는 개념은 전세계의 지도자들과 전문가들이 공동으로 어떻게 하면 환경을 보존하면서 개발을 지속할 수 있을 것인지를 고민하도록 만들었다. 남과 북의 경제적 불평등 심화가 환경위기와 연계되어 있고 세계의 빈곤과 문맹이 여성과 어린이에게 집중되어 있다는 점을 동시에 강조하였다.

1990년부터 UNCED는 지속가능한 개발을 위한 구체적인 행동강령인 <의제 21(Agenda 21)>을 준비하는 작업을 진행하였다. 세계각계의 여성지도자들은 <의제 21>을 세계여성비전을 담기위한 유일한 기회로 인식하고, WEDO(Women's Environment and Development Organization)라는 국제여성NGO를 창설했다. <의제 21>의 준비과정에는 여성부분이 포함되어 있지 않았다. 따라서 세계 여성의 목소리를 담기 위해 WEDO가 중심이 되어 '건강한 지구를 위한 세계여성회의'를 플로리다 마이애미에서 개최했다. 83개국에서 1500여명이 참여한 이 회의에서는 환경오염과 개발의 위기가 여성에게 어떠한 영향을 미치고 있는 지에 대한 실제 사례들을 청취하고 해결방안을 모색하는 논의가 이루어졌다. 이 회의의 성과는 '여성행동의제 21(Women's Action Agenda 21)'로 구체화되었으며, UNCED에 전달되었다. 그리고 1992년 리우회의에서 채택된 <의제 21>의 제24장에 '지속적이고 평등한 개발을 위한 여성의 지구적 활동(Global Action for Women towards Sustainable and Equitable Development)'이라는 제목으로 포함되었다. '여성행동의제 21'은 빈곤국에서 지구와 여성에게 재앙적인 영향을 미치고 있는 문제들을 심도있게 분석하고 연구한 내용을 바탕으로 문제해결을 위한 유용한 비전과 가이드라인을 제시하고 있다. '여성행동의제 21'은 환경보존과 지속가능개발을 위한 여성의 역할을 명확하게 제시할 뿐만 아니라 세계적으로 처음 제시된 에코페미니스트 성명서라고 할 수 있다(Nogueira-Godsey, 2013).

'여성행동의제 21'은 총 14개 주제로 구성되어 있다. 여성 스스로뿐만 아니라 전 세계의 NGO, 각국 정부와 기업, 국제기구 등이 지속가능한 미래를 위해 구체적인 행동을 취할 것을 요구했다. '민주적 권리, 다양성 그리고 연대' 라는 주제 아래 모든 정책 결정 과정에서 여성의 비전이 포함될 수 있도록 정책과정에서 젠더 균형을 이루어야 한다는 점을 강조하고 이를 위해 연대할 것을 제안했다. '환경윤리와 책무'에서는 국제법과 윤리의 보편적 기준은 인간과 다른 종(species)에 대한 존중과 평등 그리고 생물과 문화적 다양성의 존중과 평등에 기반을 둬야 하며, 미래세대에 대한 책임 또한 고려되어야 한다고 보았다. '여성행동의제 21'은 여성노동의 가치를 완전히 인정하고, 국제무역에서의 인센티브나 지원금을 산정할 때, 그리고 국가회계시스템에서 사회비용을 적용할 때도 이를 포함할 것을 요구했다. 또, 여성들이 평화운동의 주역이었을 뿐 만 아니라 자원사용이나 교통, 독성물질 폐기 등과 같은 문제와 관련한 운동들도 이끌어 왔음을 강조하고, 군사비를 50%로 감축하여 이를 친환경적 목적과 사회적으로 유용한 곳에 재배치할 것을 주장했다. 군대는 전쟁지역과 군사기지, 그리고 그 주변을 정화하고, 자연재해나 인재가 발생했을 때 시민들을 도와야 하며, 자연과 생태계의 피해를 치유하고 관리하는 역할로 전환해야 한다고 지적했다. 이 외에도 핵무기 사용, 쓰레기 배출 그리고 식료품에 대한 방사선 조사 등이 낳는 문제를 지적했다. 효율적인 에너지 사용과 보존을 세계적으로 확산시킬 것과, 태양, 바람, 물과 같은 재생에너지를 확대할 것을 요구했다. 외채문제와 국제무역에 대해서도, 신자유주의가 확산되어 이루어지는 구조조정 정책들을 각 국가 정부들이 이행하면서 정부의 사회적 책임을 아무런 보상이나 지원없이 여성들에게 전가하고 있음을 지적하고, 이를 거부한다는 명확한 입장을 밝혔다. 이 외에도 토지와 다른 자원에 대한 접근에서도 여성들에게 가해지는 차별적 제한을 중단하고, 여성의 노동을 줄일 수 있는 적정기술을 제공할 것을 요구했다. 그리고 소비자로서 여성의 힘을 강조하며, 친환경적 생산 활동에 투자하고 화석연료 에너지 사용을 줄이는 활동들을 장려하였다(WAA21).

'여성행동의제 21'은 젠더관점에서 지속가능한 발전을 달성하기 위한 매우 중요한 지침으로서 이후 10여 년 동안 전 세계 여성들이 국제기관, 정부, 민간부문과 시민사회에서 자신들의 우선권을 주장하는데 도움을 주었으며, 각 국가와 지역에서 UNCED의 권고들을 적용하도록 하는 데 활용되었다. 2002년 '여성행동의제 21'은 '건강하고 평화로운 지구를 위한 여성행동의제 2015(Women's Action Agenda for a Healthy and Peaceful Planet 2015)'로 개정되었다. 이는 2002년 요하네스버그에서 개최된 '지속가능발전에 대한 UN정상회담'을 준비하는 과정에서 WEDO와 브라질 여성NGO인 RECEH(Rede de Desenvolvimento Humano)가 중심이 되어 '여성행동의제 21'을 재검토하고 개선한 것이다. 2002년 1월 말 브라질 포르투 알레그레(Porto Alegre)에서 개최된 세계사회포럼에서 브라질 여성네트워크인 CFEMEA(Centro Feminista de Estudios e Assesoria)는 '플라네따 페메아 II(여성지구, Planeta Fêmea II)' 라는 명칭의 회의를 조직하여 '여성행동의제 2015'를 만들어내는 과정에 도움을 주었다(Corral, 2002). '플라네따 페메아'는 이미 '여성행동의제 21'을 탄생시키는 데도 논의의 장을 마련하는 중요한 역할을 했었으며, 이를 개선하기 위해 전 세계 여성 환경운동의 논의를 결집하는 역할을 수행하였다.

2. 브라질 여성운동의 발전과 환경

브라질에서는 1940년대부터 60년대까지 여성단체들과 여성 관련 활동들이 있었지만 '페미니즘'이라는 용어는 거의 찾아볼 수 없었다(Fundação Getulio Vargas). 독재정권기였던 1960년대와 1970년대의 브라질 시민사회 분위기는 '생존과 저항'이 가장 우선이었다. 당시에는 젠더, 종족, 인종간의 평등이나 성적 지향과 같은 주제는 정치적 사안이 되지 못했다. 1975년과 1978년 사이 브라질의 정치개방기(abertura)에 다양한 분야에서 나타나는 요구와 함께 여성운동에서는 젠더차별문제를 주요 이슈로 삼고, 시민권과 정치권에서 젠더평등을 요구했다. 이러한 활동을 위해 1975년 첫 페미니스트단체인 브라질 여성센터

(Centro da Mulher Brasileira)가 설립되었다.

1980년대 민주화 과정의 하나로 1985년에는 대선과 총선이 직접 선거로 실시되었다. 이 시기에는 페미니스트뿐만 아니라 흑인, 게이, 빈농, 원주민, 환경론자 등 시민사회 운동이 매우 급격하게 증가하였고, 시민권, 민주주의, 평등, 참여 등에 대한 개념도 재정립되었다. 페미니스트들도 이 기회를 국가권력에 침투할 수 있는 계기로 삼아, 입법과 공공정책수립에서도 자신들의 입장이 최대한 반영될 수 있도록 노력했다. 그 결과, 1985년 여성권리국가위원회(Conselho Nacional dos Direitos da Mulher)가 대통령 산하 기구로 설치되었다. 같은 해, 여성경찰들로만 운영되는 여성경찰서(Delegacia de Polícia de Defesa da Mulher)가 세계 최초로 설치되었다. 1988년 헌법에는 노동 및 사회운동, 치안, 사회보장, 재생산권, 가정폭력 등 다양한 페미니스트 단체들의 제안들이 반영되었다. 그러나 이러한 변화들에도 불구하고 브라질 여성들의 정치적 대표성은 크게 개선되지 않다가 1996년 여성할당제가 시행되면서 조금씩 개선되기 시작했다(Moraes 등, 2008).

브라질에서 최초로 환경문제를 다룬 여성단체는 1964년 히우 그란지 두 술에 설립된 ADFG(Ação Democrática Feminina Gaúcha, 가우샤 여성민주주의협회)이다(Pitanguy, 1993). 평등한 기회를 위한 사회변화를 이끈다는 목적으로 만들어졌고 도시지역 빈민촌에서 어린 여성들과 성인여성에 대한 교육을 실시하는 활동을 주로 하였다.[1] 1974년부터 환경보호 활동을 주요 이슈로 추가하고, 환경보호법 입법을 주장하며 농업에 화학물질을 사용하는 것을 반대해 왔다(Dankelman, 2009).

1979년 정치사면이 이루어지면서 유럽으로 추방되었던 정치인들이 브라질로 돌아왔다. 이들 중 상당수가 유럽에서 녹색당과 접촉하

1) ADFG는 브라질에서 가장 영향력 있는 환경단체 중 하나인 '지구의 친구들(Núcleo Amigos da Terra)'로 발전했다.

면서 환경뿐만 아니라 여성권리에 대한 인식을 달리하게 되었다. 그 영향으로 1980년대 초반부터 브라질에서는 환경문제가 정치적 이슈가 되었고 페미니스트와도 밀접하게 연계하는 경향이 나타났다(Pitanguy, 1993). 1985년 전국 고무 추출농 평의회(Conselho Nacional dos Seringueiros)가 브라질 북부 아마존 밀림에서 추출보존구역 프로젝트를 진행하면서 농촌 노동자들도 환경운동에 참여하게 되었다. 1986년부터 녹색당이 설립된 후 노동당과 제휴하여 여성권리 등을 비롯한 다양한 이슈를 다루었지만, 여성운동과 녹색당이 결합되는 것은 아니었다. 1990년 이후부터 환경운동은 원주민, 여성, 흑인, 노동조합 등 다양한 NGO들과 연구소들이 참여하면서 확대되었다. 리우회의가 개최되기 전인 1991년 겨울, 브라질의 NGO포럼에 등록된 NGO는 987개나 되었다. NGO포럼은 그린피스, 지구의 친구들과 같은 국제환경네트워크 뿐만 아니라 제3세계 네트워크와 라틴아메리카의 환경 및 사회네트워크와도 연대하였다(Pitanguy, 1993).

1992년 리우회의 이후 브라질 여성환경운동은 젠더, 환경, 빈곤, 인종, 보건과 같은 문제들을 상호교차적이고 통합적인 관점에서 보기 시작했다. 특히 에코페미니스트들의 입장에서는 자연과 환경보존이 수많은 사회정의문제와 연결되어 있다고 인식했다. 브라질 여성 NGO의 환경활동은 크게 6가지로 분류된다. 첫째, 환경을 시민권의 하나로 인식하고 빈곤과 환경을 여성의 빈곤과 관련된다는 것을 인식하도록 하는 것이다. 둘째, 여성과 환경에 대한 정보센터를 구축하고 대중교육을 확대하고자 했다. 셋째, 학교에서 환경교육을 실시하는 것이며, 넷째, 대안적 기술, 여성과 생태계 관리, 재생산 보건과 피임기술, 인구이슈 등의 다양한 주제의 연구를 독려하는 것이었다. 다섯째, 여성들이 천연자원을 거래하고 관리할 수 있도록 지원하기 위한 공동체기반 활동을 확대해 나갔다. 여섯째, 환경관련 입법을 옹호하는 활동들이었다. 이 외에도 브라질 여성 NGO들은 인구증가가 환경파괴의 요인 중 하나라는 기존의 인식에 대해서도 문제를 제기했다. 군사정권기에 이루어졌던 인구계획정책으로 출산율이 감소하는 결과를 가져왔지만, 이러한 출산율 감소가 삶의 질이나 환경악화를 개선하는 효과와 연결되지 않았다고 보았다. 이에 브라질 여성들은 국제여성NGO와 함께 이러한 인구계획을 위해 자신의 몸에 대한 결정권을 포기하지 않을 것이라고 주장했다. 더 나아가 브라질 여성들은 자신들이 속한 종족, 인종, 계급과 무관하게 높은 출산율은 빈곤의 요인이 아니라 빈곤의 결과이며, 문제의 초점은 인구가 아니라 빈곤의 폭발에 있다고 보았다(Pitanguy, 1993).

1992년 <의제 21>이 브라질 여성들에게 가지는 중요한 의의는 젠더정책 뿐 아니라 모든 정책결정과정에서 여성의 역할이 증대될 수 있을 것이라는 기대였다. 중요한 첫발은 지속가능한 개발정책에 관한 브라질 국가위원회와 1997년 1월 Agenda 21의 출범이었다. 이 위원회는 NGO들과 민간부문의 대표들도 참여하는 초 행정부적인 위원회였다. 여성NGO를 포함한 다양한 당사자들과 사전자문이 이루어졌다. '브라질 의제 21'의 준비과정에서 사회적 불평등 감축, 지속가능한 도시, 과학과 기술, 지속가능한 개발의 하부구조, 토지자원과 농업, 천연자원관리 등 6개의 주요 주제가 논의되었다. 그 결과 의제 21을 국가와 지역으로 확산하기 위한 '브라질 의제 21'이 만들어졌으며 '지역의제 21(Local Agenda 21)'로 연결되었다. '브라질 의제21'은 국내 차원에서 다양한 개발의 요구에 대응하여 사회 및 환경의 요구도 포함시키고 개선하기 위한 중요한 지침을 제공했다(Chaves 등, 2014).

Ⅲ 브라질 여성환경운동의 사례

1. CNS 여성추출농사무국

아마존 여성들은 가족이나 공동체를 유지하기 위해 필수적인 음식과 약을 주로 숲에서 구한다. 또한 숲에서 생산한 상품들을 통해 소득을 증대하는 데도 상당한 성과를 얻고 있다. 그러나 고무수액 채취보존구역 내 토지이용과 숲 관리에 대한 공동체 내 정책 결정 과정은 오랫동안 매우 남성중심으로 이루어졌고, 여성의 참여가 낮았다.

브라질 사회에서 사회운동의 뿌리는 해방신학에 바탕을 둔 기독교 기반 공동체(CEB)에서 출발한다고 볼 수 있다. 1960년대에서 1980년대까지 CEB는 노동조합이 금지되기까지 했던 당시 정치적 환경에서 정부로부터 탄압을 덜 받았다. 한 때 최고 10만 개의 공동체에 500만 명이 참가한 적이 있던 기독교 기반 공동체는 민주화 이후 역할이 감소하기는 했으나 사회운동을 활성화 하고 민주화 이행에 중요한 역할을 수행했다. CEB는 여성들에게는 가정과 공적 공간의 중간지대로서 여성의 참여가 사회적으로 수용되는 공간으로서 많은 여성회원이 참여하였다.

민주화가 이행되는 과정동안 아마존지역을 비롯한 전국에서 다양한 분야에 대한 관심과 목적을 가진 여성단체가 등장했다. 교회에 기반을 둔 CEB가 젠더평등을 목적으로 하기에는 한계가 있음을 인식한 여성들은 다른 사회, 정치단체에 참여하거나 새로운 단체를 만들었다. 그 중 한 예로, '바바슈 코코를 깨는 여성들(Quebradeiras de Coco Babaçu, 이하 QCB)'이 만들어졌다. 이들은 자신들의 생업을 지키기 위해 CNS와 마찬가지로 기업과 지주, 그리고 정부의 차별적 정책에 집단적으로 대응할 목적으로 만들어진 단체다. QCB는 1995년 처음으로 IMQCB(Interstate Movement of Quebradeiras de Coco Babaçu)라는 대규모 아마존여성이 중심이 된 대규모 시위를 전개했으며 북부 4개주에서 수백 명의 활동가가 참여하였다. 여성세력의 중요성을 인지한 CNS는 여성추출농사무국을 설치하고 QCB의 설립자이자 대표인 하이무다 고메스 다 시우바(Raimuda Gomez da Silva, 일명 도나 하이무다)를 영입하였다. 도나 하이무다는 여성 추출농 사무국장으로서 젠더와 교육분야에 외부재원을 유치하는 등의 역량을 보여주었고, 1998년 제5차 CNS총회에서 3년간 재임의 기회를 얻었다. 이 총회에서는 조직 내에 여성의 의견을 더 많이 반영하기 위해 지도부의 30%가 여성으로 채워졌다(Shanley 등, 2011).

그러나 여성지도부는 가사와 육아, 농업, 그리고 고무 채취 등의 생업과 조직의 활동을 병행해야하는 문제에 부딪혔다. 여성에게는 시간과 참여에 대한 동기부여가 부족했다. 여성의 가정에 대한 재정적 기여가 저평가되고, 여성권리에 대한 요구는 묵살되었다. 더구나 아마존지역의 여성들은 시민권이나 정부조직의 기능에 대한 지식이 적어 가정에서 뿐만 아니라 지역, 주, 연방정부 모두에서 참여는 매우 저조했다. CNS여성사무국은 농촌 여성노동자들이 경험하는 이러한 상황을 해결하기 위해서는 여성의 세력화와 여성농민과 추출농에 대한 사회적 인식 제고와 공공정책 변화를 통해 극복 가능하다고 인식했다.

CNS여성사무국은 아마존 전체의 여성추출농을 세력화하기 위해 대화와 교류를 통해 서로의 경험과 문제인식을 공유하고 연대할 수 있는 기회부터 만들었다. 직접적인 젠더이슈를 다루기보다는 기본적인 시민권과 관련된 부분들을 우선적으로 다루었다. 아마존 여성들의 상당수가 정부의 지원이나 시민권을 누리지 못했던 가장 큰 이유는 신분증을 발급받지 못했기 때문이었다. 2003년부터 여성사무국은 파라(Pará)주의 여러 추출 보존지역에서 신분증과 주민등록에 관한 워크샵과 캠페인을 통해 5000여 가구가 신분증을 갖게 되는 성과를 얻었다(Shanley 등, 2011).

전략적으로 선택된 다음 이슈는 보건문제였다. 보건서비스가 열악한 아마존 지역에서는 정부를 대신하여 가족들에게 보건서비스를 제공하는 주체는 여성이었다. 여성들은 보존지역 내에 위치한 숲의 생태와 식생 뿐 만 아니라 약재들의 위치 등 숲에 대한 지식을 축적하고 있었으며, 이를 가족보건을 위해 활용하였다. 보건서비스에 대한 문제제기는 지역과 국가가 이들에 대해 더 많은 관심을 기울이는 계기가 되었고, CNS여성사무국은 국가와 아마존 여성들의 연결고리로서 역할을 했다. 그 결과 2005년에는 보건부의 토지그룹(Grupo da Terra do Ministerio da Saude)에 CNS사무국이 포함되어 다른 NGO들과 함께 농촌지역 보건정책수립에 참여하였다. 그 결과 정책의 명칭에 산촌(Floresta)을 명시한 '산촌 및 농촌 주민 통합보건정책(Política Nacional de Saúde Integral das Populações do Campo e da Floresta, 2013)[2]'이 수립되었다. 이는 농촌지역과는 다른 특징을 가진 산촌지역 주민에 대한 특수성을 인식시키고 그에 따른 정책을 수립하도록 하는 성과를 가져온 것이었다.

이와 같이 CNS여성사무국은 1990년대 중반부터 여성의 소득증대와 토지에 대한 권리획득, 그리고 지속가능한 숲 관리에서 여성의 역할을 증대시키기 위한 노력을 해왔다. 가장 중요한 활동은 교육과 홍보였다. 이들은 아마존 오지 곳곳에서 많은 워크샵을 개최하면서 여성들의 정치적 역할도 동시에 증진하고자 했다. 워크샵의 대상은 여성뿐만 아니라 남성도 포함되었다. 이 과정에서 남성과 여성들의 숲

2) Ministério da Saúde, http://bvsms.saude.gov.br/bvs/publicacoes/politica_nacional_saude_populacoes_campo.pdf

과 목재에 대한 인식이 매우 다르다는 점이 드러났다. 남성들은 목재로 사용할 수 있는 수목들을 주로 경제적 가치가 있다고 생각했지만, 여성들은 영양이나 보건의 측면에서 사용되는 다양한 수종과 식물들의 가치를 높게 보았다. 따라서 숲으로 생계를 유지하는 아마존 공동체에 여성리더가 많이 참여할 때, 숲에 관한 정책결정에서 그들의 이익을 충분히 반영할 수 있으며, 숲의 자원에 대한 균형잡힌, 그리고 지속가능한 결정을 얻을 가능성이 크다(Rivera, 2011).

2. 사우바도르 시 빈민촌 흑인여성운동

최근 브라질 여성환경운동은 단지 환경에 대한 것이 아니라, 보다 폭넓은 권리에 대한 문제를 제기한다. 브라질 동북부의 사우바도르 시의 흑인여성운동은 환경뿐만 아니라 인종적, 종족적, 계급적으로 구조화된 사회질서에 대해 강력하게 문제를 제기하고 있으며 권리, 시민, 국가의 역할에 대한 개념을 확장시키고 있는 대표적인 사례라고 할 수 있다.

바이아(Bahia)주 사우바도르(Salvador)시의 대표적인 빈민촌인 감보아 지 바이슈(Gamboa de Baixo)공동체의 여성단체는 흑인여성들이 사우바도르시 흑인들의 주거조건과 환경조건들을 향상시키기 위해 공동체 운동을 펼쳐왔다. 1992년도 바이아주에서 콜레라가 창궐하여 이 지역에서 많은 희생자가 발생했다. 여성들은 감보아 지 바이슈 제제 거주민 친우회(Associação Amigos de Gegê dos Moradores da Gamboa de Baixo)를 결성하고, 감보아 지 바이슈의 여성들이 수돗물의 오염과 콜레라 발생의 연관성에 대해 관심을 가지도록 라디오 방송을 활용하였다. 그들은 시 당국이 자연수원과 공중 수도 파이프를 통한 물을 비교하여 시험 평가하도록 요구했다. 시험 결과, 시가 제공한 오염된 수

돗물로 인해 콜레라가 발생한 것임을 증명해 냈다. 이후 시 당국이 마을 내에 공동 수도를 건설하도록 만들었다. 이들의 활동은 사우바도르 시에서 대부분의 빈민촌(barrios populares)에 살고 있는 흑인들이 도시계획에 따라 자신들의 거주지에서 밀려나는 상황에 대해서도 집단적 토지 소유권들 주장하는 것으로 확대되었다(Perry, 2009). 이는 아프리카에서 건너온 선조들로부터 수 세대에 걸쳐 일구고 살아온 땅에 대한 법적권리를 주장하고, 도시계획과 토지분배 과정에도 자신들이 참여하고 결정할 권리가 있음을 주장한 것이다.

감보아 지 바이슈의 흑인여성공동체는 여전히 사우바도르 시가 진행하는 다양한 프로젝트로 인해 지속적으로 거주지를 이전하도록 하는 공간적 위협을 받고 있다. 따라서 이 지역 여성활동가들은 도시화와 토지권, 깨끗한 물과 주거환경에 대한 권리를 위해 다른 지역공동체들과 연대하고 있다(Ogunmefun, 2014). 감보아 지 바이슈 여성들은 가족이나 이웃이 희생되는 경험을 계기로 지역운동에 참여하기 시작하였다. 도시계획에 따라 위협받는 자신들의 거주지에 대한 권리와 깨끗한 환경과 물을 제공받을 권리, 그리고 인종이나 사회경제적 계층에 따라 차별받지 않아야 함을 주장하였다. 사우바도르 시의 흑인여성공동체의 운동은 흑인 도시공간에 대한 깨끗한 환경의 요구를 사회, 정치, 경제적 정의와 연결한 운동으로 평가할 수 있다. 페리에 의하면, 흑인 도시공간은 인종적이고, 젠더화된 '지배영역'으로 오랫동안 남아있었던 지역으로서, 흑인여성들의 저항은 브라질 도시들에서 환경적으로 무시되고, 지역에서 축출되고 옮겨지는 형태로 나타나는 '지리적'지배에 대한 저항과 연결되기 때문이다(Perry, 2009).

3. 백만 물탱크 프로그램(P1MC)

브라질 북부지역의 반건조(semi-arid)기후대에는 200만 가구이상이 거주하고 있다. IBGE에 따르면, 브라질 영토의 18.2%에 달하고, 브라질 지방자치단체의 20%가 이 지역에 속한다. 또한 전체인구의 11.84% 정도에 해당하는 2,380만 명 이상이 거주하는 지역이다. 그 중 61.97%는 도시지역에, 그리고 38.03%는 농촌지역에 거주하며, 전체 인구의 41.3%가 0-17세 사이의 어린이와 청소년이다. 이 지역의 사회경제적 불평등은 매우 심각하며, 여성은 더욱 더 취약한 상태다. 브라질 전체 극빈자의 59%가 이 지역에 거주하며 그 중 절반이상이 농촌지역에 거주하고 있다. 이 지역에 거주하는 800만 명 이상이 현금소득이 없거나 정부지원금만이 유일한 소득원인 사람들이다. 이들의 대다수인 60% 가량이 여성이다. 또한 최저임금을 받는 5백만 명 중에서 여성은 47%이다.

이 지역은 강우량이 매우 불규칙하여 깨끗한 식수에 대한 접근이 쉽지 않다. 여성들은 가정을 돌보기 위해 필수적인 물에 대한 관리와 책임을 맡고 있다. 여기에는 우물에서 물을 길어오는 일에서부터 식수, 요리, 청소, 빨래, 육아를 위해 필요한 물공급, 정원과 가축을 돌보기 위한 물까지도 포함된다. 하지만, 물에 대한 접근을 가능하게 하는 물관리 프로그램과 관련한 정책 결정 과정에는 여성이 거의 참여할 수 없다(Moraes 등, 2013). 그리고 관개시설이나 물 관리를 위한 결정은 남성의 일이라고 생각하는 젠더편견은 여성을 근원적으로 배제하도록 만들었다.

백만 물탱크 프로그램(P1MC, Programa Um Milhão de Cisternas)은 브라질 동북부의 반건조기후대 지역에서 1백만 가구에 물탱크를 설치하겠다는 프로그램이다. 이 프로그램은 물 관리 분야에 여성들이 수혜자이자 결정자로서 참여하게 된 사례이다. 물탱크 건설 프로젝트에 여성들의 참여가 처음으로 이루어진 지역은 페르남부쿠(Pernambuco)주의 아포가두스 다 잉가제이라(Afogados da Ingazeira)와 히우 그란지 두 노르찌(Rio Grande do Norte)주의 모소로(Mossoro), 세아라(Ceará)주의 포르탈레자(Fortaleza)이다.

브라질은 세계 담수의 12%를 가지고 있지만, 수자원은 전 국토에 걸쳐 골고루 분포되어 있지 않다. 브라질 동북부와 같이 반건조지역에는 2500만 명이상이 거주하고 있으며, 이들은 불규칙적인 강우로 인해 잦은 가뭄과 홍수의 피해를 입고 있다. 정부의 개발정책은 위기상황에 대처하는 정도에 그치기 때문에 근원적인 어려움을 해결하기에는 역부족이었다. 이에, 1999년 브라질 동북부 10개주의 NGO들과 여러 시민단체들은 ASA(브라질 반건조지역 연대, Articulação Semi Arido Brasileiro)를 함께 결성하고 '반건조지역 선언'을 통해 사막화방지를 위한 방법의 하나로 반건조기후대 내에서 인간과 자연의 공존을 제시했다. 이 선언에서는 6개의 주요 전략들이 제시되었고, 개발과정에서 여성과 청소년들을 포함할 것이 중심을 이루었다. 여성들이 농촌노동력의 40%를 차지하고 있으며, 매일 평균 18시간을 일하고 있고, 어린여성의 절반이상이 10세에 일을 시작하며, 여성의 대부분이 가정의 물 사용에 대한 책임을 지고 있다는 점을 인정했다.

물탱크를 설치할 가구를 선정하는 기준은 여성들에게 우선적인 혜택이 돌아가도록 마련되었다. 1) 여성가장여부 2) 자녀의 수 3) 취학연령 자녀유무 4) 65세 이상 성인 유무 7) 신체적 정신적 장애인 유무가 주요 선정기준이었다. 이러한 기준은 분명히 여성의 물접근권을 향상시키기 위한 것이었지만, 여전히 여성들은 물탱크 설치에 대한 결정에 참여하지 못했다.

페미니스트 NGO인 '북동부 여성의 집(Casa da Mulher do Nordeste)'은

ASA모임에서 노동에 대한 젠더구분으로 인해 여성이 P1MC프로그램의 결정과정이나 교육과정에서 소외되고 있는 상황에 대해 강력하게 문제제기를 하였다. 가령, 물탱크 설치에 대한 결정이 이루어지는 지자체 위원회의 지도부가 남성들로 구성되어 있으며, 여성들은 거의 참여하지 못하고 있다고 지적했다. 물론 물탱크를 설치하는 과정에서도 여성들이 배제되어 있었다. 물탱크를 설치하기 위해 소요되는 시간이 일주일 정도인데 이를 설치하는 사람은 주로 지자체가 선정한 기술을 가진 남성들이다. 이들은 탱크 한개를 설치할 때마다 약 100달러에 달하는 인건비를 받지만, 여성들에게는 물탱크 설치와 관련한 기술교육의 기회조차 주어지지 않는다는 것이었다. 이러한 문제 제기에 따라 여성들을 위한 교육과정이 빠제우(Pajeú)지역에 처음으로 개설되었다. 하지만 교육과정을 이수한 여성들을 지자체가 고용하지 않았고, 여성은 여전히 물탱크 설치에서 소외되었다. 이에 페미니스트 NGO들은 기술교육을 받은 여성들에게 다른 지역 여성들을 대상으로 교육을 할 수 있는 기회를 부여하고, NGO의 지원을 받아 물탱크를 일부 설치하기도 했다.

모소로지역의 여성 물탱크설치자들은 다른 NGO인 CF8(8 de Marqo)와 연대하여 농촌여성단체들이 공동으로 물탱크 설치 프로그램의 전 과정에 참여할 수 있도록 요구하였다. 또한 '북동부 여성의 집'을 모범으로 삼아 물탱크 설치기술교육을 실시하였다. 하지만 궂은 날씨나 가정에서 여성의 부재로 인한 불만 그리고 이들이 여성이기 때문에 물탱크 설치를 잘 하지 못할 것이라는 불신 등으로 인해 총 11명의 여성이 등록하였지만 9명만이 끝까지 교육과정을 이수할 수 있었다. 포르탈레자 지역에서도 '까사 릴라스(Casa Lilas)'는 다른 지역으로부터 이미 교육을 받은 여성을 초청하여 새로운 물탱크설치자 교육을 진행하였다. 포르탈레자에서는 젠더평등 뿐만 아니라 여성리더십에도 관심을 가지고 있던 에스쁠라르(Esplar)라는 NGO가 프로그램을 운영하였으며, 그 결과 소지역위원회에서 여성이 15%를 차지하는 성과를 가지고 왔다(Moraes 등, 2013). P1MC프로그램은 물 관리 분야의 여성 참여확대가 소지역 위원회 뿐만 아니라 지자체 및 지역 위원회 수준의 참여확대로 연결 될 수 있게한 사례이다.

IV 맺음말: 브라질 여성환경운동의 확산전략

앞서 III장에 제시된 사례들 외에도 브라질 여성환경운동의 사례는 무수히 많다. 브라질 남부의 포르투 알레그리(Porto Alegre)에서 재생 쓰레기를 수거하고 재활용하는 프로젝트는 환경문제의 해결뿐만 아니라 여성들에게 새로운 경제적 소득원을 제공함으로써 지속가능성에 상당한 기여를 하는 매우 모범적인 사례로 알려졌다. 여기에 참여한 여성들은 학교와 다른 사회단체 등에서 강연을 통해 이러한 사례를 확산시켰다(Corral, 2002). 아마존 지역의 원주민 여성들은 유칼립투스 조림지 조성으로 인해 생물다양성이 훼손되어 '녹색사막'으로 변해가는 상황이나, 목축이나 기타 단일 상품경작을 위해 이루어지는 벌목, 그리고 댐 건설 등에 대해서도 적극적인 대응을 해 왔다(Land, 2016).

지역수준의 풀뿌리 여성단체와 전국 단위의 여성단체, 그리고 국제NGO들의 적극적인 교류와 상호지원은 지속적인 여성환경운동을 가능하게 하고 있다. 이러한 상호지원에는 다양한 수준의 거버넌스에 여성을 참여시키기 위한 역량강화가 필요했고, 많은 여성들의 참여를 독려하기 위해 소통과 동원화가 필요했다. 리우 데 자네이루에 있는 NGO인 REDEH는 지역거버넌스에 여성들을 참여시키기 위한 역량수립훈련 프로그램을 진행하였다. 공공부문, 민간부문 그리고 민간비영리부문에서 프로그램 대상자를 선발하여 프로그램 내용이나 수준에 따라 정책, 기획, 자원배치, 협상, 컴퓨터, 데이터 활용 등에 대한 교육을 실시했다. 교육은 상호활동과 그룹학습을 병행하여 진행되었다. 이러한 교육방식은 공동체 문제에 여성들이 참여할 때 어떠한 자원이 필요한 지에 대한 인식을 명확하게 하고, 환경과 지속가능한 발전에 대한 여성개입을 증대하는데 매우 효과적이었다.

여성들의 동원화와 적극적인 참여를 유도하기 위해 기본적으로 필요한 것이 다양한 정체성을 가진 여성들의 공감을 얻어내는 것이었다. 엘리트 자원이 활용될 수 있는 NGO와 대학 등에서는 다양한 사례들을 연구하여 보고서를 작성했고, 이를 교육자료로 활용하였다. 미디어 사용은 직접적으로 교육활동에 참여하지 못하는 여성들을 변화시키기 위해 사용된 매우 중요한 수단이었다. 아마존 지역과 같이 교통편이나 매체들의 활용이 수월하지 않은 곳에는 단파를 이용한 라디오가 적극적으로 활용되었다. CEMINA(Comunicação, Educação e Informação em Gênero)는 1990년부터 리우 데 자네이루에서 방송을 시작했으며, 여성들의 네트워크를 활성화하고 동원화하는 매우 중요한 역할을 수행했다. 대표적인 예로 '자연여성(Natureza Mulher)'라는 프로그램은 강으로만 연결되는 아마존 곳곳의 여성들로부터 서로의 상황과 현실을 공유하고 문제 해결을 모색하는 소통의 장으로서도 활용되어왔다(Corral, 2002).

2014년 UN생물다양성회의(CBD)에서 2015-2020 젠더행동계획(Gender Plan of Action)이 채택되었다. 이에 브라질정부는 2016년 '국가생물다양성전략과 행동계획(NBSAP)'을 마련했는데, 이 계획서의 1장에 여성이 환경보존과 생물다양성보호에서 매우 중요한 역할을 하고 있음을 명확히 하고, 이를 위한 전 과정에서 여성의 참여가 필수적이라고 명시했다. 또한, 다양한 여성의 요구에 따라 환경보전 활동을 통한 이익도 여성들에게 돌아갈 수 있도록 하였다(Ministry of Environment, 2016). 2016년 NBSAP에서 여성이 핵심행위자로 거론된 것은 NBSAP를 준비하는 과정에서 시민사회와 여성단체들의 목소리가 적극적으로 반영되었기 때문이다. 이는 2012년 NBSAP에서 여성이 전혀 고려되지 않았음을 감안한다면, 여성환경운동이 커다란 성과를 얻은 것으로 볼 수 있다.

브라질 여성환경운동은 일상의 환경운동에서 시작하여 지역사회와 국가수준으로까지 여성의 정치 사회적 참여공간을 확대하는 효과도 가지고 왔다고 볼 수 있다.

참고문헌

박영미, 2005: 생태여성주의에 관한 논의, 한국자치행정학보, 19(2), 81-99.

Chaves, Gisele de Lorena Diniz, Jorge Luiz dos Santos Jr. and Sandra Mara Santana Rocha, 2014: The Challengs for Solid Waste Management in Accordance with Agenda 21: A Brazilian Case Review, Waste Management and Research, 32(9), 19-31.

Corral, Thais, 2002: Women's Perspectives on Sustainable Development in Brazil. https://www.eolss.net/sample-chapters/C16/E1-58-22.pdf

Dankelman, Irene, 2009: "Women: Agents of Change for a Healthy Environment." http://aaws07.org/english3/speech/5.2.IreneDankelman.pdf

Eaton, Heather, 2005: Introducing Ecofeminist Theologies. London and New York, NY: T&T Clark International.

Gaard, Greta, 2011: Ecofeminism Revisited: Rejecting Essentialism and Replacing Species in a Material Feminist Environmentalism, Feminist Formations, 23(2), 26-53.

Fundação Getulio Vargas(FGV)http://www.fgv.br/cpdoc/acervo/dicionarios/verbete-tematico/movimento-feminista

Land, Graham, 2016: Climate Change, Indigenous Women and the Fight to Save the Amazon, (3) March. http://wafmag.org/2016/02/climate-change-indigenous-women-fight-save-amazon/

Ministério de Saúde, 2013: Política Nacional de Saúde Integral das Populações do Campo e da Floresta. http://bvsms.saude.gov.br/bvs/publicacoes/politica_nacional_saude_populacoes_campo.pdf

Ministry of Environment, 2016: National Biodiversity Strategy and Action Plan, https://www.cbd.int/doc/world/br/br-nbsap-v3-en.pdf

Moraes, Andrea and Cecilia Rocha, 2013: Gendered Waters: the Participation of Women in the 'One Million Cisterns' Rainwater Harvesting Program in the Brazilian Semi-Arid Region, Journal of Cleaner Production, 60(1), 163-169.

Moraes, Andrea and Patricia E. Perkins, 2008: Women and Deliberate Water Management in Brazil,http://www.yorku.ca/siswater/Outputs/Salleh%20book%20paper%20FINAL.pdf

Nogueira-Godsey, Elaine, 2013: The Ecofeminism of Ivone Gebara, Thesis presented for Ph.D Univ. of Cape Town, November.

Ogunmefun, Catherine, 2014: Book Review: Black Women against the Land Grab: The Fight for Racial Justice in Brazil. Journal of International Women's Studies, 15(1), 230-233.

Perry, Keisha-Khan Y., 2009: "If We Didn't Have Water": Black Women's Struggle for Urban Land Rights in Brazil, Environmental Justice. March, 2(1), 9-14.

Pitanguy, Jaqueline, 1993: To Rio and Beyond: The Case of Brazil, INSTRAW News, (9), 11-21.

Rivera, Rachel, 2011: Brazilian Women Push for Greater Role in Managing Forest Reserves, CIFOR(Center for International Forest Reserch) Forest News (20/Oct/2011)

Shanley, P., Da Silva, F. and Macdonald, T., 2011: Brazil's Social Movement, Women and Forests : A Case Study from the National Council of Rubber Tappers, International Forestry Review 13(2): 233-244.

Women Action Agenda 21, 1991: http://www.earthsummit2002.org/es/inter-agree/Women%20%26%20Sustainable%20Development%20Resources/Women%27s%20Action%20Agenda%201991.pdf

스마트그리드 분야 한-카리브 협력의 필요성과 그 방향

전주람(한국외국어대학교 국제지역대학원 국제지역학과)

I 서론

2016년 스위스 다보스에서 열린 제46차 세계경제포럼(World Economic Forum)에서 "4차 산업혁명"이라는 주제를 제시한 이후, 이와 관련된 분야에 대한 세계적 관심이 본격적으로 증가하고 있다. 혁명은 '이전의 관습이나 제도, 방식 따위를 단번에 깨뜨리고 질적으로 새로운 것을 급격하게 세우는 일'을 말한다(표준국어대사전). 지금까지 우리는 세 번의 산업혁명 즉, 18세기 증기기관의 등장으로 인한 1차 산업혁명, 전기 동력이 유입된 2차 산업혁명, 디지털화, 자동화의 특성을 갖는 3차 산업혁명을 경험해왔다(산업연구원, 2017). 4차 산업혁명 시대는 3차 산업혁명을 통해 이룬 디지털 기술을 바탕으로 생물학, 물리학 등 다양한 학문의 경계가 허물어져 융합하는 기술융합혁명의 시대를 말한다. 기존의 산업혁명과는 비교할 수 없을 정도로 빠르게 변화한다는 것이 4차 산업혁명의 특징이다(클라우스 슈밥, 2016).

4차 산업혁명으로 인한 변화는 우리 생활에 많은 편리함을 제공할 것으로 기대된다. 그러나 동시에 전력과 식수의 공급도 제대로 이뤄지지 않고 있는 개발도상국들이 이러한 기술 혁명에 적절하게 대응할 수 있을 것인가에 대한 우려도 제기되고 있다. 개발도상국들은 기술의 부족으로 발전 단계에서 뒤처지게 될 뿐 아니라, 기존에 세계 경제 체계에서 갖고 있던 강점마저 빼앗기고 있다. 세계 경제에서 개발도상국들은 저렴한 생산 비용을 이점으로 참여해 왔으나, 선진국들이 이제 기술을 통한 비용 절감을 추구하게 된 것이다(Ibid).

다행히도 이러한 기술의 혁명은 기존에 발견하지 못했던, 또는 알고 있어도 해결할 수 없었던 부정적인 외부 효과를 파악하고, 이를 해결하는 과정에서 잠재적인 성장을 촉진할 수도 있다. 개발도상국들은 기술 혁명의 이점을 적극 활용하여 그들이 직면한 문제를 해결하고 성장하는 방향으로 대응해야 할 것이다. 이를 위해 국가별로 가장 해결이 시급하고, 기술적으로도 비교적 접근이 가능한 분야에서부터 대응을 시작해야 할 것이다. 또한, 기술 선진국들은 개발도상국들의 적절한 대응을 위해 협조해야 할 것이다. 세계경제포럼의 회장인 클라우스 슈밥(Klaus Schwab)은 개발도상국이 기술 혁명에서 뒤처지지 않게 하는 일은 국제적 불안정을 감소하기 위한 중요한 목표라고 하였다(Ibid).

군소도서개발국(Small Island Developing States, SIDS)들은 고립된 전력망과 전력 손실의 문제 등으로 인해 다양한 에너지 문제들을 겪고 있다. 특히, 카리브 지역은 에너지 의존도가 아주 높아 에너지 문제로 인한 피해가 크며, 이에 대한 해결이 시급한 상황이다. 역사적으로 산업혁명은 주로 에너지 분야의 발전을 바탕으로 발생하였다. 1차 산업혁명은 석탄을 활용한 증기기관의 발전으로, 2차 산업혁명은 석유와 전기를 도입한 전기 동력의 발전으로, 3차 산업혁명은 신재생에너지활용을 중심으로 발전해 왔다. 반면, 4차 산업혁명 시대는 새로운 에너지원의 등장이 아닌, 기존 에너지기술과 새로운 기술의 융합이 주도하게 될 것이다(산업연구원, 2017). 화석연료와 수입에너지에 의존적이며, 섬지역이라는 특성으로 인해 에너지 수급의 비효율성 문제를 갖고 있는 카리브지역은 재생에너지 개발 및 에너지 효율성 증진을 위해 많은 노력을 해 왔다. 그러나 증가하는 에너지 수요에 비해 재생에너지원 에너지의 활용 및 에너지 효율성 분야의 개발이 아직 미흡한 실정이다(Ochs et al., 2015). 또한 재생에너지원 에너지의 경우 자연 여건에 따라 수급이 불안정해질 수 있기에 스마트미터의 활용 등 전력분야의 지능화를 시도하고 있지만, 아직 그 범위가 일부에 한정되어 있는 실정이다. 따라서 재생에너지와 에너지 효율성 강화에 대한 융합적인 대응이 필요해 보인다. 즉, 카리브 지역의 경우 빠르게 발전하는 기술을 활용하여 에너지 분야의 문제를 해결하고 이를 통한 지역의 사회·경제적 성장도 기대해 볼 수 있을 것이다.

한국의 경우 신재생에너지 개발 분야에 있어서는 선진국에 비해 조금 늦은 편이다. 그러나 IT 기술 분야의 앞선 발전을 바탕으로 스마트그리드 관련 분야를 개발 중에 있다. 2010년 스마트그리드 국가로드맵을 수립 및 발표하여 시범단지 구축, 광역단위를 거쳐 국가단위 스마트그리드 구축을 위한 단계적 목표를 실행해 나가고 있다(지식경제부, 2010). 이러한 한국의 스마트그리드 기술의 융합적 활용 경험은 카리브 지역의 스마트그리드를 활용한 에너지 문제 해결에 기여할 수 있을 것으로 기대된다.

따라서 여기서는 먼저, 카리브지역이 직면하고 있는 에너지 문제들과 이를 해결하기 위한 역내 국가들의 노력과 한계를 살펴보고자 한다. 또한, 한국의 스마트그리드 기술의 강점과 한국의 에너지 분야 협력 사례를 살펴봄으로써 카리브 지역 국가들의 에너지 문제 해결을 위한 한-카리브 스마트그리드 분야 협력의 필요성과 그 방향을 검토해 보고자 한다.

II 카리브 지역의 에너지

1. 카리브 지역의 에너지 문제

카리브 지역은 북미와 중동 다음으로 일인당 에너지 소비가 많은 지역이다(그림1). <그림 1>에서 카리브 지역과 유사하게 섬 국가들로 구성된 오세아니아의 경우에도 에너지 소비가 높은 편이지만, 본 연구에서 활용한 데이터에는 호주와 뉴질랜드 등 규모가 큰 국가들의 데이터만 포함되어 있다는 점에서 도서국이자 개발도상국인 카리브 지역 국가들의 에너지 소비가 유사한 여건의 다른 지역 국가들에 비해 상당히 크다는 것을 알 수 있다.

카리브 지역은 에너지 수입 의존도 또한 높은 편이다. 지역별로 비교해 보면, 카리브 지역은 유럽 외에 유일하게 에너지 수입이 수출보다 많은 지역이다(그림2). 천연가스 등을 많이 보유하고 있어 에너지 순수출 비중이 높은 트리디다드토바고와 수리남의 영향을 제외하면 순수입 비중은 사실상 더 커질 것으로 예상된다. 도서국들은 고립된 지리적 특성으로 인해 에너지 수입 시 전기 관세가 세계 평균보다

<그림 1> 지역별 일인당 에너지 소비(석유환산, kg, 2014)

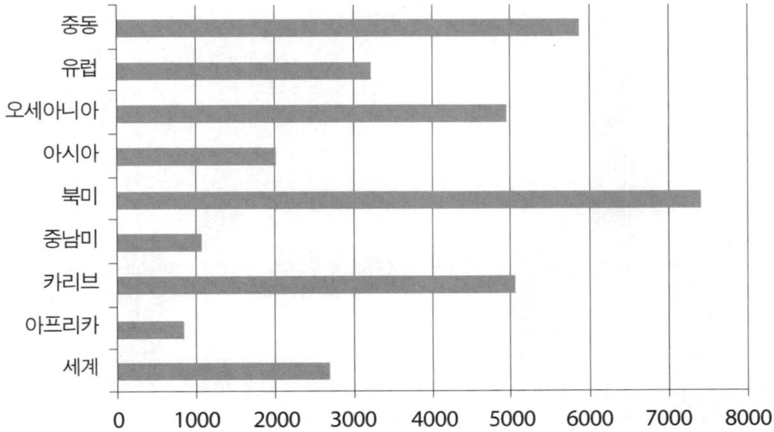

자료 : World Bank

높게 부과된다. 예를 들어, 도서국들의 상업 전기 관세는 0.33/kWh-0.44/kWh 달러 정도로 이는 EU 평균인 0.26/kWh 달러에 비해 월등히 높게 설정되어 있다(IRENA, 2014).

화석연료 사용 비중도 높은데 세계은행 자료에 따르면, 2014년 카리브 지역의 전체 에너지 사용량 중 화석연료 사용량은 약 79%로, 세계 평균인 68.6%보다 10% 이상 높았다. 이는 라틴아메리카(65%), 아시아(73.8%), 오세아니아(76.6%), 유럽(69.8%)보다 높은 수준으로, 중동(98.7%)에 이어 두 번째였다.

섬 지역이라는 지리적 제약과 기반시설의 노후 및 전기 절도 등으로 인해 에너지 송·배전 시 손실 전력의 양도 아주 크다(Ochs et al., 2015). 2014년 전력 송신 및 배급 시 손실 정도를 보면 아프리카 다음으로 높은 정도의 손실이 발생하고 있다(그림3). 총 생산 전력의 20% 이상이 손실되면서 가격 불안정에 더해 전력 소비자의 부담을 가중시키고 있다.

<그림 2> 지역별 에너지 사용 중 순수입 비중(%, 2014)

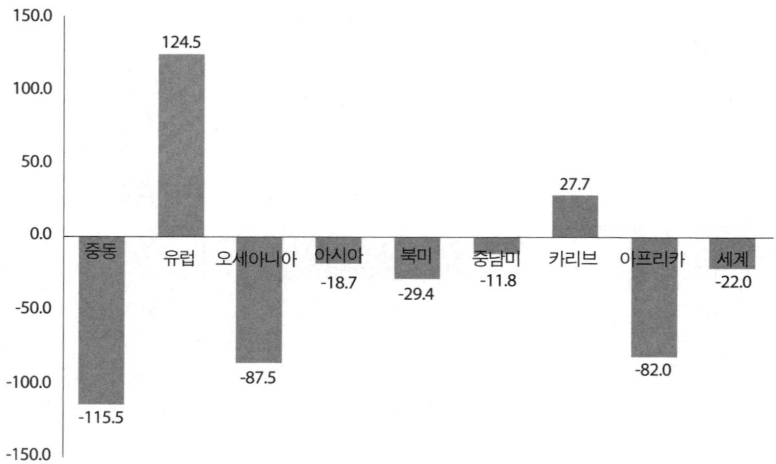

자료 : World Bank

<그림 3> 전력 생산량 대비 송·배전 시 손실 비중(%, 2014)

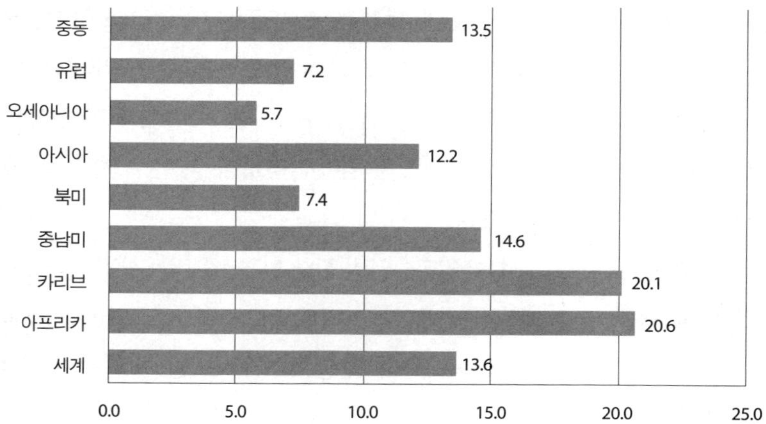

자료 : World Bank

이러한 수입 화석 에너지원에 대한 높은 의존율과 이로 인한 가격 불안정, 높은 전기관세, 전력 송·배전 시 손실로 인한 전력 수급 불안정과 가격 비효율성 등은 지역의 경제 성장 및 사회 발전을 저해할 수 있다. 국제통화기금(International Monetary Fund, IMF)의 보고서에 따르면 높고 불안정한 에너지 가격은 교역조건(terms of trade) 악화 등으로 인해 지역 경제에 크게 영향을 미칠 수 있다. 실제로 카리브 지역의 경우 지난 10년 간 높은 원유 가격은 거시 경제적 불안정에 영향을 미쳤으며, 국가 경쟁력 축소도 야기했다(IMF, 2016).

또한 에너지 문제는 지역 주민의 삶과도 직결된 문제인 만큼 에너지 수급의 불안정은 지역주민의 건강과 환경에도 심각한 영향을 줄 수 있다(Ochs et al., 2015). 국제 유가 상승으로 인한 에너지 가격 상승과 이로 인한 물가 상승은 관광과 무역에 의존하고 있는 지역 경제에 부정적인 영향을 미치게 될 것이다.

지금까지 살펴본 카리브 지역의 에너지 문제는 기술, 경제, 사회, 환경적 측면에서 다음과 같이 정리해 볼 수 있다. 사회·경제, 환경의 세 가지 측면으로 정리 해 볼 수 있다(Ibid).

- 기술 : 고립된 그리드, 작은 발전용량, 장비 노후화 등으로 인한 비효율적 에너지 사용 및 에너지 수요 불충족
- 경제 : 높은 전기관세, 가격 불안정으로 인한 경제적 손실
- 사회 : 전력 손실, 높은 에너지 가격으로 인한 에너지 빈곤, 에너지 분야 저발전으로 인한 투자 및 고용 기회 상실
- 환경 : 화석 연료 사용으로 인한 환경오염, 생태계 파괴 및 자원 고갈, 기후 변화에 부정적 기여

2. 지속가능한 에너지 개발 노력 및 한계

카리브 지역 국가들은 풍부한 재생에너지 발전 잠재력을 갖고 있다. 풍력 및 태양 에너지 자원이 풍부하며, 바다에 둘러싸여 있어 파력 및 조력 에너지 발전의 잠재력이 있다. 화산지대 섬 국가들의 경우 지열 발전의 가능성 또한 갖고 있다. 이에 따라, 대부분의 국가들이 국가 에너지 전략을 보유(개발 또는 실행)하고, 분야별로 재생에너지 발전을 위해 노력하고 있다(Ochs et al., 2015).

예를 들어, 벨리즈, 아이티, 수리남은 상당한 비중의 전력을 수력 발전으로 생산하고 있다. 벨리즈는 수력 발전 외에 현대 바이오매스에도 의존하고 있으며, 자메이카는 풍력 발전 개발에 주력하고 있다.

<표 1> CARICOM 회원국의 재생에너지의 비중(2015)

국가	발전량 중 재생에너지 비중(%)
앤티가바부다	0.7
바하마	0
바베이도스	2.3
벨리스	58.2
도미니카	28.6
그레나다	1.4
가이아나	14.4
아이티	16.0
자메이카	7.8
몬트세랫	0
세인트루시아	0.2
세인트키츠네비스	5.7
세인트빈센트그레나딘	12.2
수리남	46.1
트리니다드토바고	0.005
CARICOM 전체	7.9

자료 : Ochs et al.(2015)에서 부분 인용(p.41)

그 외 바베이도스, 가이아나, 세인트키츠엔네비스, 세인트빈센트그레나딘 등은 태양 에너지로의 전환 움직임을 보이고 있다. 또한, 재생에너지의 사용을 전력 생산외의 분야에 확대하여 적용하고 있다. 바베이도스는 태양열 온수기(solar water heater) 분야를 선도하고 있으며, 농업에 의존적인 많은 국가들이 농업폐기물을 활용하여 농업 분야와의 시너지 효과를 내고 있다(Ochs et al., 2015). 그러나 카리브 각 국의 재생에너지 목표 설정과 에너지 문제 대응을 위한 다양한 정책에도 불구하고, 실제 재생에너지 발전 용량은 그 잠재력에 비하여 미흡한 실정이다(표1).

재생에너지 개발만으로는 지역의 증가하는 에너지 수요를 충족시킬 수 없다. 또한, 자연 자원을 활용하여 에너지를 발전하는 재생에너지의 경우에는 가뭄이나 홍수 등 자연 여건에 의해 에너지의 안정적인 수급이 어려워질 수 있다. 따라서 재생에너지의 보급을 활성화하기 위해서는 재생에너지를 유연하게 전력망에 연결시킬 수 있는 스마트한 시스템을 구축할 필요가 있다(지식경제부, 2010).

Ⅲ 한-카리브 스마트그리드 현황

1. 스마트그리드 개념과 주요기술

스마트그리드(Smart Grid)란 기존의 전력망(grid)에 ICT 기술(smart)을 접목하여, 실시간 전력 정보를 공급자와 소비자가 양방향으로 교환함으로써 에너지 효율을 최적화하는 차세대 전력망을 말한다. 즉, 공급자 중심의 일방향적이고 폐쇄적이었던 기존의 전력망에 ICT 기술을 도입하여 실시간정보교환을 가능하게 하며 공급자와 수요자의 양방향적이고 개방적인 전력 서비스를 제공하는 것을 말한다. 이에 따라 네트워크와 다양한 비즈니스 협력이 보다 강화된 모델을 만들 수 있게 된다(지식경제부, 2010).

스마트그리드 기술은 발전에서부터 송전, 배전, 소비에 이르기까지

<그림 4> 스마트그리드 개념

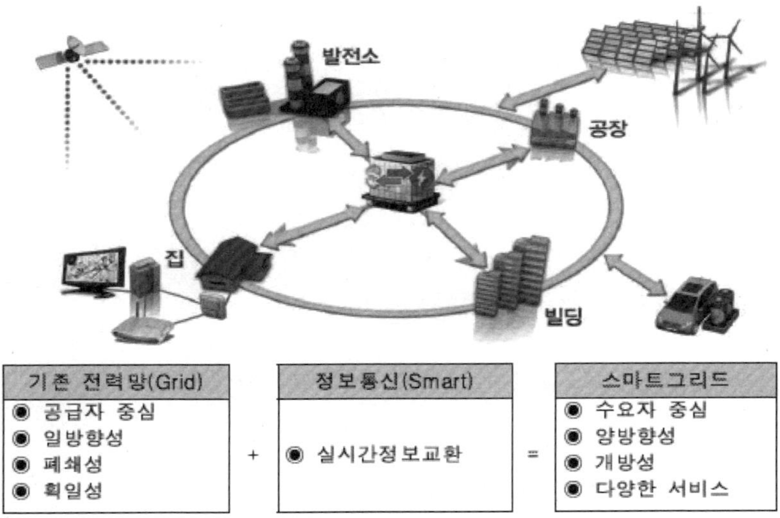

자료 : 지식경제부(2010)에서 직접 인용(p.1)

전력시스템의 전 분야에 걸쳐 적용가능하다(한국과학기술기획평가원, 2011).

<표 2> 스마트그리드 기술

기술 영역	내용	하드웨어	시스템 및 소프트웨어
광역 모니터링 및 제어	발전과 송전의 영역에서 전력시스템 요소와 성능을 실시간으로 모니터링 및 제어	위상측정기(PMU) 기타 센서 장비	SCADA(집중 원격감시 제어시스템) WAMS(광역전력계통 감시시스템)
정보통신 기술 통합	효율적 전력망 운영을 위해 통신 네트워크 및 관련 장비, 컴퓨팅, 시스템 제어 소프트웨어 등 활용	통신장비, 라우터, 교환기, 컴퓨터 등	ERP(전사적자원관리) CIS(고객정보시스템)
재생에너지 및 분산발전 통합	재생에너지 및 분산발전의 계통연계 및 제어	발전제어 장치, 저장장치 등	EMS(에너지관리시스템) GIS(지리정보시스템)
송전망 고도화	송전 효율성 향상 및 추가 투자규모 축소	초전도체 (superconductor) FACTS(유연송전시스템) HVDC(고압 직류송전시스템)	네트워크 안정성 분석, 자동복구시스템 등
배전망 관리	센싱 및 자동화를 통해 정전 및 복구시간 축소, 전압 유지, 자산관리 기능 향상	자동 리클로저 (re-closer), 원격제어 분산발전 및 저장, 변압기 센서, 케이블 센서	DMS(배전관리시스템) OMS(정전관리시스템) WMS(인력관리시스템) 등
첨단계량 인프라(AMI)	수용가와 전력회사 간의 양방향 데이터 통신을 통해 에너지효율을 제고, 에너지 네트워크 운영 효율성 및 신뢰성 향상	스마트미터, 가정 내 디스플레이, 서버 등	MDMS(계량데이터 통합관리 솔루션) 등
전기자동차 충전 인프라	전력망 부하 수준에 따라 G2V (grid-to-vehicle)와 V2G(vehicle-to-grid) 원활 운영	충전 인프라, 배터리, 인버터 등	에너지빌딩, 지능형 G2V 및 V2G 소프트웨어
고객 측시스템	산업, 상업, 가정 부문 고객의 전력소비를 관리하기 위해 에너지관리시스템, 에너지저장장치, 스마트가전, 분산발전원 활용	스마트가전, 라우터, 가정 내 디스플레이, 건물자동화 시스템 등	에너지 대시보드 에너지관리시스템 에너지관리용 앱(App) 등

자료: IEA, 2011 / 한국과학기술평가원(2011)에서 재인용(p.7). 저자 재배열

2. 카리브 지역의 현황

에너지 효율성 강화 및 재생에너지 발전을 위해 카리브의 여러 국가들이 스마트 에너지 기술 도입 노력을 하고 있다. 바베이도스 정부는 Energy Smart Fund를 설치하여 재생에너지와 에너지 효율성 프로젝트의 재정 및 기술 부분을 지원하고자 하였다.[1] 도미니카 연방은 섬의 유일한 전력 공급원인 DOMLEC(Dominica Electricity Service Ltd.)을 중심으로 가정마다 스마트미터를 설치하기 시작하였다.[2] 가이아나도 2013년부터 IADB(Inter-America Development Bank)와 GP&L(Guyana Power and Light)의 금융 지원을 바탕으로 스마트미터와 기타 AMI 설비를 도입하기 시작하였다.[3] 벨리즈는 2017년에 5월 Cayo District의 La Gracia 마을에 Smart Solar Grid Energy 프로젝트를 시작하였다. 이 설비를 통해 45가구에 전력을 공급할 수 있을 것으로 예상되며, 미래의 수요를 충족하기 위해 그 양이 점차 증가할 것으로 예상 된다.[4]

도미니카공화국은 전기 절도와 시설 노후화 등으로 인해 전력 손실이 심각한 상황이며, 이에 대응하기 위해 국유기업과 민간기업 모두 스마트미터의 도입을 시도하고 있다. 또한, 소비지에서 전력을 생산하는 분산 발전 기술도 도입하고 있으나, 디젤 발전기를 활용하고 있다는 한계가 있다(Konold, 2015). 자메이카는 과학기술에너지광물부

1) http://www.energy.gov.bb/web/energy-smart-fund
2) http://dominicanewsonline.com/news/homepage/news/business/smart-meters-safe-domlec/
3) http://guyana.hoop.la/printer-friendly-topic/itron-tantalus-selected-for-guyana-smart-meter-project
4) https://ambergriscaye.com/forum/ubbthreads.php/topics/523652/la-gracia-smart-solar-grid-energy-project.html

(Ministry of Science, Technology, Energy, and Mining, MSTEM)를 중심으로 에너지 안정성 및 효율성 강화 프로젝트를 착수하였다. 이 프로젝트에서 제안한 자메이카 스마트에너지 로드맵에서는 네 개의 우선 분야를 선정하고, 선진 정보기술과 세계적인 성공 사례 등을 적용함으로써 자메이카의 에너지 비용과 소비를 감소하고자 하였다. 4개의 우선 분야는 1) 스마트그리드 로드맵, 2) 스마트 빌딩, 3) 물과 에너지 효율성, 4) 고객 관리 프로그램이다. 우선 분야를 바탕으로 국가 에너지 정책 내 스마트그리드 계획의 필요성 분석, 손실 관리, 지능형 에너지 기술의 적용, 프로그램 도입 등 점진적으로 그 범위를 확대하고자 한다(그림5)(IBM, 2013).

카리브 국가들은 이와 같이 그들이 직면한 에너지 문제 해결을 위해 신재생에너지의 개발 뿐 아니라, 이를 보다 효율적으로 활용할 수 있도록 하는 스마트에너지 기술도 적극적으로 도입하려고 하고 있

<그림 5> 자메이카 스마트그리드 로드맵

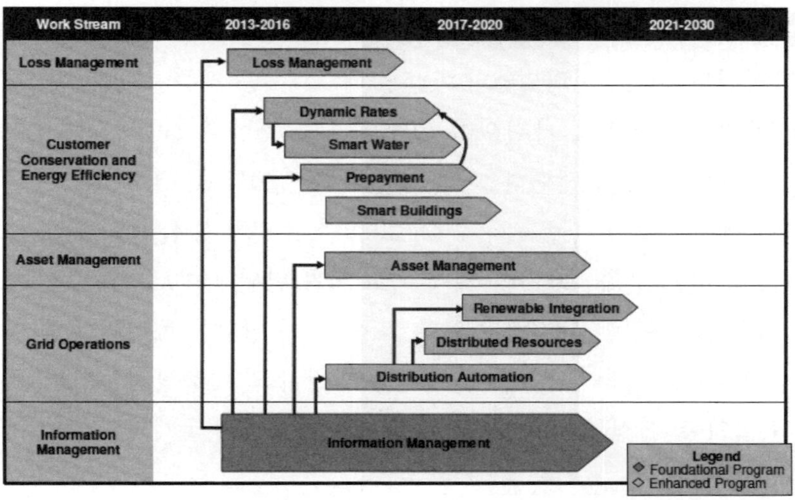

Figure 1: Smart Grid Roadmap Overview

자료 : IBM(2013)에서 직접인용(p.8)

다. 그러나 대부분의 경우에는 AMI의 활용을 통한 지능형 '소비'에 집중하고 있으며, 분산발전 등 보다 발전된 형태의 기술을 도입하는 경우에도 이를 재생에너지와 연계하는 기술은 부족한 상태이다. 지속가능하고 효율적이며 안정적인 에너지 공급을 위해서는 지능형 소비와 함께 재생에너지와 연계한 지능형 공급 또한 필요할 것으로 보인다.

3. 한국의 현황

한국의 스마트그리드는 기후변화에 대한 대응, 에너지 효율 향상, 신성장동력 창출 등의 필요성을 배경으로 등장하였으며(지식경제부, 2010), 2005년 핵심연구개발 과제기획을 위한 '전력 IT 기획단' 구성을 시작으로 스마트그리드 분야에 투자를 시작하였다. 2009년 G8 정상회의 기후변화포럼(Major Economies Forum on Energy and Climate, MEF)에서 스마트그리드는 온실가스 감축을 위해 필요한 '세상을 바꾸는 7대 전환적 기술' 중 하나로 선정되었으며, 한국은 스마트그리그 기술의 개발선도국으로 선정되었다.[5] 같은 해 8월에는 제주 스마트그리드 실증단지 착공식을 가졌으며, 2010년에는 스마트그리드 국가로드맵을 수립 및 발표하였다. 이 로드맵에서는 2012년 '세계 최고 수준의 스마트그리드 시범도시 구축', 2020년 '소비자 중심 광역 단위 스마트그리드 구축', 2030년 '세계 최고 국가 단위 스마트그리드 구축'을 단계적 목표로 제시하고 있다. 또한, 전략 방향을 에너지 효율 향상 및 CO2 배출 저감(국가), 신성장동력 발굴 및 수출산업화(기업), 국민 삶의 질 향상(개인) 등 크게 세 분야로 제시하여 국제적 의제인 기

5) http://news.mt.co.kr/mtview.php?no=2009070916571387852&outlink=1&ref=http%3A%2F%2Fsearch.naver.com

후 변화에 대한 대응 및 국가의 사회·경제적 성장 등을 모두 추구하고 있다. 이를 위한 5대 추진 분야로 1) 지능형전력망, 2) 지능형소비자, 3) 지능형운송, 4) 지능형신재생, 5) 지능형전력서비스를 설정하여 각 분야에서 적극적인 개발을 추진하고 있다(지식경제부, 2010).

제주 스마트그리드 실증사업은 세계 최대의 복합 스마트그리드 실증단지를 구축하고, 관련 기술의 상용화 및 수출산업화를 촉진하기 위해 제주도 구좌읍 일대 및 제주 시내 일부에서 진행된 사업을 말한다. 이 사업은 한국의 스마트그리드 5대 추진 분야에 맞추어 지능형전력망, 지능형소비자, 지능형운송, 지능형신재생, 지능형전력서비스의 5개 분야로 구성되었으며, 전력, 통신, 자동차, 가전 등 170여 개의 스마트그리드 유관기업으로 구성된 12개 컨소시엄이 참여하였다. 1) 기술검증과 2) 비즈니스 모델 실증을 목적으로 5개 비즈니스(Smart Power Grid, Smart Place, Smart Transport, Smart Renewable, Smart Elec. Service))로 구분하여 추진하였다. 2009년 12월에서 2013년 5월까지 진행된 이 사업에는 총 2,139억원(정부 560억, 민간 1,579)이 투입되었다(이준성, 2016).

실증 단지 프로젝트의 결과를 살펴보면, 먼저 기술 분야에서는 스마트계량기술, 실시간 거래기술, 신재생 연계기술 등 153개의 핵심기술을 검증하였다. 비즈니스 모델 실증 분야에서는 신재생에너지 출력 안정화, 전기차 충전 및 대여 서비스 등이 확산사업 즉시 적용할 수 있는 사업 모델로 평가되었다. 또한 전력 재판매 서비스, 수요반응 서비스, 수요 측 발전자원 전력거래 서비스, 전기차 기반 가상발전소 운영서비스, 전기차 급·완속 충전 서비스, 전기차 이동 충전 서비스, 에너지소비 컨설팅 서비스, 전기차 대여 서비스, 신재생에너지 출력안정화 및 품질개선 서비스의 9개의 사업모델을 발굴하였다. 스마트가전, 전기차렌트, 빌딩에너지관리시스템(BEMS), 지능형 수요관리

(DR), 공장에너지관리시스템(FEMS), 전기스쿠터 쉐어링 등은 실증 성과를 바탕으로 실제 사업화가 진행되었다(이준성, 2016). 이준성(2016)에 따르면 '스마트그리드 제주실증사업'은 ICT 산업, 전력산업, 가전산업, 자동차산업 등이 모두 하나의 실증단지에서 다양한 형태로 융합하며 동시에 추진되었다는 점에서 미국이나 일본의 스마트그리드 실증사업과 차별화 된다.

실증단지 사업 종료 이후 도시 단위의 스마트그리드 실현을 위한 사업이 추진 중에 있다. 현대오토에버는 '스마트그리드 확산사업'의 일환으로 대구 지역을 대상으로 하여 클라우드 기반의 에너지관리 시스템(Energy Management System, EMS) 구축과 고효율기기 도입을 통한 에너지 최적화 모델을 수립하여 도시 단위의 스마트그리드 실현을 추진 중이다. 2016~2018년, 2019~2025년의 두 단계에 걸쳐 진행되는 이 사업은 스마트그리드 구축 및 이용의 확산을 위하여 사업화가 가능한 사업모델을 실제 환경(주택가, 공단, 상업지구)에서 구현하는 것을 목적으로 한다. 이를 위해 AMI 기반 전력서비스, 지능형 전력소비, 공급의 효율화 등을 주요 내용으로 한다. 한국스마트그리드사업단은 본 사업에서 발굴한 사업화 모델을 통해 전국적으로 스마트그리드 실현이 확산될 수 있기를 기대하고 있다(한국스마트그리드사업단, 2017a).

최근 보도에서도 융합 기술의 실질적 사용 사례가 제시되고 있다. 한국스마트그리드사업단의 보도에 따르면, 서울 다동 소재의 센터플레이스에서 빌딩에너지관리시스템(BEMS)과 에너지저장시스템(ESS)의 융합시스템을 2017년 4월부터 운영하고 있다. 본 시스템의 운영을 통해 전년 대비 전기사용량을 10% 이상 절감하고 있으며, 4년 이내에 투자 회수가 가능할 것으로 기대하고 있다. 이는 대도시 내 빌딩에 융합시스템을 구축한 첫 사례로의 의미를 갖는다(한국스마트그리드사업단, 2017b).

한국은 스마트그리드 분야의 기술을 단계적으로 개발하고 있으며, 5대 추진분야를 설정하여 공급과 소비 두 분야의 다양한 기술을 융합적으로 사용하려 한다는 점에서 강점이 있다고 할 수 있다.

IV 한-카리브 스마트그리드 협력 필요성과 그 방향

1. 필요성

카리브 국가들은 화석 수입 에너지에 높은 의존율을 보이고 있으며, 섬이라는 지리적 제약과 낙후된 설비 등이 결합하여 사회, 경제, 환경적 측면에서 복합적인 문제를 야기하고 있다. 스마트그리드 기술의 도입은 이러한 문제들의 해결책이 될 수 있다. 먼저, 재생에너지 효율적 관리, 분산발전 등을 통한 에너지 생산은 수입 화석 에너지원에 대한 의존율을 감소시킬 수 있으며, 송·배전의 효율적 통제와 고장으로 인한 피해를 축소함으로써 경제적으로 이익이 될 수 있다. 둘째, 안정적인 전력 수급을 통한 에너지 빈곤 문제 해결, 에너지 분야 산업 개발을 통한 투자 및 고용 기회 창출 등 사회적 문제 해결도 가능하다. 또한, 환경적으로도 화석 연료의 사용을 줄임으로 인해 탄소 배출 등의 환경오염 심화를 막을 수 있으며, 자연 자원을 기반으로 하는 카리브 지역 경제와의 선순환을 형성할 수 있다.

한국은 카리브 국가들과의 협력을 통해 협력 대상과 방법을 다각화 할 수 있을 것이다. 한국의 대 라틴아메리카·카리브지역 에너지 분야 협력은 주로 페루, 볼리비아, 에콰도르 등 대륙 내 국가를 대상으로 한 재생에너지 인프라 건설을 중심으로 하였다. 최근에는 재생에너지 협력에 더해 에너지 효율성 향상을 위한 스마트그리드 기술 도입을 위한 현지 현황 분석 및 경험 공유, 컨설팅 협력도 증가하고 있다. 도미니카공화국, 그레나다, 자메이카 등 카리브 지역과의 협력도 점차 확대되고 있으나, 협력 내용이 인프라 설치 또는 학위 연수 등에 제한되어 있어 대륙 국가들에 비해 여전히 한계가 있다(표3). 한국의 스마트그리드 투자 동기는 혁신 및 수출 산업 활성화를 목표(한국과학기술평가원, 2011)로 한 만큼 협력 대상의 다각화는 한국의 입장에서도 좋은 기회가 될 것이다.

그러나 무엇보다도 한국이 보유하고 있는 공급과 소비의 양방향적 기술과 융합적 적용 경험 등은 카리브 지역의 문제 해결에 필요한 요인이며, 기술을 보유한 국가로서 개발도상국들의 4차 산업혁명 시대 적응을 도와야 하는 의무를 이행할 수 있는 기회이기도 하다.

<표 3> 한국의 라틴아메리카·카리브지역 에너지 협력 사례

국가	프로젝트	내용	연도	기관
그레나다	농촌빈곤지역을 위한 재생에너지[6]	농촌커뮤니티에 소규모 태양광시스템 설치	2017	KOICA
에콰도르, 자메이카	에너지정책 역량강화 ('17-'19)[7]	석사학위 연수	2017	KOICA
도미니카 공화국	배전인프라 확충을 위한 스마트그리드 구축 지원[8]	현지 전력 인프라 및 ICT 현황 분석, 스마트그리드 활용 경험 공유 및 기술자문	2015	KSP-IDB 공동컨설팅
에콰도르	스마트그리드 기술도입 지원[9]	현황 분석, 정책제안 제시(컨설팅), 스마트그리드 기술 개발 경험 및 활용 사례 공유	2013	한전KDN
온두라스	농촌 태양광 전력화 사업[10]	태양광 발전설비 구축, 기술자문, 컨설팅 등	2013	EDCF
에콰도르	갈라파고스 태양광발전소 건립사업[11]	태양광 발전소 건립	2012	KOICA
니카라과	재생에너지 송변전사업 1·2차[12]	전력설비(변전소, 송전선로) 확충, 컨설팅 등	2011 2012	EDCF (IDB, CABEI 협조 융자)

자료 : 저자 구성

2. 협력의 방향

스마트그리드의 주요 기술들은 1) 공급 측면, 2) 소비 측면, 3) 부정적 요인 감소, 4) 긍정적 요인 증가의 요인을 고려하여 네 그룹으로 정리할 수 있다(그림6). 공급 측면은 발전, 송전, 변전, 배전 등을 포함하며, 소비 측면은 가정과 사업장의 소비와 소비지에서의 에너지 소규모 생산, 운송 분야 등을 포함한다(한국표준협회, 2015). 스마트그리드 기술을 통한 부정적 요인 감소에는 에너지 소비, 비용, 탄소배출 감소 등이 있으며, 긍정적 요인 증가에는 에너지 효율성, 안정성 및 신뢰성 증가 등이 있다.

국가별로 일부 스마트그리드 기술은 성숙단계에 있는 반면, 상당수의 기술은 개발단계에 있으며, 또한, 기술 개발 이후에도 시범 적용이 필요한 상황이다(한국과학기술기획평가원, 2011). 카리브 지역의 주요 기술은 스마트미터 등 AMI를 중심으로 하고 있다. AMI는 스마트그

6) http://www.oda.go.kr/opo/bsin/bsnsInfoCntntsDetail.do?P_BSNS_NO=2017-58490

7) http://www.oda.go.kr/opo/bsin/bsnsInfoCntntsDetail.do?P_BSNS_NO=2017-02036

8) http://www.ksp.go.kr/kr/projects/jointlist.jsp?skee=&syear=&snat=000030000500004&stem=&sage (자세한 내용은 한국수출입은행(2016), 2015KSP 국제기구와의 공동컨설팅 pp.443-531 참고)

9) http://www.ksp.go.kr/kr/projects/jointview.jsp?idx=30&skey=&syear=&snat=000030000500005&stem=&sage=&step=000020000200003&pg=1 (자세한 내용은 한국수출입은행(2014), 국제기구 공동컨설팅: 미주개발은행 pp.211-297 참고)

10) 한국수출입은행 대외경제협력기금(2016), 온두라스 지원 현황 및 계획 (https://www.edcfkorea.go.kr/site/program/board/basicboard/list)

11) http://webzine.koica.go.kr/201502/sub1_2.php

12) 한국수출입은행 대외경제협력기금(2016), 니카라과 지원 현황 및 계획 (https://www.edcfkorea.go.kr/site/program/board/basicboard/view?menuid=004001005001&phototype=list&pagesize=12&searchgubun=list&boardtypeid=296&boardid=53379)

리드의 기초 인프라로 전 세계적으로 기술이 성숙한 정도로 발전되어 있다(한국과학기술기획평가원, 2011). 즉, 카리브 지역의 스마트그리드 기술은 초기 단계에 있다고 할 수 있다. 또한, 분산발전 등 다른 스마트그리드 기술을 사용하는 경우에도 이를 재생에너지와 연계하는 기술은 부족한 상황이다.

한국은 5대 추진분야(지능형전력망, 지능형소비자, 지능형운송, 지능형신재생, 지능형전력서비스)를 바탕으로 에너지 발전, 송·배전 및 신재생에너지와의 연계 등 공급의 측면에서 소비의 측면까지 아우르는 기술을 개발해 왔다. 특히, 한국은 스마트그리드 로드맵, 스마트미터, 사용시간 가격제, EV, 스마트시티 프로젝트 등에서 정책적 강점이 있다(한국표준협회, 2015). 또한, 시범단지 구축을 통해 다양한 산업을 융합적으로 추진한 경험이 있으며, 이는 미국이나 일본의 실증 사업과 차별화 하는 강점이다(이준성, 2016).

이러한 양자 간의 기술 차이와 한국의 강점은 한-카리브 스마트그리드 분야의 협력 가능성을 보여준다. 소비측면과 긍정적 요인의 증가에 집중하고 있는 카리브 지역의 기술이 공급 측면과 긍정적 요인 증가 및 부정적 요인 감소의 융합적인 방향으로 확대될 수 있도록 협력할 수 있을 것이다. 보다 구체적으로 먼저, 카리브 지역의 여러 국가들이 필요성을 인식하고 있으며, 개발을 진행하고 있는 스마트미터 등 AMI 분야 협력을 통해 데이터를 보다 효율적으로 관리하여 비용 및 에너지 소비 등 부정적 요인을 감소하는 영역까지 확대하도록 협력할 수 있을 것이다. 두 번째로, 신재생 연계기술 및 출력안정화 기술 분야에서의 협력이 가능할 것이다. 세 번째로, 스마트그리드 로드맵 작성 등을 통해 전력시스템의 전 영역에 대한 단계적 발전이 진행될 수 있도록 협력할 수 있을 것이며, 마지막으로, 실증 적용 경험을 바탕으로 기술을 적용하는 영역에서의 협력이 가능할 것이다.

<그림 6> 스마트그리드 기술 분류

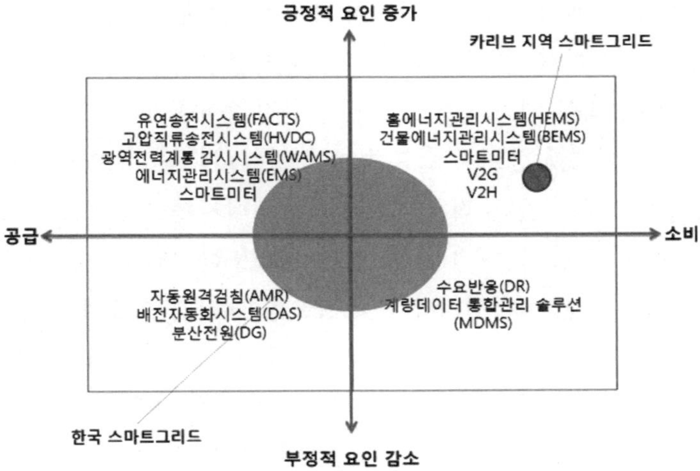

자료 : 저자작성[13)]

V 맺음말

4차 산업혁명 시대 기술의 발전은 우리의 삶에 많은 편리함을 줄 수 있을 것으로 기대되지만, 동시에 기술을 갖지 못한 개발도상국들에게는 위협이 되고 있다. 빠른 기술 혁명 시대에 개발도상국들이 도태되지 않기 위해서는 기술을 적극 활용하여 그들이 직면한 문제들을 해결하고, 성장의 가능성을 확대할 수 있도록 노력해야 할 것이다. 이 때 선진국들의 적극적인 협력이 필요하며, 이는 불평등과 양극화로 인한 국제적 불안정을 감소하기 위해 필수적이다.

카리브 지역 국가들의 높은 화석 및 수입 연료 의존도, 비효율적 에

13) 한국표준협회(2015), 표준기반 R&D 로드맵 – 스마트그리드를 참고하여 작성함

너지 소비 등은 에너지의 문제를 넘어 지역의 사회·경제적 성장을 저해하고 있다. 재생에너지를 활용한 에너지 자립은 에너지 수입을 위한 각종 비용 발생 및 이로 인한 가격 불안정성을 해결할 수 있으며, 장기적으로 화석 연료 사용으로 인한 환경 문제를 개선할 수 있다는 점에서 이 지역에 반드시 필요한 개발 방향이다. 이에 따라, 카리브 지역의 여러 국가들은 적극적으로 재생에너지를 개발하고 있으나, 잠재력에 비해 발전량은 미흡한 실정이다. 또한, 에너지 자립에서 재생에너지를 통한 에너지 생산만큼 중요한 에너지 효율성 강화 측면에 대한 대응이 필요한 상황이다. 몇몇 국가들이 스마트그리드 기술을 도입하고 있으나, 그 기술의 영역이 '소비'에 집중하는 소극적인 발전 단계에 머무르고 있으며, 재생에너지와의 연계 기술도 부족한 상황이다.

반면, 한국은 단계적인 스마트그리드 로드맵을 설정하여, 2013년까지 1단계인 실증단지 구축을 통한 기술 및 비즈니스 모델 검증, 새로운 비즈니스 모델 도출 등을 마친 상태이다. 이 경험을 통해 생산자와 소비자 두 주체에 대하여 비용 및 에너지 손실 감소(부정적 요인 감소)와 함께 적극적으로 에너지를 생산하고, 에너지 효율을 높이(긍정적 요인 증가)는 통합적인 기술을 검증할 수 있었다. 또한, 가사도를 비롯한 에너지자립섬과 여러 에너지자립마을 사업 추진 경험을 갖고 있다. 이는 카리브 지역이 갖고 있는 기술 개발의 한계를 상호 협력을 통해 해결할 수 있는 가능성을 보여준다.

이러한 스마트그리드 기술 협력의 필요성을 바탕으로 이루어질 한-카리브 스마트그리드 협력은 카리브 지역 기술 개발의 한계인 '소비 중심의 발전'이 보다 융합적, 통합적인 형태로 발전할 수 있도록 지원하는 방향으로 설정되어야 할 것이다. 한국의 발전 경험을 활용한 카리브 지역과의 협력은 이 지역이 지속적으로 에너지 기술을 개발하여, 지역의 고질적인 에너지 문제를 해결할 뿐 아니라 사회·경제적 성장도 이룰 수 있도록 하는 기회가 될 것이다.

참고문헌

김종욱, 김문경, 2012: 스마트 그리드 개론, 홍릉과학출판사

표준국어대사전 (검색어: 혁명)

산업연구원, 2017: '4차 산업혁명 시대의 에너지정책' 발표자료, 2017.02.06.'

세계은행 데이터뱅크, http://databank.worldbank.org/data/home.aspx

이준성, 2016: 주요 선도국 스마트그리드 실증 추진전략 및 성과 비교 – 美, 日, 韓 3개국 비교 중심으로-, New & Renewable Energy 2016. 6 Vol. 12, No. 2

지식경제부, 2010: 스마트그리드 국가로드맵

클라우스 슈밥(송경진 옮김), 2016: 클라우스 슈밥의 제4차 산업혁명, 새로운 현재

한국과학기술기획평가원(KISTEP), 2011: 스마트그리드 기술 및 시장 동향

한국수출입은행, 2016: 2015KSP 국제기구와의 공동컨설팅

한국스마트그리드사업단 스마트그리드 용어사전, https://www.smartgrid.or.kr/page.php?id=sub5_7

한국스마트그리드사업단, 2017a: (보도자료) 클라우드 기반 에너지관리시스템 구축을 통한 도시 단위 스마트그리드 구현 –대구 지역 스마트그리드 확산사업 현장방문-, https://www.smartgrid.or.kr/board.php?id=sub4_4&wr_id=200

한국스마트그리드사업단, 2017b: (보도자료) BEMS-ESS 융합시스템을 통한 대도시 빌딩 에너지이용 효율화 확산 추진 –한국스마트그리드사업단, 융합시스템 보급사업 현장방문-, https://www.smartgrid.or.kr/board.php?id=sub4_4&wr_id=234

한국표준협회, 2015: 표준기반 R&D 로드맵 – 스마트그리드

DOMLEC, 2016: Annual reports, Powering along the path of Progress

IBM, 2013: Jamaica's Smart Grid Roadmap: Enabling the Nation's Smart Energy Future

IEA, 2011: Technology Roadmap Smart Grids

IMF, 2016: Caribbean Energy: Macro-Related Challenges

IRENA, 2014: Renewable Energy Opportunities for Island Tourism

Konold, Mark, Lucky, Matthew, et at., Roadmap to a Sustainable Energy System: Harnessing the Dominican Republic's Sustainable Energy Resources. Worldwatch Institute, 2015.

Ochs, Alexander, et al. Caribbean Sustainable Energy Roadmap and Strategy (C-SERMS): Baseline Report and Assessment. Worldwatch Institute, 2015.

한-중미 교역현황과 ODA 협력 방안 -해양수산부문을 중심으로-

조정희(한국해양수산개발원)

I 서론

2015년 9월에 개시된 한·중미 자유무역협정(FTA)[1] 협상이 2016년 11월 16일에 실질적으로 타결되었다. 그간 한·중미 FAT 추진 경과를 보면, 2015년 6월 VIP 방미를 계기로 협상개시가 선언되었고, 같은 해 7월에 예비협의가 이루어지고 2015년 9월에 공식협상을 시작하였다. 2015년 9월부터 2016년 10월까지 총 9차례에 걸쳐 협상(공식협상 7회, 회기간 회의 2회)을 개최하였으며, 2016년 11월 16일에 개최된 통상장관회의에서 실질적인 타결에 합의하였다. 실질적인 타결 선언

1) 중미는 니카라과, 엘살바도르, 온두라스, 코스타리카, 파나마를 포함함.

이후 기술협의, 법률검토 등을 거쳐 3월 10일에 가서명을 완료하였다.

한·중미 FTA는 중미 5개국과 포괄적인 챕터구성에 합의함에 따라 수준 높은 FTA를 체결하였다고 할 수 있다. 우리나라는 이 FTA 체결을 통해 성장가능성이 높은 중미 시장에서 향후 일본, 중국 등 경쟁국들에 비해 유리한 고지를 확보할 수 있게 되었다. 아울러 중미 6개국은 중남미 지역에서 경제규모(GDP) 7위, 인구 4위(2015년 기준)의 유망한 시장이라 할 수 있는데, 한국과의 FTA 발효시 가격경쟁력 향상에 따른 수출 확대가 기대된다. 왜냐하면 2011년 8월에 발효된 중·코스타리카 FTA 외에 현재 일본과 중국이 중미 국가들과 체결한 FTA는 전무하기 때문이다. 더욱이 칠레(2014.4), 페루(2011.8), 콜롬비아(2016.7)와의 FTA 발효에 이어 중미 FTA를 타결함으로써, 북미와 남미를 연결하는 FTA 네트워크 구축 및 전략적 교두보를 확보하였다는데 의미가 있다. 특히 미국의 신정부 출범으로 보호주의 우려가 점증하고 있는 가운데 우리 기업들이 북미시장으로 진출할 수 있는 제3의 루트를 마련함으로써 대미 수출의 전환 국면을 맞이할 수 있게 되었다. 향후 한·중미간의 교역은 한·중미 FTA 발효 이후에 더욱 활발해질 것으로 전망된다. 그러나 한·중미 FTA체결과는 달리 우리나라의 중미 공적개발원조(Official Development Assistance, ODA) 사업은 큰 비중을 차지하지 못하고 있는 실정이다. 특히 수산부문에 있어서는 ODA 사업이 거의 전무한 실정이다.

우리나라가 2009년에 OECD 산하 개발원조위원회(Development Assistance Committee)에 24번째로 가입한 이후 공적개발원조사업은 활발히 추진되고 있다. ODA사업을 추진하는데 있어 주요 대상국을 선정하는 게 중요하다. 왜냐하면 한정된 예산하에서 사업을 지속적으로 확대하는 것은 어렵기 때문이다. 대상국가를 선정하는데 있어 예전에는 카리브해를 포함한 중미 국가들에 대해 상대적으로 적은 관심을 가졌으나 최근에는 관심이 높아지고 있다.

카리브 공동체는 해양수산분야 국제협력에 있어서 매우 잠재성이 큰 지역이다. 카리브 공동체는 적도 남쪽 국가군에 포함되는 브라질, 아르헨티나, 칠레, 콜롬비아, 페루 등 남아메리카 국가들과 달리 적도 북쪽의 대서양과 태평양을 접한 국가(7개국) 그리고 대서양-카리브해 도서국(15개국)을 포함한다. 특히 유엔(UN)이 지정한 국제개발협력 우선국가에 카리브해 공동체 16개 소도서국(Small Islands Developing States)이 포함되어 있다.

카리브해 국가들은 과거 300년에 달하는 오랫동안 유럽열강(스페인, 포르투갈, 영국, 프랑스, 네덜란드 등)에 의한 식민지 경험과 소도서국가로서의 경제발전 한계, 소규모 인구 등 특수한 여건으로 인해 그동안에는 미국과 유럽을 제외한 여타 다른 국가들로부터 국제협력 혹은 원조를 받기에는 한계를 가지고 있었다. 특히 해양수산 분야에 있어서의 국제협력은 상대적으로 매우 저조하였다. 따라서 이 공동체가 직면하고 있는 다양한 해양수산 문제에 대한 고찰은 물론 이 지역 해양수산발전에 적합한 통합적이고 종합적인 연구도 거의 없는 실정이다. 본고에서는 우리나라 ODA사업 대상국인 중미 국가들과 교역 현황을 살펴보고 이를 기초로 한 ODA 협력방안을 제시하고자 한다.

Ⅱ 한-중미 교역 현황 및 FTA 주요 내용

1. 중미 5개국 경제 현황

2015년 기준 중미 5개국의 GDP는 1,652억 달러로 지난 십여 년간 2배 가까이 성장하였으며, 코스타리카와 파나마 2개국이 전체 GDP의 64%를 차지하고 있다. 1인당 국민소득에서는 파나마가 13,268달러로 가장 높고 니카라과가 2,087달러로 가장 낮으며, 국가별 편차가 큰 편이다. 중미 5개국의 인구는 모두 천만 명 미만이라 소국이라 할 수 있다.

<표 1> 중미 5개국의 경제지표(2015년 기준)

	코스타리카	엘살바도르	온두라스	니카라과	파나마
인구(천 명)	4,808	6,127	8,075	6,082	3,929
명목GDP(억 달러)	541.4	258.5	204.2	126.9	521.3
1인당GDP(달러)	11,260	4,219	2,529	2,087	13,268
수출실적(억 달러)	115.5	54.9	39.2	47.1	7.0
수입실적(억 달러)	144.5	104.1	94.2	58.7	121.3
IFDI(백만 달러)	3,009	519	1,317	835	5,835
OFDI(백만 달러)	141	-0.09	91	51	528

주 : 수집 가능한 최근 연도 기준임.
자료 : World Bank WDI; IMF; kotra

2015년 중미 5개국의 전체 교역규모는 약 787억 달러이다. 전체 수출은 264억 달러, 수입은 523억 달러이며, 중미 5개국 모두 무역수지 적자를 나타내고 있다. 역내수출액은 43억 달러로 전체 수출의 16.3%에 불과하며 역내수입액은 약 46억 달러로 전체 수입의 8.8% 수준으로 중미 5개국 간 교역의 상호의존도는 낮다. 중미 5개국의 주요 수출국은 미국, 멕시코, 수입국은 미국, 중국, 멕시코 등이다.

<표 2> 중미 5개국의 역내교역 현황(2015년 기준)

(단위 : 백만 달러)

구분	기준국↓	코스타리카	엘살바도르	온두라스	니카라과	파나마	역내	역외
수출	코스타리카	-	235	302	435	412	1,384	10,168
	엘살바도르	249	-	760	363	130	1,502	3,983
	온두라스	96	333	-	217	75	721	3,194
	니카라과	132	259	174	-	34	599	4,106
	파나마	54	11	10	16	-	91	604
	합계						4,297	22,055
수입	코스타리카	-	273	105	145	59	582	13,871
	엘살바도르	260	-	589	244	120	1,213	9,195
	온두라스	330	477	-	111	222	1,140	8,283
	니카라과	480	309	173	-	27	989	4,877
	파나마	454	128	40	33	-	655	1,1479
	합계						4,579	47,705

자료 : 한국무역협회 무역통계 세계무역

중미 5개국에 대한 2015년 외국인투자액(IFDI)은 약 115억 달러인 반면 해외직접투자(OFDI)는 8억 달러로 매우 미미한 실정이다. 엘살바도르, 온두라스, 니카라과는 농업 및 섬유·봉제업 중심의 산업구조를 가지고 있고, 코스타리카는 산업구조 개혁을 통해 전자제품, 반도체, 의료기기 위주의 제조업으로 전환 중이다. 파나마는 물류, 유통, 건설 산업 중심이다. 중미 6개국은 지역경제발전과 성공적인 역내 경제통합을 목적으로 중미경제통합사무국(SIECA: Secretaria de Integracion Economica Centroamericana)을 운영하고 있다.[2] 2010년에 파나마가 가입함으로써 회원국은 코스타리카, 엘살바도르, 과테말라, 온두라스, 니카라과, 파나마로 총 6개국이며, 중미경제통합각료회의에서 선출된 임기 4년의 사무국장을 중심으로 운영된다. 역내 관세,

2) kotra(2015), "한-중미 FTA와 우리기업 진출기회" Global Market Report 15-028을 참고하였음.

비관세 장벽 철폐 및 생산요소의 자유로운 이동이 보장되는 공동시장을 추구하고 있으나 회원국 간 경제력 차이, 주요 기구 간 이견으로 목적 달성에는 장기간 시간이 소요될 것으로 예상된다. 2001년 2월부터 역외공동관세를 실시하고 있으며 현재는 중미공동관세체계(SAC: Sistema Aranceria Centroamerica)를 적용 중이다. 회원국별 상이한 입장에 있는 일부품목에 대해 관세조정재량권을 인정하여 공동관세 적용을 유보하고 있으며, 회원국별 세이프가드 적용도 허용된다. 역내 회원국 간에는 무관세를 실시 중이나 커피, 사탕수수, 에틸알코올, 증류주, 석유제품 등 일부 품목은 역내 무관세 적용에서 제외되었다.

2. 한국과 중미 5개국 교역현황

가. 전체 현황

2016년 한국의 중미 5개국에 대한 수출은 20.3억 달러, 수입은 5.4억 달러로 14.9억 달러의 무역수지 흑자를 기록하였다. 한국의 수출은 2008년 71.7억 달러로 정점을 찍은 이후 감소세이며 현재 한국의 對세계 수출에서 차지하는 비중은 0.4%에 불과하다. 파나마는 대표적인 편의치적 국가로 對중미 무역의 주요 품목이었던 선박이 경기부진으로 인해 교역이 급감함에 따라 한국의 수출도 큰 하락세를 보이고 있다.[3] 한국의 중미 5개국으로부터의 수입은 2009년에 12.7억 달러로 최대치를 기록하였고 이후 대체로 감소세이나 수출에 비해 변동 폭은 적은 편이고 2016년 한국의 對세계 수입에서 차지하는 비중은 0.1%로 매우 미미하다.

3) 편의치적 제도는 선주가 세금 절감, 인건비 절약(외국인 선원 고용), 각종 규제 부담 축소를 위해 선박을 자국이 아닌 제3국에 등록하는 것으로 대표적인 편의치적 국가는 파나마, 라이베리아 등임(박지은·민경실(2016), “한·중미 FTA 타결에 따른 기대효과”, Trade Brief No.35).

<그림 1> 한국의 對중미 5개국 교역 추이

(단위 : 백만 달러)

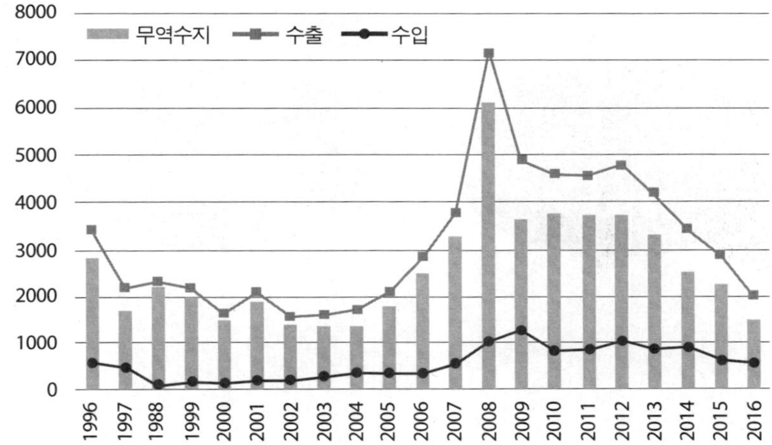

자료 : 한국무역협회 무역통계 한국무역.

중미 5개국 가운데 한국의 수출입 의존도에서 절대적 비중을 차지하는 국가는 파나마이다. 2016년 기준 한국의 對중미 전체 수출에서 파나마는 71%의 비중을 차지하고, 뒤를 이어 코스타리카, 엘살바도르, 니카라과, 온두라스 순이다. 한국이 중미로부터의 수입에서도 파나마가 60% 넘는 비중을 차지하고 있으며, 다음으로 코스타리카, 온두라스 순으로 수입이 많다.

한국의 對중미 전체 교역에서 주요 수출입 품목을 살펴보면 선박의 비중이 절반을 상회하고 있다. 그 밖에 주요 수출 품목을 살펴보면 승용차, 화물자동차, 편직물 등이 있으며 10대 수출품 비중이 전체 수출의 86.5%를 차지한다. 선박 이외에 주요 수입 품목은 대체로 1차 산품과 중간재 위주로 개별소자반도체, 커피류, 의료용기기, 고철, 동괴 및 스크랩 등이 있고, 10대 수입품의 비중이 전체 수입의 90% 가량을 차지한다.

<그림 2> 한국의 對중미 전체교역에서 각 국이 차지하는 비중(2016년 기준)

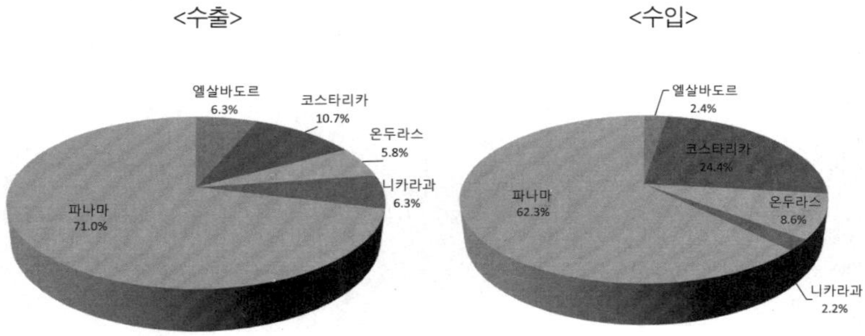

자료 : 한국무역협회 무역통계 한국무역.

<표 3> 한국의 對중미 5개국 주요 교역 품목(2016년 기준)

(단위 : 백만 달러, %)

순위	수출 품목			수입 품목		
	품명	금액	비중	품명	금액	비중
1	선박	1,094	53.8	선박	309	56.8
2	승용차	343	16.9	개별소자반도체	44	8.0
3	화물자동차	91	4.5	커피류	39	7.2
4	편직물	55	2.7	의료용기기	28	5.2
5	제어용 케이블	39	1.9	고철	20	3.6
6	아연 도강판	38	1.9	동괴 및 스크랩	12	2.3
7	자동차부품	32	1.6	의료용전자기기	11	2.0
8	타이어	29	1.4	아연광	11	2.0
9	도금강판	20	1.0	LPG	8	1.4
10	합성수지	17	0.8	폐건전지	7	1.4
소계		1,758	86.5		489	89.8
전체		2,031	100		544	100

주 : MTI 4단위 기준.

자료 : 한국무역협회 무역통계 한국무역.

나. 국별 현황

1) 코스타리카

2016년 한국의 코스타리카에 대한 수출은 2.2억 달러, 수입은 1.3억 달러로 8,400만 달러의 무역수지 흑자를 기록하였다. 2009년 글로벌 금융위기 시기에 일시적으로 적자를 보인 후 회복되었던 한국의 對코스타리카 무역수지는 2013-14년 기간 동안 다시 적자를 기록하였다가 최근 흑자로 전환되었다. 수출에서는 자동차와 화물자동차, 수입에서는 컴퓨터부품, 개별소자 반도체, 인쇄회로 등의 중간재와 1차 산품의 교역규모에 따라 수출입 변동 폭이 큰 편이다.

한국의 對코스타리카 최대 수출 품목은 승용차로 전체 수출의 61.8%를 차지하며 그 밖에 화물자동차, 자동차부품, 타이어와 같은 자동차산업 관련 품목의 수출이 대부분이다. 한국이 코스타리카로부터 주로 수입하는 품목은 개별소자 반도체, 의료용 기기 및 전자기기

<그림 3> 한국의 對코스타리카 교역 추이

(단위 : 백만 달러)

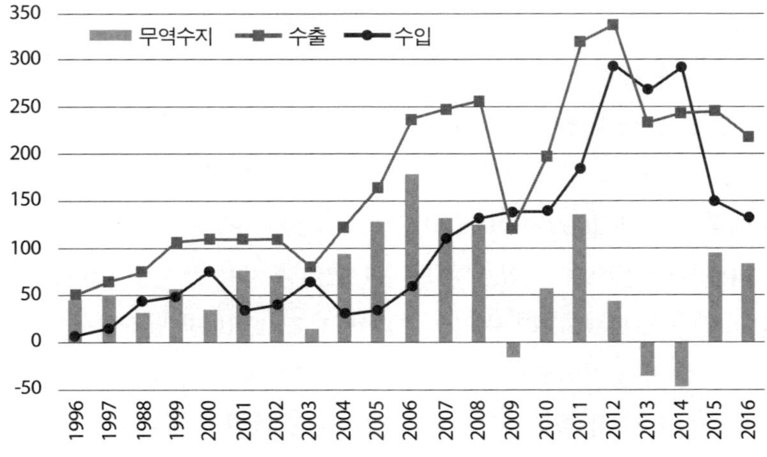

자료 : 한국무역협회 무역통계 한국무역.

등이며 최근에는 기타 의료 위생용품과 과실류의 수입이 증가하고 있다.

<표 4> 한국의 對코스타리카 주요 교역 품목(2016년 기준)

(단위 : 천 달러, %)

순위	수출 품목			수입 품목		
	품명	금액	비중	품명	금액	비중
1	승용차	134,140	61.8	개별소자반도체	43,581	32.7
2	화물자동차	19,053	8.8	의료용기기	28,236	21.2
3	자동차부품	10,103	4.7	의료용전자기기	11,125	8.4
4	합성수지	6,371	2.9	고철	10,856	8.2
5	음료	5,224	2.4	커피류	10,082	7.6
6	의약품	5,212	2.4	과실류	6,943	5.2
7	알루미늄괴/스크랩	2,632	1.2	기타의료위생용품	3,510	2.6
8	인쇄회로	2,509	1.2	연결부품	3,307	2.5
9	타이어	2,473	1.1	컴퓨터부품	2,057	1.5
10	건설중장비	1,844	0.8	알루미늄괴	1,450	1.1
소계		189,561	87.3		121,147	91.0
전체		217,163	100		133,093	100

주 : MTI 4단위 기준.

자료 : 한국무역협회 무역통계 한국무역.

2) 엘살바도르

2016년 한국의 對엘살바도르 수출은 1.3억 달러, 수입은 1,300만 달러로 약 1.2억 달러의 무역수지 흑자를 기록하였다. 엘살바도르에 대한 수출은 2009년 이후 2013년까지 큰 폭의 증가세를 보이다가 2014년부터 감소하고 있으나 지속적으로 흑자를 보이고 있다. 한국의 엘살바도르로부터의 수입은 2009년까지 1,000만 달러를 넘지 않는 미미한 수준이었으나 2010년부터 커피류와 고철을 중심으로 수입이 증가하기 시작하였다가 이후 증감을 반복하고 있다.

2016년 기준 한국이 엘살바도르에 가장 많이 수출하는 품목은 아

<그림 4> 한국의 對엘살바도르 교역 추이

(단위 : 백만 달러)

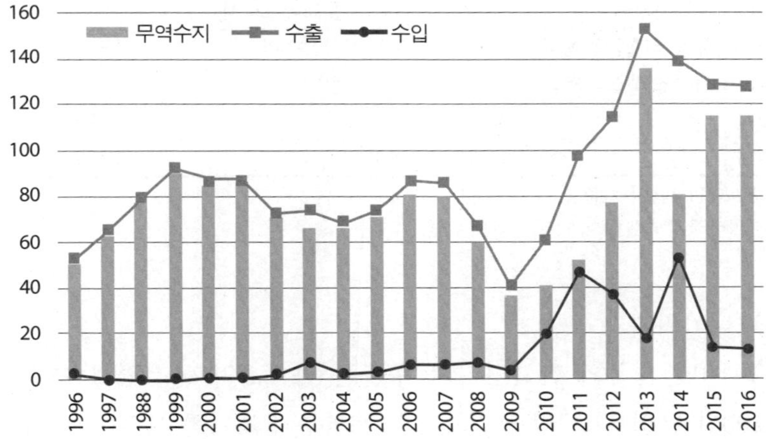

자료 : 한국무역협회 무역통계 한국무역.

연 도강판이며 뒤를 이어 도금강판, 화물자동차 순이고, 최근 승용차의 수출규모가 감소하고 있다. 2015년까지 한국의 최대 수입 품목은 폐건전지였으나 2016년에는 커피류의 수입이 전체 대엘살바도르 수입의 30%를 차지한 바 있다.

<표 5> 한국의 對엘살바도르 주요 교역 품목(2016년 기준)

(단위 : 천 달러, %)

순위	수출 품목			수입 품목		
	품명	금액	비중	품명	금액	비중
1	아연 도강판	27,868	21.7	커피류	3,905	30.2
2	도금강판	20,281	15.8	폐건전지	2,823	21.8
3	화물자동차	16,038	12.5	축전기	2,454	19.0
4	합성수지	7,728	6.0	편직제의류	1,156	8.9
5	승용차	7,108	5.5	고철	535	4.1
6	타이어	4,657	3.6	알루미늄괴	421	3.3
7	폴리에스텔섬유	4,095	3.2	고지	298	2.3

순위	수출 품목			수입 품목		
	품명	금액	비중	품명	금액	비중
8	자동차부품	4,064	3.2	폴리에스터사	288	2.2
9	철강, 비합금강형강	4,054	3.2	합성수지	282	2.2
10	기타 플라스틱 제품	4,037	3.1	신발	161	1.2
소계		99,930	77.8		12,323	95.3
전체		128,448	100		12,925	100

주 : MTI 4단위 기준.

자료 : 한국무역협회 무역통계 한국무역.

3) 니카라과

2016년 한국의 對니카라과 수출은 약 1.3억 달러였고 수입은 1,200만 달러로 1.2억 달러가량의 무역수지 흑자를 보였다. 니카라과에 대한 수출은 선박용 엔진 및 부품의 수출 확대에 힘입어 2008년 2.6억 달러까지 증가하였다가 이후 증감을 반복하고 있다. 한국은 니카라과로부터의 고철, 당류, 커피류 등을 중심으로 수입을 시작하여 2011년 5,300만 달러까지 증가했다가 이후 감소세이다.

2016년 기준 한국의 對니카라과 주요 수출 품목을 살펴보면 편직물과 승용차의 비중이 절반 이상이며 그 밖에 화물자동차, 기타 섬유제품, 철 구조물 등이 있다. 한국이 니카라과로부터 수입하는 품목은 매우 제한적인데 고철, 폐건전지, 동괴 및 스크랩, 커피류가 대부분을 차지한다.

<그림 5> 한국의 對니카라과 교역 추이

(단위 : 백만 달러)

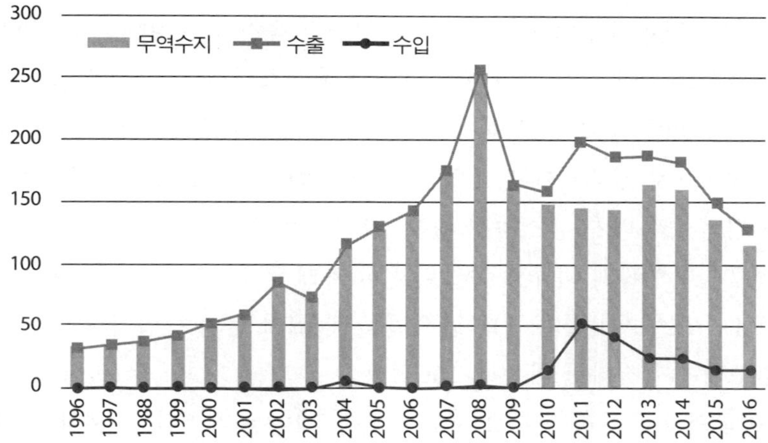

자료 : 한국무역협회 무역통계 한국무역.

<표 6> 한국의 對니카라과 주요 교역 품목(2016년 기준)

(단위 : 천 달러, %)

순위	수출 품목			수입 품목		
	품명	금액	비중	품명	금액	비중
1	편직물	51,328	40.0	고철	4,598	38.6
2	승용차	15,463	12.1	폐건전지	2,685	22.6
3	화물자동차	8,308	6.5	동괴, 스크랩	1,860	15.6
4	기타섬유제품	7,067	5.5	커피류	1,606	13.5
5	철 구조물	4,744	3.7	편직제의류	535	4.5
6	전원장치	4,219	3.3	신발	158	1.3
7	원동기	3,965	3.1	직물제의류	147	1.2
8	자동차부품	3,747	2.9	원동기	96	0.8
9	기타 플라스틱	2,563	2.0	알루미늄괴	80	0.7
10	기타 정밀화학 원료	2,362	1.8	수목류	29	0.2
소계		103,766	80.9		11,794	99.1
전체		128,189	100		11,905	100

주 : MTI 4단위 기준.

자료 : 한국무역협회 무역통계 한국무역.

4) 온두라스

2016년 한국의 온두라스에 대한 수출은 약 1.2억 달러, 수입은 4,700만 달러로 7,000만 달러의 무역수지 흑자를 달성하였다. 1996년부터 2016년 기간 동안 한국의 대온두라스 수출은 증감을 반복하다가 2009년 주요 수출 품목이던 통신용 광케이블, 편직물, 승용차를 중심으로 급격하게 감소하였고 이후 회복세를 보였으나 2012년을 기점으로 다시 감소하고 있다. 한국의 온두라스로부터의 수입은 2007년 아연광의 대규모 수입으로 한 차례 큰 폭의 증가가 나타났고, 2011년에는 커피류와 기타 금속광물 및 고철 등의 수입이 확대되면서 무역수지 적자를 기록하기도 했다.

한국의 對온두라스 주요 수출 품목은 제어용 케이블, 승용차와 화물자동차이며, 최근에는 기타기계류와 건설중장비 수출이 호조를 보이고 있다. 한국이 온두라스로부터 가장 많이 수입하는 품목은 커피

<그림 6> 한국의 對온두라스 교역 추이

(단위 : 백만 달러)

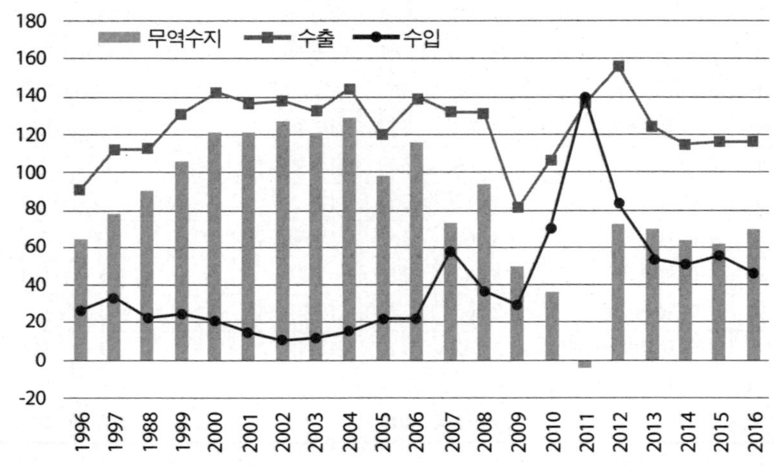

자료 : 한국무역협회 무역통계 한국무역.

류로 전체 수입의 절반가량을 차지하고 있으며, 그 밖에 아연광, 동괴 및 스크랩, 알루미늄괴 및 스크랩과 같은 원자재, 편직제 의류 등을 수입하고 있다.

<표 7> 한국의 對온두라스 주요 교역 품목(2016년 기준)

(단위 : 천 달러, %)

순위	수출 품목			수입 품목		
	품명	금액	비중	품명	금액	비중
1	제어용케이블	38,397	32.8	커피류	21,529	45.4
2	승용차	16,503	14.1	아연광	10,732	22.6
3	화물자동차	14,824	12.7	편직제의류	5,146	10.8
4	위생용품	5,910	5.0	동괴 및 스크랩	3,405	7.2
5	기타기계류	5,323	4.5	직물제의류	3,151	6.6
6	건설중장비	4,258	3.6	고철	913	1.9
7	타이어	3,740	3.2	알루미늄괴	822	1.7
8	공기조절기	3,000	2.6	평판디스플레이	558	1.2
9	의약품	2,751	2.4	제어용케이블	247	0.5
10	염료	2,577	2.2	기타수산가공품	166	0.3
소계		97,283	83.1		46,669	98.3
전체		117,049	100		47,472	100

주 : MTI 4단위 기준

자료 : 한국무역협회 무역통계 한국무역.

5) 파나마

2016년 파나마에 대한 한국의 수출은 14.4억 달러이고 수입은 3.4억 달러로 11억 달러의 무역수지 흑자를 기록하였다. 2008년 파나마에 대한 선박 수출규모가 2배 이상 증가함에 따라 전체 수출액은 약 65억 달러까지 늘었으나 이후 대체로 감소 추이를 보이고 있다. 파나마로부터의 수입은 2009년 원유 수입으로 최대가 되었다가 이후 감소세이다.

한국의 파나마에 대한 2대 수출 품목은 선박과 승용차로 이 두 품

<그림 7> 한국의 對파나마 교역 추이

(단위 : 백만 달러)

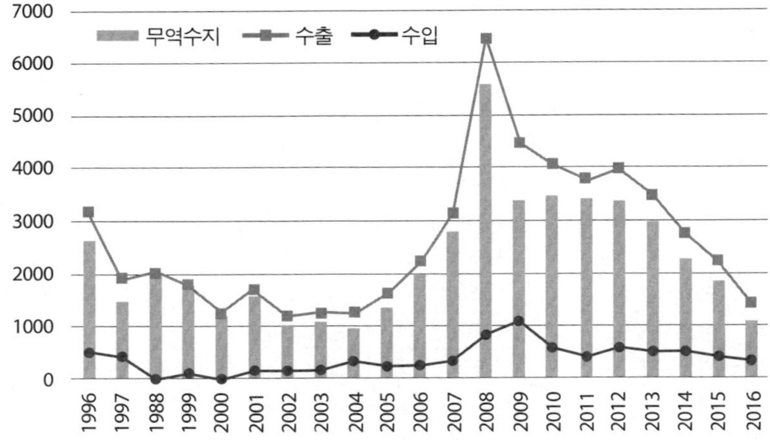

자료 : 한국무역협회 무역통계 한국무역.

목이 전체 파나마 수출의 90%를 차지하고 있다. 파나마로부터의 수입 역시 선박이 대부분을 차지하며 그 밖에 LPG, 동괴 및 스크랩과 같은 원자재를 소액 수입하고 있다.

<표 8> 한국의 對파나마 주요 교역 품목(2016년 기준)

(단위 : 천 달러, %)

순위	수출 품목			수입 품목		
	품명	금액	비중	품명	금액	비중
1	선박	1,094,056	75.9	선박	309,147	91.1
2	승용차	169,302	11.7	LPG	7,834	2.3
3	화물자동차	32,668	2.3	동괴 및 스크랩	6,272	1.8
4	타이어	16,203	1.1	고철	2,689	0.8
5	자동차부품	11,737	0.8	새우	2,461	0.7
6	아연 도강판	10,379	0.7	폐건전지	1,981	0.6
7	공기조절기	9,885	0.7	커피류	1,913	0.6
8	축전지	6,214	0.4	알루미늄괴 및 스크랩	1,535	0.5
9	건설중장비	5,888	0.4	중유	1,383	0.4

순위	수출 품목			수입 품목		
	품명	금액	비중	품명	금액	비중
10	의약품	5,578	0.4	기타금속광물	1,351	0.4
소계		1,361,910	94.5		336,566	99.2
전체		1,440,987	100		339,258	100

주 : MTI 4단위 기준

자료 : 한국무역협회 무역통계 한국무역.

3. 한·중미 5개국 수산물 교역 현황

한·중미 교역 현황에서 보듯이 한국은 지속적인 무역수지 흑자를 나타내고 있다. 그러나 수산물 교역(2014~2016년 기준)은 한국의 수출이 160만 달러, 수입이 310만 달러로 150만 달러가 적자이다. 국가별로는 코스타리카, 엘살바도르에 대해서는 한국이 일방적으로 수출이 많은 반면, 온두라스, 니카라과, 파나마에 대해서는 일방적으로 수입이 많은 특징을 보이고 있다.[4)]

4) 중미 5개국의 수산물 생산의 특징은 첫째, 대부분의 국가들이 다랑어류를 생산하고 있다. 왜냐하면 중미 국가들이 위치한 해역이 다랑어류의 회유 경로로 다랑어를 어획할 수 있는 어장이 잘 형성되어 있기 때문이다. 둘째, 양식어종은 틸라피아와 새우(흰다리새우, 얼룩새우)로 제한되어 있다. 중미 지역은 맹그로브 등의 발달, 자연조건 등으로 인해 틸라피아나 새우류 양식에 적당하며, 이러한 자연조건은 새우류를 연간 최대 3모작이 가능하다. 아울러 경제적 조건(저렴한 인건비), 상대적으로 느슨한 환경정책으로 플랜테이션 농업과 같은 방식으로 새우양식이 발전하였다. 셋째, 국가별로 어업생산이 유형화되어 있는 가운데 생산 비중이 30%를 넘는 특화 어종이 존재한다. 코스타리카의 틸라피아(양식), 엘살바도르의 가다랑어(통조림 원료), 온두라스의 얼룩새우와 틸라피아(양식), 니카라과의 흰다리새우(양식), 파나마의 가다랑어와 황다랑어(통조림 원료) 등이다.

<표 9> 한·중미 수산물 교역(2014~2016년 평균)

(단위 : 천 달러, %)

국가	수출		수입		수지
	금액	비중	금액	비중	
對세계	2,039,647	100.0	4,617,651	100.0	-2,578,004
對중미 5개국	1,614	0.1	3,132	0.1	-1,518
코스타리카	543	0.0	67	0.0	476
엘살바도르	715	0.0	0	0.0	715
온두라스	0	0.0	143	0.0	-143
니카라과	1	0.0	422	0.0	-421
파나마	356	0.0	2,567	0.1	-2,211

자료 : 한국무역통계진흥원.

對중미 수출 품목은 다랑어류가 75%로 상당 부분을 차지하고, 나머지가 고등어, 명태, 청어, 오징어 등이다. 품목은 국가별로 특화되어 있는데, 코스타리카와 엘살바도르에는 황다랑어, 가다랑어 등을 수출하고, 파나마에는 고등어, 명태, 청어, 오징어 등을 수출하고 있다. 對중미 수입은 새우가 73%로 많은 부분을 차지하고, 나머지가 새치, 어분, 가오리 등이다. 새우는 파나마로부터 수입이 가장 많고, 니카라과, 코스타리카에서도 일부가 수입된다. 새치, 어분, 가오리 등 나머지 품목은 주로 파나마에서 수입되며, 온두라스에서 기타수산물분이 수입되고 있다.

수산물 교역의 특징을 보면 한·중미 수산물 교역은 상호 겹치는 품목이 거의 없이 수출과 수입에 완전히 특화된 형태를 보이고 있다. 우리나라는 다랑어 통조림 원료를 주로 수출하고, 고등어, 명태 등을 일부 수출하는 반면, 중미로부터 새우를 주로 수입하고, 새치, 어분, 기타수산물분 등을 일부 수입한다. 또한 국가별로도 수출과 수입에 완전히 특화된 형태를 보이고 있다. 우리나라는 코스타리카, 엘살바도르, 과테말라에 대해 다랑어를 주로 수출하지만 이들 국가로부터 수

<표 10> 對중미 수산물 수출 품목(2014~2016년 평균)

(단위 : 천 달러, %)

구분	중미	코스타리카	엘살바도르	온두라스	니카라과	파나마
전체	1,736	543	715	0	1	356
황다랑어(냉동)	722	543	179	0	0	0
가다랑어(냉동)	535	0	535	0	0	0
고등어(냉동)	264	0	0	0	0	264
명태(냉동)	41	0	0	0	0	41
청어(냉동)	30	0	0	0	0	26
오징어(냉동)	25	0	0	0	0	25

자료 : 한국무역통계진흥원.

<표 11> 對중미 수산물 수입 품목(2014~2016년 평균)

(단위 : 천 달러, %)

구분	중미	코스타리카	엘살바도르	온두라스	니카라과	파나마
전체	3,199	67	0	143	422	2,567
새우(냉동)	2,341	62	0	0	422	1,857
새치(냉동)	344	0	0	0	0	344
어분	311	0	0	0	0	311
기타수산물분	131	0	0	131	0	0
가오리(냉동)	25	0	0	0	0	25
기타어류(냉동)	22	0	0	0	0	22
바닷가재(냉동)	8	0	0	8	0	0
새치(냉동)	7	0	0	0	0	7

자료 : 한국무역통계진흥원.

입은 거의 없는 반면, 파나마, 니카라과, 온두라스에 대해서는 새우 등을 주로 수입하지만 수출은 없거나 적은 규모이다.

4. 한·중미 FTA 주요 내용[5]

니카라과, 엘살바도르, 온두라스, 코스타리카, 파나마의 5개국은 모든 협정 24개 챕터에 합의를 하였다. 상품 분야에서 중미 각국 모두 전체 품목수 95% 이상에 대해 즉시 또는 단계적 관세 철폐를 약속하였다.

<표 12> 한·중미 FTA 전체 자유화율

기준	한국	중미				
		코스타리카	엘살바도르	온두라스	니카라과	파나마
품목수	95.5%~95.9%	95.2%	95.1%	95.6%	95.9%	95.3%
수입액	98.7%~100%	98.0%	98.1%	93.2%	99.1%	99.3%

자료 : 산업통상자원부 보도자료(2016.11.17)

중미는 자동차, 철강, 합성수지 등 우리 주력 수출품목 뿐만 아니라 화장품, 의약품, 알로에음료, 섬유(편직물, 섬유사), 자동차 부품(기어박스, 클러치, 서스펜션) 등 우리 중소기업 품목들도 대폭 개방하였다. 한국은 커피, 원당(설탕), 열대과일(바나나, 파인애플) 등 중미측 수출품목에 대해서는 한·콜롬비아/페루 FTA 수준으로 개방한 반면, 쌀(협정 제외), 고추, 마늘, 양파 등 주요 민감농산물은 양허대상에서 제외하였다. 쇠고기(16~19년), 돼지고기(10~16년), 냉동새우(TRQ) 등 일부품목들은 관세를 장기 철폐하는 등 국내 관련산업 피해를 최소화하였다.

서비스 및 투자 분야는 네거티브 자유화 방식을 채택해 중미측 서비스 시장을 WTO보다 높은 수준으로 개방하고, 특히 엔터테인먼트, 유통, 건설 등 우리측 관심분야에 대해 시장접근을 높였다. 통신 분야에서는 통신서비스에 대한 비차별적 접근과 공정한 경쟁 여건을 제도적으로 보장키로 합의하였다. 투자 분야의 경우, 투자자유화 조항

5) 산업통상부 보도 자료에 기초하여 재작성 하였음

과 함께 체계적인 투자자-국가간 소송제도(ISD)를 도입하여 기존의 양자간 투자협정(BIT)을 대체하였다

이번 FTA를 계기로 WTO GPA(정부조달협정) 미가입국인 중미 국가들의 정부조달시장이 개방됨으로써 우리 기업들이 에너지, 인프라, 건설 등의 분야로 진출이 가능해졌다. 우리 기업들은 중미 지역 주요사업(지하철, 교량건설 등)이 주로 브라질, 스페인 기업들에 의해 주도되고 있어 우려감을 표시해 왔으나, 이번 FTA를 통해 중미측 정부조달시장이 개방됨으로써 향후 동등한 자격으로 참여할 수 있게 되었다. 코스타리카와 파나마의 민자사업(BOT: Build-Operate-Transfer) 개방도 확보하여 우리 건설사들이 중미 지역의 대규모 건설사업에 참가할 수 있는 발판을 마련하였다. 또한 한·중미 FTA에서 무역원활화 규범에 합의하고 각종 비관세장벽 완화를 위한 규정을 마련하여 비즈니스 환경을 개선하였다. 수출입제한 조치 원칙적 금지, 수입허가관련 신규 규정 도입시 30일전에 공표 의무화, 무역기술장벽(TBT) 규정도 WTO보다 높은 수준으로 규정하였다. 수출자와 생산자가 관계기관을 통하지 않고 직접 원산지 증명서를 발급(자율 발급)받을 수 있게 하였고, 품목 분류, 원산지 인정 등에 대해 수출자, 생산자, 수입자의 사전심사 신청이 가능해졌다.

이번 FTA를 계기로 중미 지역 내 한류 확산을 위한 다양한 제도적 장치를 마련하였다. 지재권 분야에서 인터넷 드라마, 영화, 음악 등 저작물에 대한 불법 유통을 방지토록 하여 중미 지역의 한류 콘텐츠를 보호할 수 있게 되었다. 음악, 영화 등 온라인으로 전송되는 디지털 콘텐츠에 대한 내국민대우에 합의함으로써 관련 콘텐츠의 효과적 보호를 위한 법적 근거를 마련하였다. 또한 시청각 콘텐츠의 공동제작을 위한 협력을 강화한바 향후 한류 콘텐츠의 확산이 더욱 가속화할 것으로 기대된다. 한·중미 FTA의 협상내용을 평가해 보자면, 양

측은 상품, 원산지, 서비스, 투자, 지재권, 정부조달, 협력 등을 포함하는 수준 높은 포괄적 협정을 통해 이익의 균형을 이루고 상호 윈-윈 할 수 있는 결과를 도출한 것이다.

III ODA 협력 방안

한·중미 교역 현황에서 보듯이 한국은 지속적인 무역 흑자 기조를 유지하고 있다. 그러나 유엔이 정한 국제협력 우선 국가에 대다수의 카리브해 소도서국이 포함되어 있음에도 불구하고 한국의 중미 ODA 사업 실적은 상대적으로 다른 ODA 대상국에 비해 미흡한 실정이다.

현재 카리브해 소도서국가들은 세계화 및 개방화 시대를 맞아 해양으로부터 국가 경제를 살리기 위해 노력하고 있다. 비록 몇몇 국가들의 경제는 특정 광물 자원에 의존하고 있지만 대부분의 국가들은 여전히 농산물 수출에 의존하고 있다. 게다가 대다수의 국가들은 카리브해라는 지역적 특수성을 통해 해양관광산업에 경제활동을 집중시키고 있다. 물론 지나친 해양관광산업 집중 현상은 언제나 그랬듯이 경제발전과 해양환경보호를 동시에 고려하는 지속가능한 발전 모델을 도출하지 못하는 결과를 초래하고 있다.

ODA사업을 시행하는데 있어 국제사회가 요청하는 가장 중요한 요소는 효율성과 조화성을 증진시키는 것이다. 이 효율성과 조화성을 증진시키는 것은 수요국의 니즈(needs)를 정확하게 파악하고 이에 기초하여 상호간에 이해관계를 충족시키는 것이다. 따라서 우리나라의 對카리브 공동체 진출은 우선적으로 이 지역이 직면한 다양한 해양수산문제를 파악하고 이에 대한 우리나라의 협력 가능성에 기초하여야 한다.

해양수산 부문에 있어 한·카리브해 공동체 국제개발협력 이슈는 경제사회적 빈곤퇴치를 위한 지속가능한 어업, 기후변화 관련 해양과학협력, 해양운송, 해양관광, 해양오염 방지 등이다. 궁극적으로 이 지역이 현재 직면한 빈곤해결과 더불어 미래 경제발전을 위한 하나의 대안으로 해양산업 발전은 중요하며, 특히 지속가능한 발전측면에서 해양수산산업간 균형발전은 물론 경제발전과 환경보호를 충분히 고려한 통합적 협력모델이 제시되어야 한다. 특히 기후변화 취약국가들이 많은 관계로 이 지역에서 발생하는 많은 해양관련 자연재해를 최소화하기 위한 다각적인 국제협력은 가장 선호가 큰 분야라 할 수 있다.

ODA사업과 우리나라 기업 진출을 연계한 한·중미 수산협력 추진은 단계별 접근이 필요하다. 첫째, 국가별 특성에 맞추어 협력 파트너 그룹별 차별화 전략을 수립하여야 한다. 둘째, 한·중미 수산협력사업은 중미의 개도국의 수산부문 협력사업 수요를 파악하여 이들 수요 중 어업인 교육, 수산자원관리, 수산기자재 지원 등은 무상원조사업으로 추진하고, 대규모 자금이 소요되는 수산인프라 확충 및 배후단지 개발 등과 같은 사업은 EDCF 유상차관을 활용할 수 있도록 한다. 셋째, 중미지역은 수산 기술이 낙후된 국가들이 많으므로 협력 사업으로서 대상 국가에서 요구하는 수산 기술을 이전할 필요가 있다. 이를 통해 ODA사업의 실현가능성을 높이는 한편, 현지 진출기업과 연계하여 기술이전을 추진하여 원활한 사업 추진이 가능하도록 한다. 마지막으로 현지투자 및 진출 활성화를 위해 우리와의 FTA 체결 국가를 우선적으로 FTA를 활용하여 투자진출에 이용하여 시장에 진출할 수 있도록 한다. 특히 양식산업과 수산물의 유통·운반업, 가공업이 발전하지 못한 국가들이 많으므로 관련 사업들의 우선순위를 정해 순차적으로 사업을 추진한다.

IV 맺음말

소도서국가들에 대한 성공적인 ODA사업은 육지 면적보다 수천배 넓은 해양영토에서 해양수산자원개발을 통한 우리 국익 창출에 크게 도움이 될 것이다. 최근 중국과 일본은 소도서국가들의 자원을 개발하기 위해 전략적으로 접근하고 있다. 카리브 해양공동체에 대한 연구와 과학적 조사가 전무한 이 지역에 대한 해양수산협력 접근은 사전연구 그리고 단계적 협력 플랜 마련, 선택과 집중을 통한 실질적인 사업으로 연결되어야 진정한 협력이 이루어질 수 있다.

우리나라는 해양수산분야에서 축적된 경험과 기술, 우수한 인적자원을 지니고 있기 때문에 어느 국가보다 더 카리브 공동체에 대한 성공적인 해양수산 ODA 프로그램을 수행할 수 있을 것이다. 특히 이 지역의 미래 에너지 안보 및 경제 발전을 위한 해양자원 공동조사, 해양자원 공동개발 등의 분야에서 우리나라의 풍부한 해양기술과 경험 등의 상호 협력 강화는 미래 협력 증진에 초석이 될 것이다. 21세기 해양수산협력은 정부차원에서도 중요한 해양외교 이슈이다. 이러한 새로운 관점의 외교를 디딤돌하여 우리나라 해양수산기업은 더욱 안전한 투자 진출을 가속화 할 수 있을 것이다.

국제정치 관점에서 바라본 라틴아메리카 기후협상 및 기후외교 참여[1)]

하상섭(한국외국어대학교 한·중남미녹색융합센터)

I 서론: 기후변화 영향과 글로벌 안보 위협

일종의 단순 자연현상으로 인식되던 '기후변화' 이슈에 대한 오늘날 국제정치(IP) 학자들의 새로운 '안보(security)' 위협으로서 인식은 이미 기후변화로 인한 글로벌 차원의 다양한 위협이 전 지구적으로 광범위하며 발생하고 있다는 데에서 기인한다. 이미 기후위기로 인한 문제를 UN 차원에서 논의 및 해결하기 위해 그리고 새로운 안보 위협으로서 인식을 반영한 과학적/정책적 대응들이 1988년 11월 '정부

1) 본 페이퍼는 저널『중남미연구』제36권 3호, PP. 225~260에 게재한 논문을 수정 보완하여 작성됨.

간 기후변화협의체(Intergovernmental Panel on Climate Change; 이하 IPCC)를 출범시키기도 했다. 특히 IPCC가 가장 최근에 발간한 '제5차 기후변화 2014 평가보고서(일명 AR5)'는 좀 더 구체적이고 과학적 수준에서 기후변화로 인한 지구 안보 위협 요인들을 다음과 같이 6가지로 대표해 분류하기도 했다:[2]

1) 지구적 수준의 평균온도 상승은 1880년 계측 이래 가장 낮았던 1901-1910년(13.59도)과 비교해 21세기 초반인 2001년-2010년(14.47도)과 비교하면, 무려 0.88도 이상 상승했다(그림 1 참고). 하지만 이러한 대기온도 상승도 그동안 해양의 흡수로 인해 다소 축소된 과학적 분석이라고 대기 과학자들은 주장하며; 2) 이러한 지구 평균온도 상승은 또한 인류 역사에서 가장 급속도로 진행되고 있다는 것이 문제이며; 3) 지구 평균온도 상승 원인이 인간 활동 증가, 특히 화석연료(석유 및 천연가스, 석탄 등) 사용 증가, 토지이용 변경과 산림황폐화, 가축사육 증가 등으로 온실가스가 증가해 급속하게 평균 온도를 상승시켰다는 분석이 일반적이며; 4) 내륙에서 변화뿐만 아니라 해양에서 해수면은 1870년대 이후 약 20-25 센티미터(cm) 상승해 오고 있고 2100년에 이르면, 물론 그린랜드/남극 빙하의 융빙 속도에 따라 달라지겠지만, 해수면은 지금보다 약 3배-4배 더 높은 60-90 센티미터 더 상승할 것이라는 전망이 있다(IPCC 제5차 보고서); 5) 남극 해양의 융빙 문제와 더불어 기후변화와 해양에의 영향에서 주목할 것은 탄소흡수원 역할을 해 온 해양이 급속도로 산성화되어 해양자원 고갈은 물론 인류의 식량안보에 악영향을 주는 새로운 해양 위협이 증가할 것이라는 전망과[3]; 마지막으로 6) 기후변화로 인한 극심한 날씨변동은 기

2) IPCC의 제5차 평가보고서(2014년 11월 보고서 완료) 참고.

3) 해양과학자들은 배출되고 있는 이산화탄소의 약 50% 정도는 해양이 흡수한다고

<그림 1> 지구 평균온도 변화 시대별 비교(1880년-2010년, 단위: 평균온도)

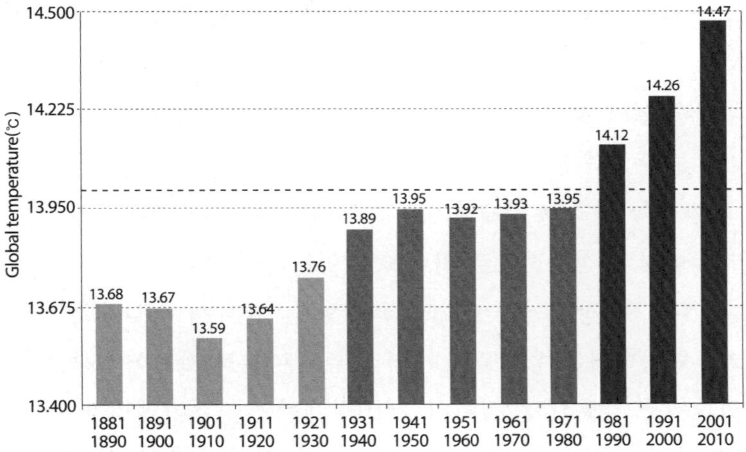

출처 : WMO(2013), p.4. 직접인용.

존과는 다른 패턴의 기상이변(예를 들어, 가뭄/홍수/태풍 등의 강도나 발생 빈도 증가로 인한 자연재해 피해 증가 현상 등)을 발생시킬 것이며 대기, 해양, 내륙과 숲 등 다양한 영역과 지역 수준에서 개별 국가는 물론 글로벌 차원에서 안보를 위협할 것이라고 경고하고 있다.

다시 말해서, 기후변화 이슈에서 오늘날 개별국가들이 경험하고 있는 기후변화 영향은 국가 안보를 상당히 위협하고 있는 것으로 등장해 있으며, 특히 지구온난화의 문제는 이미 해결 방안에서 개별 국가를 넘어서 글로벌 차원에서 인류가 함께 해결해야 하는 공동안보 이슈로 등장했다고 볼 수 있다. 지역과 국제적/지구적 수준에서 발생하고 있는 다양한 기후변화 문제에 대한 공동 해결방안 모색은 물론

평가하고 있으며 급속한 산성화로 인한 해양 생태계의 파괴는 물론, 해양에서 먹이사슬의 붕괴는 전 세계 다양한 해양공동체의 식량안보는 물론 일상생활의 파괴를 불러올 수 있다고 경고 중(National Geographic 2014 참고).

이 과정에서 발생하고 있는 갈등과 분쟁 등을 해결하기 위해 UN 차원의 정부간기후변화협의체(IPCC) 및 당사국총회(COP)마저 등장했다.[4)]

본 장은 위와 같은 점증하는 기후협상 및 기후외교의 필요성을 전제로 오늘날 기후협상에 참여 중인 라틴아메리카 주요국들의 기후외교 참여 현황 그리고 국제정치적 관점에서 왜 이들 국가들은 기후외교/기후협상에 적극적으로 참여하고 있는가에 대한 원인 규명에 목적이 있다. 제II장에서는 오늘날 국제정치이론에서 기후변화/기후외교/기후협상이라는 용어들이 개념적 혹은 이론적으로 어떻게 논쟁되고 있는지를 검토해 볼 것이며, 제III장에서는 라틴아메리카 주요 개별국가들의 기후외교 참여, 특히 소그룹 유형 참여 방식 및 실제 참여 현황을 다양한 소그룹 참여 사례를 통해 살펴봄은 물론 국제정치 이론적 관점에서 해석을 시도해 본다.

II 라틴아메리카 기후변화 이슈 관련 연구

기후변화 참여 관련 국제정치적 접근 혹은 기후변화 이슈를 새로운 국제정치적 안보 개념으로 인식해 라틴아메리카 지역 사례를 정의/분석/설명하고 있는 학술적 노력은 드물다. 그럼에도 불구하고 학계는 라틴아메리카 지역에서 점증하는 기후변화 영향과 취약성에 대한 경제사회적 혹은 과학적 현상 분석은 상당히 진전된 상태이다. 특

4) 예를 들어, 1992년 Rio 지구정상회의 및 리오협정서를 통해 탄생한 유엔기후변화협약(UNFCCC) 그리고 이후 기후변화 이슈를 기후외교/기후협상을 통해 다루는 유엔기후변화당사국총회(COP) 등.

히 이러한 현상에 대한 분석적 접근은 다양한 학문적 영역으로 확대되어 많은 연구 결과들로 축적되고 있다. 예를 들어, 라틴아메리카 지역은 여타 다른 국가들이나 지역(유럽, 미국, 중국, 한국 등)과 비교해 온실가스 배출은 상대적으로 적지만 기후변화 영향에 대한 취약성은 어느 지역보다 높다는 지역 특징에 대한 과학적 관찰(대기과학 및 기상학)을 시작(정경원·하상섭 2015)으로 많은 라틴아메리카 지역 연구 관련 국제기구들(세계은행, 미주개발은행 등)이 선도적으로 글로벌 공공외교 차원에서 연구해 온 '기후변화와 국제협력' 라틴아메리카 지역 의제 개발 정책 보고서들은 대표적인 결과물들이다. 환경과 기후변화에 대한 국제협력을 담당하는 국제기구들(UNFCCC, UNED, UNDP 등)이 주목해서 관찰 보고해 온 라틴아메리카 지역 '기후변화 적응과 완화 부문' 국제협력(정책, 기술, 금융) 잠재성 보고서, 그리고 이들이 인용하는 협력을 위한 효율적 방안과 이들 기관들이 제공하는 기후변화 관련 과학적 분석 자료들도 오늘날 라틴아메리카 지역을 대상으로 기후변화 연구를 더욱 풍부하게 하고 있다.

특히 이러한 자연과학적 분석 자료들을 기반으로 한 다양한 기후변화 국제협력 학술 네트워크의 발전은 국가의 경계를 벗어나 글로벌 시민 네트워크를 구성하고 있기도 하다(기후변화 글로벌 시민연대). 지속가능한 발전 목표(SDGs)을 위한 글로벌 차원의 협력 의제로도 기후변화 이슈가 포함되면서 국내의 수많은 정부 기관들(외교부, 환경부, 환경공단, 환경산업기술원, 국제개발협력단 등)과 민간 연구소 그리고 라틴아메리카 지역 전문가들도 기후변화 이슈를 중심으로 국제협력 정책 혹은 보고서로 많은 결과물을 생성해 내고 있다. 이러한 보고서들과 정책 연구들은 실제 한국과 라틴아메리카 지역 사이 국제개발협력은 물론 지속가능한 발전 분야에서 협력 프로젝트로 발전 이행되고 있기도 하다.

위와 같은 다양한 영역에서 연구나 국제협력의 필요성이 증가하고 있는 가운데, 좀 더 구체적으로 라틴아메리카 지역의 기후변화 취약성 문제를 이 지역의 미래 안보를 위협하는 새로운 이슈로 넓게 인용하고 있는 연구들이 목격되고 있다.[5] 정치사회적학 관점에서 바라본 기후변화는 일종의 '위험사회'로의 진입에 대한 경고를 하고 있다. 예를 들어, 기후위기지수(Climate Risk Index; CRI) 분석은 라틴아메리카 지역(특히 빈곤 국가들인 중미-카리브 지역 국가들이 10위권 내에 4개국 포함, 표 1 참고) 기후변화 영향에 대한 적응과 완화에서 가장 높은 취약성을 가진 지역으로 분석하며 개별국가 및 지역 공동체 차원의 새로운 기후안보 시스템 구축 필요성을 제시하고 있기도 하다.[6]

라틴아메리카 지역의 기후변화 취약성에 대한 경제학적 관심도 증가 추세이다. 예를 들어 미주개발은행(IDB), 유엔(UN)산하 라틴아메리카/카리브경제위원회(ECLAC 2013), 세계자연기금(WWF) 그리고 다양한 기후변화 취약성 시나리오와 경제적 비용 분석 모델 등은 이 지역 기후변화로 인한 온도상승(2.5도 예상)과 취약성 증가로 인해 라틴아메리카 개별 국가들의 경우 - 취약성 정도에 상당히 따라지만 - 2050년까지 적응 비용으로만 각각 GDP의 1.5%-5%까지 지불해야

5) 예를 들어, 라틴아메리카 기후변화의 영향과 적응, 온실가스배출 상황과 배출감축 노력 그리고 다양한 유형의 완화전략 분석 등을 오늘날 국제기구들이 인용하고 있다. 국내에 이미 "21세기 라틴아메리카 기후변화에 대한 새로운 도전: 저탄소 성장을 향한 대응과 적응" 번역본이 출간(정경원/하상섭 2015) 되었다.

6) 기후변화와 연관해 쓰는 '취약성' 개념은 크게 두 가지 측면에서 파악될 수 있는데, 1) '생태적·물리적 취약성'으로, 이는 외부적 위해(hazard) 요소에 따른 부정적 영향을 말하며, 주로 기후변화와 재해의 강도 및 빈도에 대한 물리적 노출이 원인이라고 보며, 2) '경제적·사회적 취약성'으로 이는 개인 가정이나 지역 공동체가 본래 가지고 있는 사회적·경제적·정치적 요인들을 종합한 선험적 상태(a priori state)를 의미하며, 특히 재해가 발생될 수 있는 사회시스템의 내재된 속성이나 질을 말하는데, 동일한 외부 충격과 영향을 받더라도 경제사회적 피해 정도는 개인이나 공간(농촌, 도시, 지방, 지역, 국가)별로 민감도에 따라 다르게 나타난다는 측면을 강조한다. 출처: 이희연(2014)의 취약성 실태와 기후변화 관련 논문에서 보완 인용함(p. 96).

<표 1> 장기간 기후위험지수 분석 10개국 중 중미-카리브 국가 순위
(1996-2015, 연평균)

순위	국가	지수	사망	사망 *	피해+	피해 #	재해 ‡
1	온두라스	11.33	301.90	4.36	568	2.1	61
3	아이티	18.17	253.25	2.71	221	1.5	63
4	니카라과	19.17	162.90	2.94	234	1.2	44
9	과테말라	33.83	97.25	0.75	401	0.5	75

Countries most affected by extreme weather events (1996-2015)	
1	Honduras
2	*Myanmar*
3	Haiti
4	Nicaragua
5	Philippines
6	Bangladesh
7	Pakistan
8	Vietnam
9	Guatemala
10	Thailand

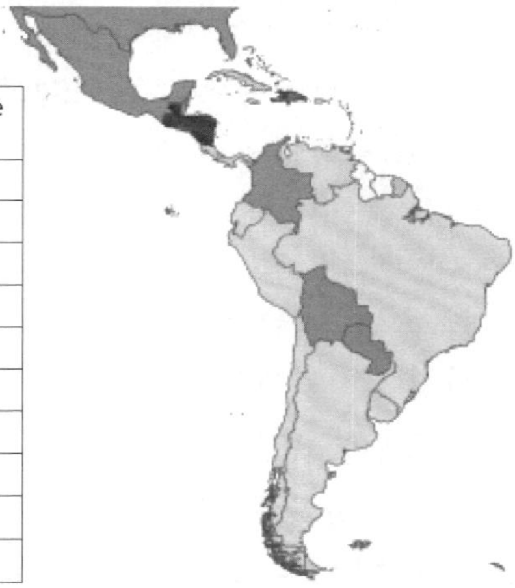

Climate Risk Index: Ranking 1996-2015 1-10 11-20 21-50 51-100 >100 No data

설명 : 중미-카리브 지역 외에 10위권 순위에 포함된 국가들은 대부분 아시아 국가들로 2위가 미얀마, 5위가 필리핀, 6위가 방글라데시, 7위가 파키스탄, 8위가 베트남, 10위가 태국이 포함됨; 지수는 낮을수록 위험도 큼; *: 십만 명 당; +: 경제사회 피해액(백만 달러, PPP); #: 년 대비 경제생산단위 피해(%); ‡: 기후변화 영향 수(자연재해 등).
출처 : Sönke Kreft, et al. 2017, p.6(좌)과 p.10(우 지도) 선별 인용함.

한다고 경고하고 있기도 하다.[7]

정의론 관점의 연구도 일보 진전된 상태이다. 특히 환경정의와 기후변화에 대한 연계성 연구는 '주어진 환경과 사회적 차이'를 중요한 변수로 관심을 집중해 시민사회의 권리 침해는 물론, 라틴아메리

7) 중미 지역의 기후변화로 인한 이 지역의 주력 산업인 농업(바나나 및 커피 생산) 피해에 대한 분석은 Pablo Imbach et al.(2017) 참고.

<그림 2> 2.5도 온도상승에 대한 경제적 지불 비용 비교(GDP, %)

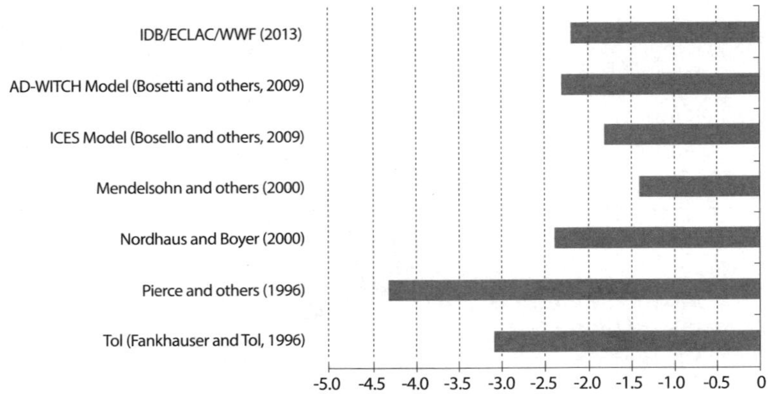

출처 : ECLAC 2015, p. 23.

카처럼 사회적 차이(인종적, 지역적, 도-농간, 소득격차, 사회적 불평등 등)가 강한 특징을 보이는 사회적 구조에서 기후변화 영향과 취약성은 사회적 차이에 노출된 많은 취약 계층(빈곤, 저소득, 도시빈민, 농촌의 소농, 원주민 공동체)에게 더 많은 피해를 주어 사회적 격차나 불평등을 발생시켜 미래 사회적 통합을 저해하는 중요 요인이라고 주장하고 있다(Mattias and Patricia 2016: 8-11).[8]

8) 정경원·하상섭 외(2012), 『라틴아메리카에서 환경정의: 쟁점, 약속, 실행』 참고.

Ⅲ 국제정치이론 관점에서 기후외교/기후레짐 발전과 참여

1. 기후변화와 안보

기후변화 영향 증가에 따른 다양한 영역에서 취약성 및 위기 증가는 동시에 천문학적 규모의 경제사회적 피해 증가를 불러오고 있어 국제정치학계에서도 기후변화 이슈를 새로운 안보위기 개념으로 인식하고 이에 대한 기후외교 중요성을 강조해 오고 있다(IISS 2017).[9] 이러한 추세는 구체적으로 1992년 브라질 리우에서 유엔기후변화협약(UNFCCC, 155개국 서명), 1997년 "기후변화 교토의정서" 그리고 2015년 말에는 2020년 만료 예정인 교토의정서 이후의 새로운 기후변화 체제를 수립하기 위한 "파리기후협정(COP21)"이 채택되었다는 데에서 확인된다. 위처럼 기후변화 이슈는 이미 파리기후협정 이후 원인과 결과에 대한 논쟁에서부터 출발해 공동의 해결을 추구하는 글로벌 안보 이슈로 등장했으며 국제적으로 집단적 행동(collective action) 과정으로 옮겨와 있다. '글로벌 안보와 글로벌 공익(Global Security and Public Good; GSPG)' 추구 및 집단적 문제 해결을 위한 국제협력과 기후외교 강화는 이미 국제사회의 필수사항이 되었다. 물론 이러한 흐름에도 불구하고 국제사회의 기후변화 대응에 대한 절대적 합의는 잘 이루어지고 있지 않다. 각 개별 국가들이 처한 거시경제 상황은 물론, 공동 문제 해결을 위해 상호 분담해야 하는 개별 국가 차원의 경제적

9) 국제전략연구연구소(IISS)는 기후변화 이슈는 이제 단순히 개별 국가의 혹은 자연환경에만 영향을 미치는 것이 아니라 지역별, 대륙별 그리고 글로벌 차원에서 다양한 경제사회적 위기를 가져오고 있으며, 이로 인한 국가별, 대륙별로 갈등이 증가해 결국에는 군사안보상의 기후전쟁(climate Wars)으로 옮겨가 세계 평화를 위협할 수 있어 이제는 글로벌 '안보' 이슈로 이를 다루어야 한다고 주장하고 있다.

비용에 대한 국가능력 문제(선진국과 개발도상국), 혹은 기후외교와 기후레짐(climate regime) 구성 과정에서 자발적 및 소극적 참여(예를 들어, 무임승차 현상) 등은 종종 참여 개별 국가들의 책임감 부재 문제로 논쟁되고 있기도 하다. 이러한 현재의 국제사회의 상황을 고려해 보면 개별 국가 차원 혹은 집단적 차원의 문제 해결 방식에 대한 기후레짐체제는 따라서 실질 기후외교 과정에서 발견되는 '협력적', '일방적' 그리고 '비활동적' 등 다양한 유형의 참여 태도를 보이고 있다고 볼 수 있다.

2. 국제정치이론과 기후변화 이슈

1) 현실주의 관점

국가별로 이러한 다양한 유형의 참여 정도와 태도는 사실 국제정치 이론과 맥락을 함께 하고 있다. 예를 들어, 개별 국가의 기후변화 참여에 대한 국제정치이론 중 현실주의 관점의 접근은 참여의 유무에서 명확한 태도를 보여주고 있다. 기후외교 참여 행위와 단위를 실질적으로 '국가'로 가정함과 동시에, 무정부 상태를 국제사회의 정체성으로 파악/이해하고 있는 현실주의 입장은 힘이 강한 국가가 자국의 정치적, 경제적, 군사적 이익을 실현하기 위한 방법의 하나로 자국의 상대적 힘을 활용한 기후외교 참여를 선택하기 때문이다. 따라서 오늘날 국제협상이나 협력을 통해 발전시킨 기후레짐(UNFCCC) 혹은 기후변화 관련 국제기구들에 대한 적극적/소극적 참여 선택이나 결정은 개별 국가들을 그다지 구속할 수 없다. 현실주의 입장에서 국가는 합리적인 개인처럼 자국의 이익을 추구하는 유일한 존재로서 가정되기에 단일한 정체성을 가진 합리적 행위자로서 기후변화 협상이나 기후외교 참여는 오로지 국가이익에 부합하는지 안하는지에 달려 있다. 글로벌 차원의 기후변화 해결을 위한 공공안보 지지, 글로벌 공익 추구, 윤리와 도덕 혹은 기후정의 실현 등의 가치 중심 기후외교 참여는 현실주의 입장에서 보면 사실 수용하기 어렵다. 특히 장기적인 관점에서 글로벌 공동문제 해결을 위한 단기적 희생과 인내도 종종 힘을 가진 국가들에 의해 거부되는 경향이 강한데, 예를 들어 기후외교 참여를 통해 발생하는 국가이익과 비교해, 참여함으로써 감수해야 하는 개별 국가의 경제적 희생이 더 크다고 판단되면 기후외교 참여에 대한 선택은 더욱 좁아지기 때문이다(David Ciplet et al., 2015: 24).

현실주의 차원의 기후외교는 따라서, 자연 생태계와 인류의 생존을 위협하는 지구온난화에 대한 글로벌 차원의 기후안보 협약으로 출발했음에도 불구하고, 참여국의 복합적인 국내 정치·경제적 요인들, 혹은 개별 국가의 특수한 상황 인식과 차별적 수용을 반영한 일종의 국가이익을 대변하는 협약으로서만 기능한다. 이와 더불어 정치·경제적 차원의 국가이익을 추구하는 국가 간 갈등은 따라서 국제적으로 확대해 보면 다소 구조적 측면으로 설명 가능한 선진국-개발도상국, 선진국-선진국, 남-북 문제와 연결되어 이를 반영한 다양한 기후변화 협상 소그룹들(제3장)로 이합집산의 결과만을 낳고 있다. 일종의 기후변화에 대한 구조적 차원의 세력균형 개념이 적용되고 있는 현실이다. 이러한 상황 하에서 현재 국제레짐 차원에서 발전해 있는 유엔기후변화협약은 이러한 참여와 협상에서의 구조적 문제를 십분 이해하면서 선진국과 개발도상국 간 상호이익 실현을 목표로, 다시 말해서 각자의 상황을 적극적으로(서로 상반된 입장을 조정한 결과로서) 수렴한 조건 하에서 구성 운영되고 있다. 예를 들어 기후협약 제3조에서 나타나듯이 "공통의 그러나 차별화된 책임의 원칙(common but differentiated responsibility)" 규정과 국제적 합의는 국가 간 혹은 지역 상호 간의 갈등과 이익을 중간 정도(균형)에서 봉합한 결과로 해석할 수

있다.[10)]

2) 제도주의 관점

이와는 대조적으로 자유주의와 이를 계승한 신자유주의적 제도주의의 입장은 다소 다르다. 물론 제도주의는 국제 사회에서 국가 간 힘의 차별을 인정하면서도, 궁극적으로 힘의 우위에 기초한 국제 갈등보다는 국가 간 협력에 기초한 상호 이익 창출을 위해서 우선적으로 갈등 해결 제도 형성(다양한 국제기구의 등장 원인)이 중요하며 이를 대표하는 제도로서 오늘날 UNFCCC의 중요성을 강조한다. UNFCCC는 하나의 '제도' 혹은 '레짐'으로서 역할을 하며, 다자 협력이라는 정체성을 가지고 있고 기후변화로 인해 발생하는 국가 간 갈등 요인들을 가장 잘 조정하며 동시에 개별 국가들의 제도 참여 인센티브를 제공함은 물론, 개별 국가들에게 책임 있는 기후변화 대응 행동을 요구하고 있다. 개별 국가들의 참여 인센티브는 또한 시장 중심의 그리고 상호 경제 이익 창출의 입장에서 국제협력 가능성이 논해져 왔다. 현재 진행 중인 유엔기후변화협약(UNFCCC)나 혹은 포스트-교토의정서(Post-Kyoto Protocol)에 대한 개별 국가들의 적극적인 참여를 통한 온실가스저감 합의와 국가별 이산화탄소 저감 행동은 다분히 '비용-편익' 분석에 따른 선택이다.[11)] 이러한 경제적 관심과 시장 중심에 기초한 국제사회의 기후레짐 참여와 대응 및 기후외교 행동은 오늘날 '청정개발메커니즘(CDM)'에 참여, '탄소무역(Carbon Trade)' 강화, 국가 단위

---

10) 김현진·하영선(2009), "기후변화의 국제정치", pp.126-30 참고.

11) 비용-편익 분석(Cost-Benefit Analysis): 효과를 금액과 같은 화폐적·재무적 측정치로 측정하는 것으로, 하나의 사업 또는 작업을 진행하거나 새로운 기술을 도입할 때, 소요되는 비용과 이에 따른 이익의 발생 형태를 시간의 경과에 따라 분석해내는 작업이다. 손익 분기점의 파악, 기술 도입에 따른 추후의 손익 발생 추이 등을 조사하는 데 사용되는 도표 분석 방법이다(일명 CBA라 불림 출처: 지형공간정보체계 용어사전, 2016. 1. 3., 구미서관).

의 온실가스 '배출권거래제(ETS)' 이행 등 무역과 경제적 교환 방식으로 발전해 있다. 기후변화 적응과 완화에 대한 선진국과 개발도상국 사이의 새로운 기후투자국제협력(녹색기후기금; GCF)은 물론 온실가스 저감 관련 녹색기술이전(특히 온실가스 저감을 위한 에너지효율화 및 재생에너지개발 분야) 참여 방식도 오늘날 신자유주의적 제도주의 관점의 기후외교를 대표하는 방식으로 등장해 있다.

국제정치이론에서 전통적 축인 '현실주의'와 시장중심 '자유주의' 입장과는 달리 신자유주의적 제도주의 관점의 국제적 '기후레짐' 형성은[12] 다수의 개별 주권 국가로 구성되어 있는 분권적 국제체계에서 공동합의를 통해 효율적으로 다루어지기 힘든 지구온난화/기후변화와 같은 글로벌 차원의 안보 이슈를 다루는 데에 중요한 역할을 한다. 오늘날처럼 국가 간 상호의존은 심화되고 글로벌 차원의 공동문제 해결에 의지가 감소하고 있는 가운데 국가 간 상호이해와 이에 기초한 실질 정책 조정이라는 역할은 새로운 형태의 '정치적 권위(authority)'와 새로운 유형의 거버넌스가 요구된다. 따라서 오늘날 기후변화 관련 국제레짐(유엔기후변화협약, 의정서 등)은 국제기구(UNDP, UNEP, World Bank 등)를 포함할 뿐 아니라, 지구온난화 및 기후변화 문제에 대한 역내 혹은 글로벌 차원의 공동 해결 메커니즘 형성 과정에서 중요한 역할을 담당하는 많은 행위자(시민사회, 국가, 국제기구 등) 간의 '묵시적인 이해(implicit understanding)'는 물론, 좀 더 넓은 개념에서 기후변화 국제협력의 '원칙과 제도(collaborative principles and arrangements)'마

12) "국제레짐은 일반적으로 국제관계의 특정 쟁점에 있어서 개별 국가들에 의해 합의가 된 명시적 혹은 묵시적인 규칙을 지닌 제도로서 관습을 포함한다 ... 광의의 국제레짐 이론은 국제레짐의 독자성의 유무에 상관없이 국제레짐이 어떻게 생성되고 유지, 확대되며 쇠퇴하는가를 설명하려는 모든 종류의 이론들을 통칭하여 부를 때 사용하며 레짐의 국가행동에 대한 독자적인 영향력을 인정하지 않는 현실주의 이론까지도 여기에 포함된다." 출처: 박재영(2009), 『국제정치 패러다임』, 법문사.

저 포함된다(Ruggie 1982). 다시 말해서 기후레짐은 글로벌 기후변화 분야 국제협력에 참여하는 많은 행위자들이 기대하는 바가 수렴되는 '명시적' 혹은 '묵시적'인 원칙, 규범, 규칙 그리고 정책결정 절차로 정의할 수 있으며(Krasner 1982) 점차 복합적 유형의 구조와 다양한 행위자가 참여하는 방법으로 발전해 오고 있다.

코헤인과 데이비드(2010)는 오늘날 기후레짐을 '레짐 복합성(regime complex)' 관점에서 이해할 필요가 있다고 주장한다. 이는 기후변화 이슈에 대한 개별 국가들 간 포괄적 합의나 혹은 완전한 분열이 아닌 형태로 단순히 국제제도와 증가하는 참여 행위자가 기후레짐을 만드는 과정으로 이해되기 때문이다. 이러한 논의는 다양한 유형의 제도나 행위자들의 참여 다양성 보장과 이에 기초한 '기후 민주주의' 실현은 가능하지만 오늘날 기후레짐 발전의 장애요소인 '구속력 있는' 레짐 형성에는 한계점으로 지적되고 있다. 신자유주의적 제도주의 차원의 기후레짐의 단점은 따라서 이들 수많은 제도와 행위자들이 다양한 포지션과 역할을 가지고 산재해 있어 쉽게 중요한 결정(예를 들어, 구속력 있는 기후변화사법재판소 설치 합의)이나 모든 개별 국가들이 동의하는 고정된/의무적 차원의 국제협력(기후협상에 이미 참여한 국가들에 대한 기후변화 관련 국제조약 탈퇴 금지 등)을 어렵게 한다는 비판도 존재한다. 예를 들어, 다양한 참여자의 수용, 1국가 1표 원칙과 수평적 형태의 의사결정제도를 수렴하고 있는 UNFCCC 시스템도 사실 내재해 있는 다양한 제도들과 정책결정에 영향을 미치는 위와 같은 기후변화 레짐 복합성을 고려한다면, 단기간에 기후외교를 통해 통합된 국제협력을 강화하고 강력한 기후 리더십을 가진 기후레짐으로 발전/전환은 더딜 수밖에 없다는 한계성을 갖는다.

3) 구성주의 관점

'구성주의'는 현실주의와 자유주의 혹은 이를 계승한 자유주의적 제도주의 학자들이 기후외교에 참여하는 정치 행위자를 '합리적 선택'을 통한 개인의 물질적 이익(Material Interest)을 극대화하려는 의도를 가진 '경제적 인간'과 이의 외교적 노력이라는 가정에 반대하면서 논쟁은 출발한다(Alexander Wendt 1999). 구성주의 학자들은 현실주의와 자유주의적 제도주의의 인식론적 관점에서 주장하고 있는 '이익이라는 관념을 물질적인 것에 한정시키는 동시에 이를 정치 행위의 이론적 원리로 채택함으로써 행위자의 동기와 의도를 지나치게 획일화' 하였다고 강하게 비판한다. 구성주의 이론가들은 오히려 "행위자의 이익(Interest)이라는 것이 어떻게 '구성(constitute)'되고 '대표(represent)'되는가에 대한 근본적인 질문을 던지면서 기존 이론들에 의해 객관적 현실로 간주되어 왔던 국제정치의 물질적 구조에 대한 비판적 시각을 '사회학적' 인식론을 통하여 풀어내었다"(Alexander Wendt 1999; 최종건 2007).

다시 말해서 구성주의는 물질적 이익에 근거한 획일적 합리성을 넘어서 이익에 대한 관념적 구성이 행위자의 규범과 정체성 그리고 문화에 따라 다르게 나타날 수 있으며 동시에 국가의 행위도 이와 같은 논리에서 획일적이지 않다는 점을 강조해 왔다.[13]

기후변화와 관련해 구성주의 입장은 과학자들에 의해 기후변화에 대한 과학적 지식은 지속적으로 구성되고 있으며 특히 자연 과학계의 양적 분석 도구를 활용한 기술적 묘사(예를 들어, 과학자들의 기후변화 영향 관찰분석과 미래 시나리오를 담은 IPCC 5차 평가 보고서)와 사회과학계의 기후변화와 관련된 연구에서 사회문화적 가치분석(value analysis)에 기초

13) 국제정치 이론에서 구성주의 논쟁은 (최종건 2007: 5-7) 그리고 구성주의와 기후변화 관련한 논문은 (김상현 2010: 1-2) 참고.

한 접근 혹은 기후변화와 인간 삶에 대한 영향과 이의 새로운 관계 변화 해석(위기에 대한 실제 경험 등) 등 다양한 관점에서 구성주의 입장을 발전시켜 오고 있다.

1990년대 들어 국제사회가 기후변화 문제를 심각한 글로벌 안보 위기로 인식하기까지는 실제적으로 다양한 유형의 그리고 국가별, 대륙별로 기후 재난을 경험하고 이에 대한 과학적 원인 분석(특히 인위적 재난 성격의 강수량 변화 및 빈번한 홍수 현상) 에 주도적/적극적으로 참여한 다양한 국제기구들(WB, IEA)들의 기후변화 영향 분석 보고서의 역할은 중요했다(Khan 2014). 이들 국제기구들이 기후변화 영향과 원인 분석을 통해 해결 방안으로 제시한 국제협력 필요성은 천문학적 규모의 경제사회적 피해가 집중된 개발도상국들을 중심으로 목소리가 나오기 시작했다. 이 과정에서 대부분의 온실가스 배출은 선진국이지만 경제사회적 피해는 개발도상국이 경험하고 있다는 국제적으로 다소 불합리한 구조에 대한 인식과 이를 제도적 혹은 레짐적 차원에서 공동 해결해야 한다는 당위성이 제기되기 시작했다. 특히 '기후정의' 실현 목표는 이후 기후레짐 형성의 중요한 가치가 되었으며 글로벌 수준에서 많은 대학, 환경과학자, 연구자들은 물론 INGOs, 기후변화시민연대운동 등이 기후정의 실현을 목표로 하는 학술적, 정책적, 제도적 대안들을 제시하기 시작했다(Khan 2014: 31). 이와 같은 다양한 참여자들의 의견이 국제사회에서 수렴되기 시작하면서 1997년 교토의정서는 채택되었다. 특히 의정서는 1992년 UNFCCC(제2항)에서 합의한 '기후 시스템에 대한 위험하고 인위적인 개입에 대한 적절한 행동과 방지를 위한 국제적 합의'에 대한 레짐 차원의 적극적 반응으로 발전했으며 이후 이를 더욱 발전시킨 2009년 '코펜하겐 합의(Copenhagen Accord)'에서는 온실가스 배출에 더 많은 책임이 있는 선진국들에게 구속성 있는 방법으로 온실가스 배출을 강하게 제한하는 기후레짐으로 급진적 변화를 가져오기도 했다.

구성주의 관점의 기후 전문가들의 논의에 의하면 기후변화에 대한 '실제' 위협과 인식은 따라서 '주관적'인 것이며 '진실'은 개별적 인간 자신들의 경험들(역사, 문화 그리고 실제 체험)을 반영하여 구성 혹은 해석되며 동시에 고정된 것이 아닌 '동적인 진화' 과정을 통해 오랫동안 다른 사람들과 다른 존재 간의 상호행위에서 도출된 결과들을 토대로 기후협력과 기후외교는 이루어져야 한다고 주장한다. 이러한 구성주의 관점의 기후외교는 따라서 자유주의 차원의 경제적 합리주의나 국가이익에 바탕을 둔 현실주의 차원의 협상 논리보다는 '지식(과학적 사실 분석과 평가에 기반), 합의된 규범 준수 그리고 기후정의 실현 등의 '가치'에 기초해서 국제협력은 진행되어야 정당하다고 주장한다. 특히 기후의제 구성을 위한 다양한 참여 그리고 정기적인 과학적 지식의 축적과 과학적 평가에 기초한 상호주관적 절차를 통해 기후외교 및 국제협력은 새로운 기후 거버넌스로 발전해 가야 한다고 강조하고 있다(Khan 2016: 17-18).

IV 라틴아메리카 기후외교와 협상 참여의 실제

1. 라틴아메리카 소그룹형 기후외교 참여 현황

라틴아메리카 기후변화 이슈를 국제정치 및 기후레짐 관점에서 유일하게 연구한 에드워즈와 로버츠(Edwards and Roberts 2015)는 『분열된 대륙: 라틴아메리카와 기후변화 글로벌 정치학』 이라는 저서를 통해 오늘날 왜 라틴아메리카 개별 국가들에서 기후변화 이슈와 기후외교가 중요한지 그리고 남미 국가들 중 어느 국가가 가장 역동적으로 기후외교 협상에 참여하고 있고 가장 효율적 방법은 무엇이고 현실적 한계는 무엇인지를 다양한 각도로 분석했다.[14] 라틴아메리카 지역을 대표해 가장 활발하게 기후외교에 참여 중인 '칠레'와 '코스타리카' 사례를 주목하는가하면 글로벌 기후협력에 적극적인 기후외교 협상 그룹인 '라틴아메리카/카리브 독립협회(Independent Association of LAC: AILAC)'의 등장 배경과 라틴아메리카 기후외교에서 새롭게 주목받고 있는 사례로 소그룹형 참여 방식을 분석하기도 했다.[15]

개별 국가들의 기후레짐에 대한 회원국으로서 참여도 중요하지만 오늘날 라틴아메리카 국가들의 기후외교 참여 방식은 소그룹형 참여에 대한 특징을 보인다. 국제적 수준에서는 기존의 개발도상국 그룹인 G77의 참여에 잔류하면서, 역내에서는 라틴아메리카 지역만을

14) *A Fragmented Continent: Latin America and the Global Politics of Climate Change,* MIT Press 그리고 서울대 트랜스라틴 웹진에 소개함 (하상섭 2017 참고).

15) 미국의 브로킹스(Brookings) 연구소는 이 기후변화 국제협상 소그룹을 빈곤국과 선진국도 아닌 '중간 국가들의 반란'이라고 분석하면서 기존의 중국과 G-77 블록이 참여하는 기후변화 협상그룹의 변화 야기를 주목하고 있다. 이 소그룹은 선진국들로부터 경제지원과 투자증대 그리고 기술이전을 통한 저탄소 발전을 지향한다고 천명한 바 있다.

특화하거나 이를 역외로 대표하는 새로운 협상 소그룹을 발전시켜 협상력을 강화해 오고 있다는 특징이 강하다. 이러한 유형의 기후협상 소그룹 형성으로 예를 들어 2012년 라틴아메리카의 개별 국가들은 칠레와 코스타리카를 중심으로 콜롬비아, 페루, 과테말라, 파나마, 온두라스, 파라과이, 8개국이 참여하는 기후외교 그룹을 새롭게 결성하였다. 이 협상 그룹은 기후변화 국제협상에서 '제3의 길'을 표방하며 지역을 대표하는 새로운 기후외교 협상 그룹으로 부상했다. 이러한 라틴아메리카 지역에 특화된 소그룹 유형들은 개별국가들의 정치경제적 특징과 협력 이슈가 충분히 조건화된 형태, 예를 들어 경제통합 공동체와 연계하거나 혹은 기후변화 관련 특정 이슈별(예를 들어, 에너지동맹 혹은 산림공동체 등)로 연계해 개별국가 수준을 넘어 그룹형 기후외교 연대 레짐으로 발전해 그룹형 기후협상에 참여해 오고 있다 (표 2).

위의 <표 2>에서 보듯이 오늘날 라틴아메리카 개별 국가들은 다양한 기후협상 소그룹에 참여해 기후레짐에서 기후협상력을 강화해 오고 있음을 살펴볼 수 있으며 개별 국가 차원에서는 대표적으로 칠레와 코스타리카가 가장 활발하게 여러 협상 그룹에 중첩적으로 참여해 기후외교를 강화해 오고 있음을 알 수 있다. 특히 칠레는 OECD 국가(2010년 가입)임에도 불구하고 멕시코(1994년 가입)와는 달리 여전히 개발도상국 모임인 G77은 물론 남미 지역을 대표하는 카르타헤나 대화 그리고 공동으로 산림 분야를 중심으로 연대한 열대우림국가연합에 참여하고 있으며 이외에도 기후변화에 대한 '높은 취약국가그룹(GHVC)'에도 회원국으로 참여해 다양한 영역과 이슈에서 기후외교 기회를 강화해 오고 있다. 참여한 회원국의 영향력과 규모면에서는 브라질이 참여 중인 신흥산업국 모임(BASIC, 2009년 설립)이 주목할 만한데, 이들 회원국들은 2009년 코펜하겐 기후합의 이후 유럽과 미국

<표 2> 라틴아메리카/카리브 국가들의 UNFCCC 기후외교 및 기후협상 참여(2014)

기후외교 참여 그룹	라틴아메리카 및 카리브 지역 개별 국가 참여국
군소도서국가동맹 (AOSIS)	안티구아 바부다, 바하마, 바베이도스, 벨리즈, 쿠바, 도미니카, 도미니카공화국, 그레나다, 가이아나, 아이티, 자메이카, 세인트 키츠 네비스, 세인트 루시아, 세인트 빈센트 그레나딘, 수리남, 트리니닷토바고
중미통합시스템 (SICA)	벨리즈, 코스타리카, 엘살바도르, 과테말라, 온두라스, 니카라과, 파나마
미주대륙을 위한 볼리바르 동맹 (ALBA)	안티구아 바부다, 볼리비아, 쿠바, 도미니카, 에콰도르, 그레나다, 세인트 키츠 네비스, 니카라과, 세인트 루시아, 세인트 빈센트 그레나딘, 베네수엘라
BASIC	브라질, 남아프리카, 인도, 중국(2009년)
환경건전성그룹 (EIG)	Annex Ⅰ 국가(스위스, 리히텐슈타인, 모나코) + Non-Annex Ⅰ 국가(멕시코, 한국)(2000년 설립)
석유수출국기구 (OPEC)	에콰도르, 베네수엘라
높은 취약국 그룹 (GHVC)	칠레, 콜롬비아, 엘살바도르, 과테말라, 페루
라틴아메리카/카리브 독립협회 (AILAC)	칠레, 콜롬비아, 코스타리카, 과테말라, 파나마, 파라과이, 페루
유사입장개도국 그룹(LMDC)	볼리비아, 쿠바, 도미니카, 에콰도르, 엘살바도르, 니카라과, 베네수엘라
열대우림국가연합 (CfRN)	아르헨티나, 벨리즈, 칠레, 코스타리카, 도미니카, 도미니카공화국, 에콰도르, 엘살바도르, 과테말라, 가이아나, 온두라스, 니카라과, 파나마, 파라과이, 수리남, 우루과이
카르타헤나 대화 (CD)	안티구아 바부다, 칠레, 콜롬비아, 코스타리카, 도미니카공화국, 과테말라, 멕시코, 파나마, 페루, 우루과이
G77과 China	OECD 국가인 멕시코를 제외한 모든 라틴아메리카/카리브 국가들이 회원국(칠레는 OECD 국가이지만 G77 회원국)

출처 : Edwards and Roberts, 2015 p. 38 인용 보완함.

등 선진국들의 입장과는 달리, 개별 국가의 경제 발전을 충분히 고려하고 차별적 책임 상황에 맞는 '완화' 조치를 통한 '자발적' 형태의 온실가스 배출을 강조해 오고 있으며, 기후변화에 대한 원조기금 논의에서 '최소한의 공동이해와 합의'를 통한 기후협상 진행을 주장하며 외교적 영향력과 파급력을 증대시켜 오고 있다(실질적으로 개도국 모임인

G77의 리드 국가들이기도 하다).

2. 라틴아메리카 기후외교 참여와 이론적 접목

대부분의 라틴아메리카 국가들이 가입한 기후변화 부문 개발도상국 모임인 G77은 교토의정서 체제의 지속과 REDD+ 강화, 선진국의 개도국에 대한 적응기금 및 기술이전 실현, 특히 Annex 1 국가들의 GDP 1.5%를 기후기금으로 적극 활용 등을 주장해 왔다(2013년). OECD 국가인 멕시코의 경우는 한국과 더불어 선진국과 개도국 사이 기후협상에 조정자 역할을 하는 '환경건전성그룹(EIG)'에 참여 중이다. 이들 국가들의 기후협상 목표는 과학기술(녹색기술과 녹색경제) 발전과 이를 활용한 좀 더 공격적인 배출량 저감을 목표로 연대해 오고 있다. 신자유주의적 제도주의 차원의 외교 방향을 지지하면서 동시에 글로벌 차원의 기후변화 문제 해결을 위한 대안으로 시장경제 합리성, 혁신을 통한 기술발전과 기술이전 그리고 기후금융 및 기후원조기금 마련, 기후투자 강화를 통한 해결점을 제시 중이다.

베네수엘라와 에콰도르가 참여하는 석유수출국기구(OPEC)의 경우는 기후변화 대응 조치에 대한 국제사회의 적절한 보상 체계 마련, 온실가스 배출과 배출국에 대한 법적구속력 제한 금지 등을 주장하고 있다. 중미-카리브 지역의 개별 국가들이 다수 참여하고 있는 군소도서국가동맹(AOSIS)의 경우는 글로벌 평균온도 상승 1.5도로 최대화, 배출량 저감 기준의 명확한 기준 마련, 기후변화 적응기금 활용의 '빠른 이행(fast start)' 등을 협상 과정에서 주장해 왔다. 이에 반해 베네수엘라의 차베스를 중심으로 남미 좌파정부들이 참여해 온 ALBA 국가들의 경우는 시장 중심의 '탄소무역 방식 폐지', 선진국들의 '기후부채(climate debt)'에 대한 보상 등 다소 생태사회주의(ecosocialist) 관점의 주장을 펴 왔다(David Ciplet et al. 2015: 25, 64).

예를 들어, 제도주의 관점 혹은 기후레짐 형성을 위해 그동안 라틴아메리카 국가들은 많은 참여와 역할을 해 온 것으로 분석된다. 1992년 브라질의 'Rio 지구정상회의' 개최, 2012년의 'Rio+20'개최는 물론 개별 국가들 차원에서도 아르헨티나의 기후변화당사국총회(1998년 COP4; 2004년 COP10) 개최, 2010년 멕시코에서 COP16 개최, 2014년 페루 리마에서 COP20 개최 등 기후변화당사국총회(COP)를 꾸준히 라틴아메리카 개별 국가들이 주도적으로 참여해 오면서 기후레짐 형성에 많은 기여를 해 왔다. 이러한 기후변화 리더십 강화는 물론 국제적인 기후외교 차원에서 이 지역은 기후레짐 형성을 위한 국제협력뿐만 아니라 다양한 정책적 대안까지 제시해 왔다. 예를 들어 멕시코 칸쿤에서 개최된 COP16차 의제로 제시된 '녹색기후기금 설립' 필요성 주장과 합의는 오늘날 신자유주의적 제도주의 차원의 기후외교 강화는 물론 선진국과 개도국 사이 기후협상을 촉진시키는 중요한 역할을 했다고 평가되고 있다.

구성주의 관점을 적용해 보면 라틴아메리카 국가들의 기후외교에 대한 다양한 인식전환 혹은 시민사회의 참여도 증가해 오고 있다. 예를 들어, 이산화탄소 농도를 350ppm 이하로 낮추기 위한 글로벌 기후행동 시민운동인 '350 캠페인'에 합류했으며 '가치' 중심의 '기후정의' 개념은 종종 라틴아메리카 지역을 대표하는 기후외교 아젠다로 등장해 있다. 예를 들어, '유사입장개도국그룹(LMDC)'에 참여 중인 볼리비아의 경우는 국제사회가 좀 더 구속력 있는 기후변화사법재판소 설립에 합의를 해야 한다고 주장하는가 하면, 니카라과의 경우는 기후정의 차원에서 유엔기후변화협정 탈퇴를 하기도 했다.[16]

16) 니카라과의 2015년 파리협정에서 탈퇴선언은 니카라과의 경제 상황이나 정치적 이데올로기를 고려한 선택이 아니다. 오히려 참여 회원국들의 낮은 기후약속과 이

물론 지역 차원의 기후외교 참여는 현실주의 차원의 기후안보 위기의 확대에서 기인한다. 특히 타 지역과 비교해 이 지역의 기후변화 특징인 '기후변화 영향에 대한 높은 취약성(vulnerability)' 문제는 국가이익 실현과 관련되어 중요하다(IPCC 제5차 평가보고서). 카리브 지역의 산호초 생물군계의 붕괴 위기, 안데스 빙하의 빠른 융빙 현상(15년 이내 사라질 위기 경고), 중미 카리브 지역에서 해수면 상승과 연안 해안 침식 위험 증가, 아마존 열대우림의 급속한 황폐화, 극심한 날씨 변화 강도 및 빈도수 증가(열대폭풍, 허리케인, 가뭄, 홍수, 산사태 등) 등에 대한 취약성 등은 점점 증가하고 있으며 개별 국가별로 다소 차이는 있지만 지역 전체적으로 보면 여전히 '적응' 능력은 상당히 부족하며 단순한 경제사회적 위기의식을 넘어 국가 전체의 안보를 위협한다는 관점에서 기후외교 참여를 통한 국제협력 강화 전략은 국가이익 실현을 위한 충분한 현실적 대안이다.

자유주의적 제도주의 차원의 기후외교는 개별 국가별 대응 과정 혹은 기후변화 대응 정책과 입법 과정(예를 들어, 멕시코의 2012년 기후변화 일반법 의회 통과와 다양한 개별 국가들에서 기후변화 관련 입법과 정책 마련)에서 규정하고 있는 구체적인 대응 전략에서 목격된다. 예를 들어, 기후외교 강화를 통한 선진국으로부터 '경제적 지원' 유도, 국제개발협력(ODA)을 통한 적응과 완화 차원의 '기후원조' 강화, 혹은 '기후 비즈니스 '투자' 증대, 적응과 완화 분야(재생에너지, 예방 및 과학적 측정 기술) 등에서 '기술 이전'을 통한 다양한 경제사회적 비즈니스 '기회' 창출(관련 분야 산업

행 등과 혹은 구속력 있는 기후사법재판소 같은 제도의 미흡 문제를 비판하며 탈퇴를 선언했다. 이는 또한 2017년 미국 트럼프 정부의 보호무역주의 선언과 미국 국가이익 실현 차원의 기후변화협약 탈퇴와는 다르다. 참고로 영국의 BBC는 니카라과의 에너지 부문에서 재생에너지를 이용한 에너지 공급이 이미 절반 수준을 넘었으며, 이 수준으로 투자 발전하면 2020년 재생에너지원 공급량이 거의 90%에 이를 정도로 니카라과는 재생에너지 '지상천국'이라고 방송한 바 있다(BBC, 'Why isn't Nicaragua in the Paris agreement?' 3 June 2017 참고).

발전 및 고용 창출)을 들 수 있다. 대부분의 라틴아메리카 개별 국가들이 2015년 파리기후협정에 보고한 '온실가스 저감을 위한 자발적 국가 기여방안(일명 INDCs)'의 대부분의 내용과 대응 및 완화 전략은 이러한 유형의 국제협력을 중요 방법으로 제시하고 있다.

더불어 이 지역 내부 경제발전을 견인하고 있는 에너지 소비 증가, 교통량 증가 그리고 농업 생산량 증가로 인한 토지이용변경으로 인한 급속한 산림황폐화 현상(이산화탄소흡수원 감소) 증가 등 다양한 부문에서 점차 증가 추세인 온실가스배출 문제도 미래 지속가능한 발전에 악영향을 줄 수 있다는 위기감과 이를 해결하기 위한 국가능력 향상과 실질적 해외투자 유입은 필요하며, 특히 다양한 유형의 기후금융과 국제개발협력 지원은 필수적이기 때문이다. 이러한 라틴아메리카 지역 기후변화 문제해결 방식은 따라서 이 지역이 추구하고자 하는 환경보존과 경제성장 사이 딜레마를 해결하고 미래 지속가능한 발전 방식으로 나아가기 위한 정책적 혹은 외교적 노력이 가미되어 있다.

V 맺음말

결론적으로 오늘날 라틴아메리카 지역 개별 국가들의 기후외교 참여 및 소그룹 기후협상 참여는 국가들 차원의 기후변화 취약성의 정도에 따라 그리고 이러한 위기에 대한 안보 위기 인식에 따라 국가별/소그룹별로 다르게 나타나고 있다. 개별 국가 차원에서 보면 칠레의 경우가 다양한 유형의 그리고 다각적인 형태의 기후외교 참여 복합성을 잘 보여주고 있다. 정치경제적 영역에서 라틴아메리카 지역

전통적 외교 방식인 유럽 혹은 미국 중심 외교와는 달리, 기후관련 외교 참여는 다양한 국제정치이론 틀을 통해 살펴보았듯이, 때로는 현실주의 관점에서 그리고 때로는 기후레짐 형성을 주도해 오기도 했으며 때로는 구성주의 관점의 기후정의를 협상 의제로 주장하고 있기도 하다. 실질적인 기후외교 참여 방식은 개별 국가보다는 이처럼 다층적-다관계적 소그룹 참여를 선호하고 있으며, 독립적-지리기후 중심적 참여 방식의 지역별 특성이 내재된 기후외교 방식을 선택하고 있기도 하다. 동시에 대내적으로 정치경제 발전과 연계한 기후변화 정책 결정 요인들이 대외적 기후협상이나 기후레짐 참여에 영향을 미치고 있는 특징을 보이고 있다. 기존과는 다른 라틴아메리카 자연자원의 새로운 개발 방식과 기후외교와의 연계, 경제발전과 연계한 지속가능한 발전 전략, 다양한 형태의 독립적 소그룹 참여 강화를 통한 다각적/다층적 외교전략, 구성주의 입장의 시민사회의 기후변화에 대한 인식변화와 참여, 기후정의 실현을 위한 슬로건과 연대의식 강화 등의 변수들이 라틴아메리카 기후변화 정책 결정이나 기후외교 참여에 대한 중요 요인으로 분석 고찰되고 있다.

이러한 이론에 기초한 기후외교 참여 요인들과 함께 2016년-17년 현재 이 지역에서 빈번하게 그리고 점점 증가하는 기후변화 취약성 사례들도 현재 라틴아메리카 국가들의 기후외교 참여에 많은 영향을 주고 있다. 취약성과 대응 정도(level) 그리고 개별 국가들의 정치경제 상황 및 국제협력 수준에 따라 상이하지만, 공통적으로 경험하고 있는 '경제사회적 피해' 증가에 대한 개별국가들의 기후변화 대응(적응과 완화) 전략은 국제협력은 물론 이를 실현하기 위한 기후외교 참여를 강하게 유인하고 있는 중요 요소이다. 기후변화에 가장 높은 취약성을 보여주고 있는 중미국가들의 사례 그리고 남미지역 태평양/안데스 지역 국가들(페루, 칠레, 에콰도르, 볼리비아 등)에 직접 영향을 주는 엘니뇨(라니냐)로 인한 심한 가뭄/홍수로 인한 경제사회적 피해의 증가 사례 등 다양한 유형의 기후변화 영향과 취약성은 점점 증가하고 있다.[17] 내재적으로 경제사회적 피해에 대한 라틴아메리카 사회의 기후변화에 대한 국가안보 위협 수준의 위험인식 증가, 정부와 정책 결정자들의 기후정책과 기후입법 등을 통한 대응 정책 필요성 증가, 시민사회의 적극적인 참여와 실질적 기후행동을 통한 기후정의 실현 요구 증가, 그리고 무엇보다도 취약성 극복을 위한 국가능력 부족 상태에서 국제협력(지원) 방식을 통한 문제해결 필요성의 증가 등의 요소들이 오늘날 이 지역의 기후외교 참여 동인들로 분석된다. 물론 기후변화 영향, 취약성 증가 및 '위기'에 대한 대응과 이를 극복하기 위한 협상과 외교적 참여도 주요 동인이지만, 기후외교는 동시에 이 지역에 새로운 '기후 기회(climate opportunity)'를 제공하고 있으며, 기후외교를 통한 이전과는 다른 형태의 국가이익(기후투자 및 경제발전) 창출을 위한 노력들도 참여는 물론 협상력도 강화시키는 요인으로 분석 가능하다.

17) 2016년 11월 볼리비아 수도 라 파스(La Paz) 지역 가뭄과 국가비상사태 경험(EMERICs/KIEP, 2016년 12월 9일자 참고), 2017년 3월 페루의 홍수와 산사태 증가 및 강수량 및 기후 변동 현상(연합신문 2017년 3월 26일자) 참고.

참고문헌

• 논문과 저서

김상현(2010). “기후변화에 관한 구성주의 접근.” 한국환경사회학회 학술대회 자료집

세계기상기구(2013), “Global Climate 2001–2010: A Decade of Climate Extremes”, Summary Report.

이희연(2014), “개발도상국의 기후변화 취약성 실태와 기후변화 대응 과제”, JES Research Brief.

정경원·하상섭 외(2012), 『라틴아메리카에서 환경정의: 쟁점, 약속, 실행』, 한국외대 지식출판원.

정경원, 하상섭 외(2015), 『21세기 라틴아메리카 기후변화에 대한 새로운 도전』, 한국외대 지식출판원.

하상섭(2016), “볼리비아의 가뭄 피해 현황과 정부 대책 전망”, EMERICs/KIEP, 2016년 12월 9일자)

하상섭(2017), “라틴아메리카 국제기후외교 참여와 기후협상 결정 요인 분석”, 트랜스라틴, 서울대학교 라틴아메리카연구소 웹진 37호(http://translatin.snu.ac.kr)

하상섭(2017), “아르헨티나 마끄리 정부의 재생에너지 개발 정책도입과 한계 고찰”, 국제지역연구 21: 2, pp. 75-100.

최종건(2007). “국제정치이론의 현주소.” 한국국제정치학회소식, 122호.

Alexander Wendt(1999), S*ocial Theory of International Politics,* Cambridge University Press

David Ciplet, J. Timmons Roberts and Mizan R. Khan (2015), *Power in a Warming World: A New Global Politics of Climate Change and the Remarking of Environmental Inequality*, Cambridge: The MIT Press.

Edwards, Guy and Roberts, J. Timmons (2015), *A Fragmented Continent: Latin America and the Global Politics of Climate Change*, Cambridge: MIT Press.

Krasner, Stephen D.(1982). “Structural Causes and Regime Consequences: Regimes as Intervening Variables.” *International Organization,* 36:2, pp. 185-205.

Keohane, Robert O. and David G. Victor(2010). "The Regime Complex for Climate Change" Discussion Paper 2010-33, Cambridge, Mass.: Harvard Project on International Climate Agreements.

Mattias Borg Rasmussen and Patricia Pinho(2016), "Environmental Justice and Climate Change in Latin America", *LASA Forum*, Vol: XLVII, issue 4, pp. 8-11.

Mizan R. Khan(2014), *Toward a Binding Climate Change Adaptation Regime: A proposed framework*, New York: Routledge

Mizan R. Khan(2016), "Climate Change, Adaptation and International Relations Theory" in Gustavo Sosa-Nunez & Ed Atkins(2016), *Environment, Climate Change and International Relations,* England: E-International Relations Publishing

Pablo Imbach, Megan Beardsley, Claudia Bouroncle, Claudia Medellin, Peter Läderach, Hugo Hidalgo, Eric Alfaro, Jacob Van Etten, Robert Allan, Debbie Hemming, Roger Stone, Lee Hannah, Camila I. Donatti(2017), "Climate Change, Ecosystems and Small-holder Agriculture in Central America: an Introduction to the Special Issue", *Climatic Change*, Vol: 141, pp. 1–12.

Ruggie, Gerard J(1982), "International Regimes, Transactions, and Change: Embedded Liberalism in the Postwar Economic Order", *International Organization*, 36:2, pp. 379-415

Sönke Kreft, David Eckstein and Inga Melchior(2017), "Who Suffers Most From Extreme Weather Events? Weather-Related Loss Events in 2015 and 1996 to 2015", Global Climate Risk Index 2017 Germanwatch in https://germanwatch.org/de/download/16411.pdf.

• 온라인 자료

국가전략연구연구소(The International Institute for Strategic Studies; IISS 2017 영국) in http://www.iiss.org/en/research/climate-s-change-s-and-s-security

(접속일 2017년 8월 17일).

National Geographic(2014), "Oceans Found to Absorb Half of All Man-Made Carbon Dioxide", in http://news.nationalgeographic.com/news/2004/07/0715_040715_oceancarbon_2.html(접속일: 2017년 6월 10일).

IPCC의 제5차 평가보고서: https://www.ipcc.ch/report/ar5/(접속일: 2017년 6월 20일)

CEPAL: http://repositorio.cepal.org/bitstream/handle/11362/37311/S1420655_en.pdf(접속일: 2017. 7월 10일자)

르몽드지: http://www.liberation.fr/planete/2015/10/23/negociations-climat-les-coalitions -cette-autre-carte-du-monde_1408077(접속일 2017년 7월 10일자).

연합신문, "'엘니뇨' 홍수에 페루 피해 눈덩이…사망자 90명·이재민 12만 명"(2017년 3월 26일자 기사),

http://intercambioclimatico.com/en/about-lapc.html(접속일 2017년 7월 12일)

기후변화와 국제정치: http://www.jipyeong.or.kr/down.php?pid=267(접속일 2017년 7월 4일).

BBC, 'Why isn't Nicaragua in the Paris agreement?' 3 June 2017, http://www.bbc.com/news/world-latin-america-40135819(접속일: 2017년 7월 10일).

열대우림연합: http://www.rainforestcoalition.org/(접속일: 2017년 7월 11일)

라틴아메리카 기후외교 소그룹:

https://www.brookings.edu/blog/up-front/2012/12/12/a-new-latin-american-climate-negotiating-group-the-greenest-shoots-in-the-doha-desert/(검색일: 2017년 7월 10일).

상파울루 주의 사탕수수 소각규제에 따른 대기질과 온실가스 감축

장유운(한국외국어대학교 한·중남미녹색융합센터)

본 글은 중남미연구 36권 3호에 발표한 '상파울루 주의 생체소각 규제와 대기 오염물질 변화 연구'에 내용을 추가하여 재구성하였습니다.

I 서론

브라질에서 에탄올은 미국에 이어 두 번째 규모로 세계 공급량의 26%에 해당하는 62억 갤런을 생산하고 있다. 1975년에 프로-알코올 프로그램을 도입하면서, 사탕수수 수확면적을 꾸준하게 증가시켜왔으며, 현재는 에너지 사용량의 15%를 차지하고 있다. 사탕수수는 기계를 사용하지 않고 사람이 수확할 경우, 잎과 해충으로부터 피해를 줄이기 위하여 수확전에 소각을 실시한다.

브라질 사탕수수 생산의 60%를 차지하고 있는 상파울루 주에서 수확 전 소각 활동은 건기인 5월에서 11월에 주로 시행되었으며, 8월에 최대로 발생하는 것으로 알려져 있다. 사탕수수를 재배하기 위한 소각활동으로 여러 오염물질들이 발생한다. 초미세먼지와 다환방향족화합물은 어린이와 노년층에 더 큰 위해를 끼칠 수 있다. 소각과정에서 발생하는 온실가스는 지구 온난화에 기여할 수 있다. 그리고 토양의 생태변화에도 영향을 끼치게 된다.

상파울루 주 정부는 2008년에 소각으로 발생하는 미세먼지(PM10)와 질소산화물(NO, NO_2) 그리고 오존(O_3)을 실시간 관측하는 시스템을 구축하였다. 대기오염물질의 농도 추이를 지속적으로 관측하고 있으며, 수확 후 소각 금지 일정을 명시한 법률도 시행하고 있다(주법 11241). 주 정부는 사탕수수 산업 연합회(Brazilian Sugarcane Industry Association, UNICA)와 자발적 협약인 그린 프로토콜(Green Protocol)을 체결하여 2017년까지 수확 전 소각을 금지하기로 합의하였다. 사탕수수 산업 연합회(UNICA)에 따르면, 상파울루 주의 수확 전 소각 비율은 2015/2016년 기간에 97% 감소한 것으로 조사되었다.

소각으로 발생하는 미세먼지와 질소산화물과 같은 일차오염물질의 감축은 지역 주민들의 건강 증진과 더불어 기후변화 완화에 기여할 수 있다. 상파울루 주에서는 미세먼지와 다환방향족화합물(PAH)의 발생원과 주민의 건강에 미치는 연구들은 잘 알려져 있지만, 주 정책에 따른 대기오염물질의 변화 특성에 관한 연구는 매우 드문 실정이다. 주 정부의 정책이 실제로 대기 오염물질을 감축하여 주민들의 건강에 기여했는지를 알기 위해서는 지역별로 얼마나 감소되었는지 그리고 기후변화 완화에 얼마나 기여하였는지 평가할 필요가 있다. 본 연구에서는 주정부의 소각금지 정책의 영향을 알아보기 위하여, 대표적 대기오염물질인 질소산화물과 온난화 물질이 얼마나 감소하였는지 평가하였다.

Ⅱ 활용 자료

상파울루 주에서는 2008년부터 점진적으로 측정소를 확대하여 현재 14개 대기자동 측정소를 운영하고 있다. 본 연구에서는 실시간으로 공개하는 상파울루 주의 환경부(Companhia Ambiental Do Estado De São Paulo, CETESB) 자료를 활용하였다. 그림 1에서처럼 상파울루 시와 인접한 동부 지역(산업지역)에 6개의 대기자동측정소가 있으며, 중부(준산업)와 서부(농촌) 지역에도 각각 5개와 3개의 측정소가 있다. 대기 오염물질 자료와 기상 자료는 상파울루 주의 환경부에서 공개하고 있는 1시간 평균 자료를 활용하였다. 대기오염물질과 관련한 고정오염원과 이동오염원의 배출량 자료는 상파울루 주 정부의 연간 대기 백서를 이용하였다. 상파울루 주의 사탕수수 면적과 수확량 정보는 브

<그림 1> 상파울루 주의 대기자동측정망 위치(위치 번호는 표 1 참조)

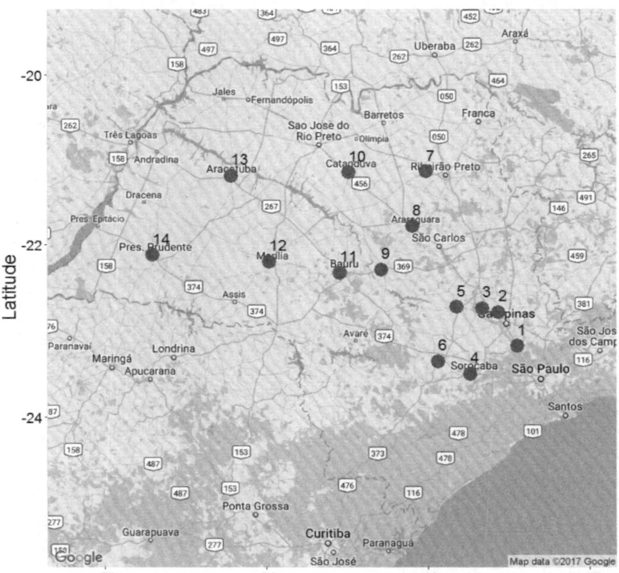

라질 지질 통계기구(Instituto Brasileiro de Geografia e Estatística, IBGE)의 자료와 사탕수수 산업 연합회의 자료를 분석하였다.

III 연구결과

1. 사탕수수 소각과 연관된 질소산화물 특성

상파울루 주 서부 지역에서 호흡기 환자의 병원 방문 기록은 사탕수수의 소각으로 발생하는 질소산화물과 미세먼지가 영향을 주는 것으로 보고되었다. 상파울루 주에서 분석기간(2008년~2016년) 동안 질소산화물의 월별 분포는 5월~10월에 높은 것으로 분석되었다(그림 2). 상파울루 주 환경부의 월별 사탕수수 생산량 자료와 비교하면, 상파울루 주의 사탕수수 수확 시기와 질소산화물 농도 분포가 일치하는 것을 확인할 수 있다.

상파울루 주에서 질소 산화물의 시간별 농도 변화는 오전 출퇴근 시간과 법령에 따라 소각 활동이 가능한 야간에 고농도로 분포하였다(그림 3a). 그리고 수확시기와 비수확 시기에 질소 산화물 농도는 평균 1.8배 높았으며, 소각활동이 활발한 야간에 최대 2.4배로 차이가 발생하였다. 지역에 따른 질소산화물 농도 분포는 상파울루 시에 인접한 측정소에서 상대적으로 높게 분포하였으며(그림 3b), 수확기의 질소 산화물 농도가 비수확기 보다 1.6배~2.2배 높게 분포하였다. 이와 같은 수확기와 비수확기의 질소산화물 농도 차이는 사탕수수의 수확전 소각 활동과 같은 인위적 배출원의 영향이 대기오염에 기여함을 의미한다.

<그림 2> 상파울루 주 14개 측정소의 질소산화물 월 평균 농도(ppb)

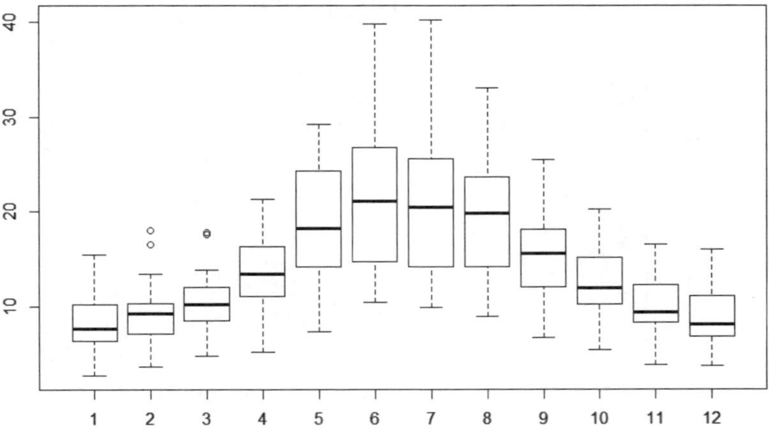

2. 수확전 소각 금지 정책에 따른 질소산화물의 변화

상파울루 주의 주법 11241은 수확 전 소각을 2021년까지 완전히 금지하도록 명기하고 있다. 브라질의 위성사진을 이용한 사탕수수 수확량 관측(Monitoramento da Cana-de-açúcarvia imagens de satélite, CANASAT) 자료에 따르면, 상파울루 주에서 수확 전 소각을 실시하는 지역은 2006년에 59~78%의 면적에 이르렀지만 2013년에는 22~38%로 감소한 것으로 나타났다. 아기아르 연구진은 위성 자료 분석을 통하여 주법에서 정한 시기보다 5~6년 빨리 목표에 도달할 것으로 전망하였다. 상파울루 주가 사탕수수 관련 사업자들과 자발적으로 2014년까지 수확전 소각을 금지하기로 체결한 그린 에탄올 프로토콜 보고서(2016년)에 따르면, 2015/2016년 수확시기에 97% 까지 감소한 것으로 평가되고 있다.

상파울루 주에서 분석 기간 동안 대기 질소산화물 농도 변화는 사탕수수의 수확 면적 증감과 상관없이 11개 측정소에서 유의한 수준

<그림 3> 상파울루 주에서 수확기와 비수확기의 질소산화물 평균 농도와 농도비 (a) 시간별 (b) 지역별

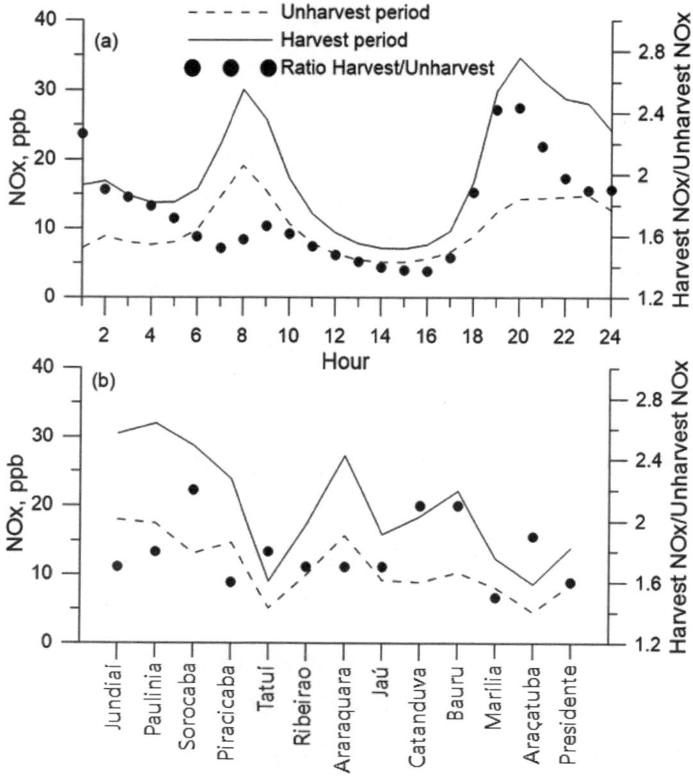

의 감소 특성을 나타내었다(표 1). 그리고 수확 시기에 비하여 비수확 시기에 질소산화물의 감축 기여율이 높았다. 지역별로 피라시카바에서 질소산화물의 연평균 감축량이 높았던 반면, 산업지역인 파울리니아(Paulínia) 지역에서는 오히려 증가하는 특성을 나타내었다. 상파울루 주에서 대기 질소산화물 농도가 비수확 시기에도 유의하게 감소 추세를 보이고 있어서 사탕수수 소각 금지 이외의 요소에 영향을 받을 가능성이 있다.

<표 1> 지역별 사탕수수 수확면적과 대기 질소산화물 농도 변화율

위치 번호	측정소	사탕수수 수확 면적 (ha)	2008~2015년 사탕수수 수확 면적 변화율(%)	2008~2016 질소산화물 변화량[a] (ppb/yr)	
				수확시기 (5월~10월)	비수확시기 (11월~4월)
1	Jundiaí	-	-100	-1.22***	-1.25***
2	Paulínia	-	-	0.43*	0.15
3	Americana	-	-	-	-
4	Sorocaba	350	67	-0.58***	-0.09
5	Piracicaba	49,000	-2	-2.18***	-1.61***
6[1)]	Tatuí	9,500	14	-0.34*	-0.71***
7[2)]	Ribeirão Preto	37,104	0	-0.57***	-0.04
8	Araraquara	38,000	-22	-0.47***	-0.3*
9	Jaú	43,000	2	-0.02	-0.06
10	Catanduva	15,423	10	-0.5***	-0.48***
11	Bauru	1,053	145	-0.74***	-0.57***
12	Marília	6,500	5,317	-0.18**	-0.11
13[2)]	Araçatuba	26,710	-31	0.12	0.13
14	President Prudente	5,442	98	-0.5***	-0.54***

a) Theil-Sen 추세선 기울기

* p-value < 0.05, ** p-value < 0.01, *** p-value < 0.001, - : 정보 없음

1) 분석자료 : 2011~2016, 2) 분석자료 2008~2013

3. 대기 질소산화물과 배출원의 영향

칸카도 연구진은 요인 분석을 통하여 피라시카바 지역에서 초미세먼지(PM2.5)의 경우 사탕수수 소각과 산업시설 그리고 자동차에 의해서 각각 52%와 20% 그리고 10%씩 영향을 받는 것으로 평가하였다. 상파울루 주 환경부도 질소산화물 배출량을 자동차에 의한 이동오염원과 산업시설에 의한 고정오염원으로 구분하여 산정하고 있다(표 2).

상파울루 주에서 자동차 수는 평균 22% 증가하였지만, 이동오염

<표 2> 지측정소별 자동차 수와 발생원 별 질소산화물 배출량 변화율 (2008년~2016년)

위치번호	측정소	자동차(%)	이동오염원(%)	고정오염원(%)
1	Jundiaí	19	-25	0
4	Sorocaba	30	-21	0
5	Piracicaba	19	-23	165
6	Tatuí	32	-21 *	0*
7	Ribeirão Preto	15	-26	-
8	Araraquara	26	-44	51
9	Jaú	12	-12	30
10	Catanduva	17	-27	111
11	Bauru	22	-34	-
12	Marília	28	-23	-
13	Araçatuba	19	-62	-70*
14	President Prudente	25	-26	0
지역 평균		22	-29	13

* 2011년 기준, - 자료 없음

원에 의한 질소산화물 배출량은 평균 29% 감소하였고, 산업 시설에 의한 질소 산화물은 평균 13% 증가하였다. 이동오염원의 질소산화물 배출량 감소는 주 정부의 연료 및 신규 자동차의 배출량 규제에 기인하고 있다.

프랑카 연구진은 사탕수수 소각 실험을 통하여 질소산화물이 1.5kg/ton이 배출되는 것을 확인하였다. 상파울루 주에서 그린 에탄올 프로토콜 협정을 시작한 2008년에 사탕수수 수확면적의 50%가 소각으로 생산된 점을 고려하면, 이 시기에 질소산화물은 28만톤 배출된 것으로 추정된다. 그리고 최근 97%의 기계화된 수확 방식을 고려하면 2016년에 상파울루 주의 사탕수수 수확 면적에서 질소 산화물은 2008년 시기에 비하여 26만톤 저감된 것으로 산정할 수 있다.

그림 4a는 지역별로 예상되는 배출원의 질소산화물의 배출량 변화

를 나타낸 것으로 여러 지역에서 산업 분야의 배출량이 증가하였지만, 사탕수수 수확 금지 영향 또한 효과적으로 배출량 감축에 기여한 것을 확인할 수 있다. 따라서 사탕수수 수확 면적이 분석기간 동안 지역에 따라 증감율이 크게 나타났지만, 97% 이상이 기계화된 방식으로 전환되고 동시에 이동오염원의 배출량 또한 감소되어서 대기의 질소산화물 농도는 그림 4b에서처럼 여러 지역에서 출퇴근 시간과 야간 시간에 5ppb 이상 감소하였으며, 피라시카바 지역은 20ppb 이상 감소하였다.

<그림 4> 분석기간(2008~2016) 질소산화물의 (a) 배출원별 배출량 변화와 (b) 대기 농도 변화량

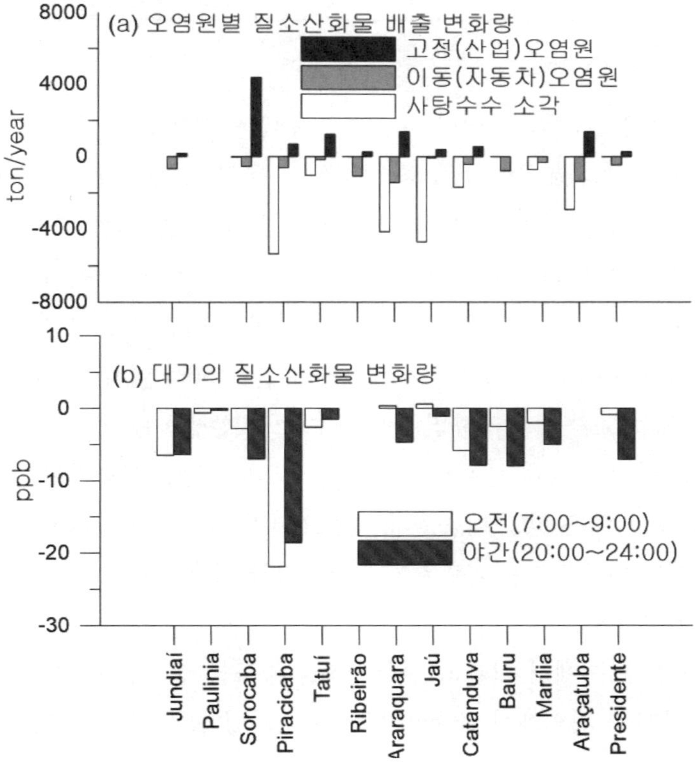

<표 3> 사탕수수 소각 금지 효과에 따른 발생원별 질소산화물 배출 분포율(%)

측정소	2008년 수준의 소각 비율			97% 소각 금지된 경우		
	산업	이동	사탕수수	산업	이동	사탕수수
Jundiaí	7.87	92.13	-	7.87	92.13	-
Sorocaba	67.80	31.59	0.61	68.20	31.78	0.02
Piracicaba	19.48	21.83	58.69	45.24	50.68	4.09
Tatuí	42.19	21.44	36.37	65.19	33.12	1.69
Ribeirão	-	99.86	0.14	-	100.00	0
Araraquara	25.60	22.05	52.36	52.01	44.80	3.19
Jaú	8.85	8.85	82.31	43.88	43.88	12.25
Catanduva	29.10	28.11	42.79	49.75	48.06	2.19
Bauru	0.64	99.35	0.01	0.64	99.36	0
Marília	-	60.71	39.29	-	98.10	1.90
Araçatuba	9.66	19.55	70.79	30.82	62.40	6.78
Presidente	16.96	83.00	0.04	16.97	83.03	0

- : 자료 없음

표 3은 2016년에 지역별 사탕수수 수확 면적에 대하여 그린 에탄올 프로토콜의 효력이 없을 때와 97%의 효력이 있을 때 질소산화물 발생원의 특성을 보여주고 있다. 정책의 효과가 없을 때를 가정하면, 상파울루 주의 대부분 지역에서 사탕수수에 의한 배출원이 중요하였으며, 피라시카바 지역의 경우 칸카도의 미세먼지 발생원 분석처럼 사탕수수에 의한 질소산화물 발생 비율이 50% 이상이었다. 그러나 97%의 효과를 고려하면 사탕수수 소각 발생원은 대부분 지역에서 5% 이내로 낮게 분포하면서, 동부 지역은 산업 배출원이 중요하고, 중부 지역은 산업 배출원과 이동오염원 배출원이 그리고 서부지역에서는 이동오염원 배출원이 질소산화물 배출에 중요한 역할을 하고 있다.

상파울루 주에서 대기의 질소산화물 농도는 상파울루 시 인근 도시와 준도시 지역에서 10 ppb 이상 분포하였다(그림 5b). 앞으로 이동

오염원의 배출량 규제를 계획대로 유로 6 수준으로 높인다면, 표 3과 그림 5a에서처럼 이동 오염원 비중이 높은 상파울루 주 대부분 지역에서 질소산화물 추가 감소 효과가 기대된다. 그러나, 질소 산화물과 휘발성유기화합물은 대기 오존 생성의 전구물질로 두 물질의 비율에 따라 질소산화물 감소가 대기 오존 농도를 감소 또는 증가시킨다. 상파울루 주의 바우루 지역에서 질소산화물의 감소로 오히려 건강에 위해한 오염물질인 오존 농도가 증가하는 사례가 알려졌다. 향후 실측자료 분석과 모델링 연구를 통하여 질소산화물의 배출량 감소와

<그림 5> 상파울루 주에서 질소산화물의 (a) 배출원별 배출량 (상파울루 소각 금지 현황 97% 전제)과 (b) 대기 농도 현황

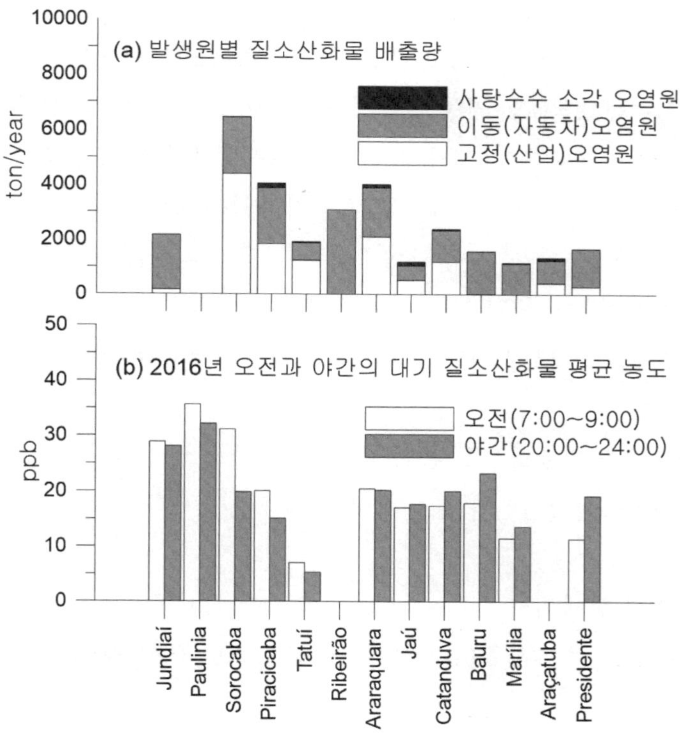

대기질 영향에 관한 연구가 추가되어야 할 것으로 사료된다.

4. 대기 오존 농도의 변화

질소산화물의 감소는 2차 대기 오염물질인 오존 생성에 영향을 미친다. 브라질에서 오존은 11월에 최대인 특성을 보이고 있으며, 이 시기에 대기 온도가 증가하면서 오존 농도가 증가하게 된다. 도시 지역에서는 휘발성 유기화합물 제한 특성에 따라 질소산화물 감소가 오존의 증가로 나타날 수 있다(식 1). 농촌이나 질소산화물이 적은 지역에서는 휘발성유기화합물 보다는 질소산화물이 오존 생성과 연관되어 있기 때문에 오존 농도가 감소할 수 있다(식 2). 알빔 연구진에 따르면, 상파울루 시는 30%의 질소산화물 배출량이 감소하면, 오존 농도는 20% 증가할 것이라고 제안하였다. 치퀘토 연구진도 상파울루 시에서 이동오염원인 자동차의 영향이 줄어들면서 대기의 오존 농도가 증가하는 결과를 제시하였다. 상파울루 주에서도 연간 오존 농도는 여러 지역에서 유의한 수준으로 증가하였다(표 4).

- 질소산화물 농도가 높을 때(휘발성유기화합물 제한 조건) (식 1)

  오존농도 ∝ [휘발성유기화합물] / [이산화질소(NO2)]

- 질소산화물 농도가 낮을 때(질소산화물 제한 조건) (식 2)

  오존농도 ∝ [일산화 질소(NO)]

- 광정상 상태에서 (식 3)

  오존농도 ∝ 일사량(j_{NO2}) x [이산화질소(NO_2)]/[일산화질소(NO)]

<표 4> 분석 기간(2008년~2016년) 동안 오존과 미세먼지 그리고 온도의 변화

측정소	오존(ppb)[a]	미세먼지 (ug/m3)[a]	온도 (℃)[a]
Jundiaí	0.87***	-0.44*	0.17**
Paulinia	-0.59*	-0.15	-
Sorocaba	0.88***	-0.42	0.19***
Piracicaba	0.13	5.1***	0.08*
Tatuí	-0.18	-1.31***	-
Ribeirão	-	-0.58	-
Araraquara	0.76***	-0.61**	0.14***
Jaú	0.61*	-0.75**	0.13***
Catanduva	-0.26	-0.47	0.1*
Bauru	0.58***	-0.27	0.15***
Marília	0.94***	-0.38***	0.09*
Araçatuba	0.1	-0.17	0.11**
Presidente	1.44***	0.06	0

a) Theil-Sen 추세선 기울기

* *p*-value < 0.05, ** *p*-value < 0.01, *** *p*-value < 0.001, - : 정보 없음

그리고, 빛이 일정한 상태에서 오존 농도는 일사량과 비례한다(식 3). 여러 연구에 따르면, 표 4와 같이 미세먼지 감소가 일사량과 오존 농도 증가에 영향을 줄 가능성이 있는 것으로 알려지고 있다. 따라서 상파울루 주에서 배출원 감소에 따른 대기 오염물질 개선을 위해서는 동부(도시·산업)지역, 중부(준도시)지역 그리고 서부(농촌) 지역에 대하여 오존 전구물질인 휘발성 유기화합물의 특성에 관한 연구가 필요할 것으로 사료된다.

5. 사탕수수 소각 금지에 따른 온실가스 감축량

상파울루 주에서 2008년부터 2016년까지 감축된 온실가스(이산화

탄소, 메탄, 이산화질소)는 2,789만톤으로 브라질 정부가 제출한 온실가스 자발적 기여방안의 3.1%에 해당하는 양이다. 지역별로는 질소산화물의 감소량과 같이 사탕수수의 수확전 소각량이 가장 많이 감축한 피라시카바(Piracicaba), 자우(Jaú), 아라라쿠아라(Araraquara) 그리고 아라카투바(Araçatuba) 지역에서 온실가스가 83% 감축하였다(표 5). 메탄과 이산화질소는 이산화탄소 등가량으로 환산하면, 이산화탄소 대비 각각 1.8%와 2.3%에 해당하는 수준이었다.

<표 5> 사탕수수 소각 금지 효과에 따른 2008~2016년 동안 온실가스 감축량(ton)

	이산화탄소	메탄	이산화질소
Jundiaí	-	-	-
Sorocaba	49,766	36	4
Piracicaba	6,967,304	4,989	535
Tatuí	1,350,804	967	104
Ribeirão	5,276	4	-
Araraquara	5,403,215	3,869	415
Jaú	6,114,165	4,378	469
Catanduva	2,192,994	1,570	168
Bauru	150	-	-
Marília	924,234	662	71
Araçatuba	3,797,892	2,719	291
Presidente	774	1	-

Ⅳ 맺음말

상파울루 주는 2008년 사탕수수 관련 사업자들과 자발적으로 그린 프로토콜 협약을 맺음으로서 2014년까지 사탕수수 수확을 위한 소각 행위를 금지하기로 하였다. 분석 기간(2008년~2016년) 동안 자료를 활용할 수 있는 11개 측정소에서 질소산화물의 월별·시간별 농도 분포가 사탕수수 수확과 소각 시기와 일치하였다. 이를 바탕으로 상파울루주에서 사탕수수 소각 금지로 대기 질소산화물과 온실가스의 감소량을 산정하였다.

11개 측정소에서 수확기의 대기 질소산화물 농도는 유의미한 수준에서 모두 감소하였으며, 사탕수수의 기계화된 수확방식(2016년 기준 97%)을 고려하면 26만톤의 질소산화물이 감소하였다. 상파울루 주에서 2008년 기준으로 질소산화물의 배출은 고정 오염원(산업)에서 13% 증가한 반면 사탕수수 소각 금지와 이동 오염원(자동차) 규제를 통해 지역 평균 35%와 29%가 감소하였다. 사탕수수 소각 금지에 따른 질소산화물의 배출 감소로 동부 지역은 고정(산업) 오염원, 중부 지역은 고정 오염원과 이동 오염원 그리고 서부지역에서는 이동 오염원이 질소산화물 배출에 중요한 역할을 하는 것으로 평가되었다. 상파울루 주에서 이동 오염원의 기여율이 지역 평균 65%이므로 도입 예정인 유로 6 규제로 자동차 배출을 강화하면 대기 질소산화물 감소는 지속될 것으로 전망된다. 반면 상파울루 주에서 미세먼지 감소와 대기온도 증가 그리고 오존 농도가 증가하고 있어서, 이와 관련한 연구(유기성 미세먼지 생성, 휘발성 유기화합물, 대기질 모델링)가 추가될 필요가 있다.

상파울루 주에서 수확전 사탕수수 소각 규제를 통한 질소산화물의 감소는 브라질의 온실가스 감축 목표의 3.1%를 감소시킬 수 있었다.

따라서 국내에서도 대기질 정책과 온실가스 규제 정책의 통일성을 바탕으로 미세먼지를 감축할 방안을 모색할 필요가 있다.

참고문헌

장유운, 하상섭, 박일수, 이강웅, 정경원(2014) "브라질 상파울로 시의 미세먼지 발생, 특성 및 정책적 대응 연구" *포르투갈-브라질 연구* 11, 27-59.

장유운, 이강웅, 하상섭, 정경원(2017) "사탕수수의 수확전 소각 금지에 따른 상파울루 주의 대기질 변화 사전 연구". *중남미연구 36:2..*

Aguiar, D. A., B.F.T Rudorf, W.F. Silva, M. Adami and M.P. Mello(2011) "Remote Sensing Images in Support of Environmental Protocol: Monitoring the Sugarcane Harvest in São Paulo State, Brazil" *Remote Sens,* Volume 3, 2682-2703.

Allen, A.G., Cardoso, A.A., da Rocha, G.O.(2004) "Influence of sugar cane burning on aerosol soluble ion composition in Southeastern Brazil." *Atmospheric Environment* 38, 5025-5038.

Alves, L.M., Coelho,C.A.S., Melo, A.B.C., Pesquero J.F.(2009) "Síntese Climática Anual: Condições Climáticas Observadas no Brasil em 2009". CPTEC-INPE, Cachoeira Paulista, SP.

Alvim, D., Gatti, L.V., Correa, S.M., Chiquetto, J., de Souza Rossatti, C., Pretto, A., dos Santos, M.H., Yamazaki, A., Orlando, J.P., Santos, G.M.(2016) "Main Ozone-forming VOCs in the city of Sao Paulo: observations, modelling and impacts" *Air Quality Atmosphere & Health*

Amaral, S.S, J.A. de Carvalho Jr. M.A.M. Costa and C. Pinheiro(2016) "Particulate Matter Emission Factors for Biomass Combustion" Atmosphere 7, 141

Arbex, M.A., Bhon, G.M., Saldiva, P.H.N., Conceiacao, G.M.S., Pope III, A.C., Braga, A.L.(2000) "Assessment of the effects of sugarcane plantation burning on daily counts of inhalation therapy." *J. Air Waste Manage. Assoc.* 50, 1745–.1749.

Arbex, M.A., Saldiva, P.H.N., Pereira, L.A.A., Braga, A.L.F.(2010) "Impact of outdoor biomass air pollution on hypertension hospital admissions" *J Epidemiol Community Health.* 64(7), 573-579.

Calvert, J.G., G. Yarwood, and A.M. Dunker(1994) "An evaluation of the mechanism of nitrous acid formation in the urban atmosphere" Res. Chem. Intermed., 20, 463-502

Cançado, J.E.D., P.H.N. Saldiva, L.A.A. Pereira, L.B.L.S. Lara, P. Artaxo, L.A. Martinelli, M.A. Arbex, A. Zanobetti, and A.L.F. Braga(2006) "The Impact of Sugar Cane–Burning Emissions on the Respiratory System of Children and the Elderly" Environ Health Perspect 114(5), 725–729.

Cannavam Rípoli, T., Molina, W., and Cunali Rípoli, M. (2000) "Energy Potential of Sugarcane Biomass in Brazil" *Scientia Agricola* 57, 677-681.

Capaz, R.S., V.S.B. Carvalho, L.A.H., Nogueira(2013) "Impact of mechanization and previous burning reduction on GHG emissions of sugarcane harvesting operations in Brazil", *Applied Energy* 102, 220-228

Cartalis, C., Varotsos, C.(1994) "Surface ozone in Athens, Greece, at the beginning and end of the twentieth century" *Atmos. Environ.* 28, 3-8

CETESB(2012) Qualidade do ar. http://ar.cetesb.sp.gov.br/publicacoes-relatorios/

Chiquetto, J., Ynoue, R., Cabral-Miranda, W., Silva, M.E.S.(2016) "Concentrações de ozônio troposférico na Região Metropolitana de São Paulo e a implementação de parques urbanos: observações e modelagem" Boletim Paulista de Geografia 95, 1-24

Cristale J, Silva FS, Zocolo GJ, Marchi MRR (2012) "Influence of sugarcane burning on indoor/outdoor PAH air pollution in Brazil" Environ Pollut 169, 210–216

de Oliveira Bordonal, R., E.B., de Figueiredo, D.A. Aguiar, M.A dami, B.F.T. Rudorff, N. La Scala(2013)"Greenhouse gas mitigation potential from green harvested sugarcane scenarios in São Paulo State, Brazil" *Biomass and Bioenergy 59*, 195-207.

De Figueiredo, E.B., La Scala Jr, N.(2012) "Greenhouse gas balance due to the conversion of sugarcane areas from burned to green harvest in Brazil". *Agriculture, Ecosystems & Environment* 141, 77-85

Etanol Verede(2017) RELATÓRIO SAFRA 2015- 2016, http://arquivos.ambiente.sp.gov.br/etanolverde/2017/02/etanol-verde-relatorio-safra-15_16.pdf

França, D.A., Longo, K.M., Neto, T.G.S., Santos, J.C., Freitas, S.R., Rudorff, B.F.T., Cortez, E.V., Anselmo, E., Carvalho Jr., J.A.(2012) "Pre-harvest sugarcane burning: determination of emission factors through laboratory measurements" Atmosphere 3 (1), 164-180.

França, D., K. Longo, B. Rudorff, D. Aguiar, S. Freitas, R. Stockler, G. Pereira(2014) "Pre-harvest sugarcane burning emission inventories based on remote sensing data in the state of São Paulo, Brazil." Atmos. Environ 99, 446–456

Galdos, M., Cavalett, O., J.E.A. Seabra, L.A.H.Nogueira, A. Bonomi(2013) "Trends in global warming and human health impacts related to Brazilian sugarcane ethanol production considering black carbon emissions", *Applied Energy* 104.

Garcia, J.C.C., Sperling, E.V.(2010) "Emiss~ao de gases de efeito estufa no ciclo de vida do etanol: estimativa nas fases de agricultura e industrializaç~ao em Minas Gerais" Eng. Sanit. Ambient. 15 (3), 217-222.

Hall, D., Wu, C.-U., Hsu, Y.-M., Stormer, J., Engling, G., Capeto, K., Wang, J., Brown, S., Li, H.-W., Yu, K.-M.(2012) "PAHs, carbonyls, VOCs and PM2.5 emission factors for pre-harvest burning of Florida sugarcane", *Atmospheric Environment* 55, 164-172.

Li, G., R. Zhang, J. Fan, X. Tie(2005) "Impact of black carbon aerosols on photolysis and ozone" *J. Geophys. Res.*, 110 (2005)

Lara, L., Artaxo, P., Martinelli, L., Camargo, P., Victoria, R., and Ferraz, E.(2005). "Properties of aerosols from sugar-cane burning emissions in Southeastern Brazil" *Atmospheric Environment* 39, 4627-4637.

Le Blond, J.S., S. Woskie, C.J. Horwell, B.J. Williamson(2017) "Particulate matter produced during commercial sugarcane harvesting and processing: A respiratory health hazard?" *Atmospheric Environment* 149, 34-46.

Longo, K.M., Freitas, S.R., Andreae, M.O., Setzer, A., Prins, E., Artaxo, P.,(2010) "The coupled aerosol and tracer transport model to the Brazilian developments on the regional atmospheric modeling system (CATT-BRAMS) e part 2: model sensitivity to the biomass burning inventories", Atmos. Chem. Phys. 10, 5785-5795.

Martins, L.D. and de Fátima Andrade, M.(2006) "Ozone Formation Potential in The Megacity of Sao Paulo" Proceedings of 8 ICSHMO, 139-147.

Martins, L.D and M. de Fátima Andrade., A. Salvo, and F.M. Geiger, (2014) "Reduction in local ozone levels in urban São Paulo due to a shift from ethanol to gasoline use" *Nature Geoscience 7*, 450–458.

Nishanth, T., K.M.Praseed, M.K. Satheesh Kumar, K.T. Valsaraj(2014) "Influence of ozone precursors and PM10 on the variation of surface O3 over Kannur, India" *Atmospheric Research 138,* 112-124.

Panosso, A.R., J. Marques Jr., D.M.B.P. Milori, A.S. Ferraudo, D.M. Barbieri, G.T. Pereira, N. La Scala Jr.,(2011) "Soil CO2 emission and its relation to soil properties in sugarcane areas under Slash-and-burn and Green harvest", *Soil and Tillage Research*, 111, Issue 2, 190-196

Pereira, G. M., Alves, N. O., Caumo, S. E. S., Soares, S., Teinilä, K., Custódio, D., Hillamo, R., Alves, C. and Vasconcellos, P. C.(2017) "Chemical composition of aerosol in São Paulo, Brazil: Influence of the transport of pollutants" Air Qual. Atmos. Heal 10, 457–468

Pestana, P.R.S., Braga, A.L.F., de Oliveira, A.F., Osadnik, C.R.(2017). "Effects of air pollution caused by sugarcane burning in Western São Paulo on the cardiovascular system." *Rev. Saúde Pública* 51:13, 1-8

Prado, G.F. Zanetta, D.M.T. Arbex, M.A. Braga, A.L. Pereira, L.A.A. de Marchi, M.R.R. de Melo Loureiro, A.P. Marcourakis, T. Sugauara, L.E. Gattás, G.J.F.(2012) "Burnt sugarcane harvesting: particulate matter exposure and the effects on lung function, oxidative stress, and urinary 1-hydroxypyrene" Sci. Total Environ. 437, 200–208.

RFA, Renewable Fuels Association, http://ethanolrfa.org/pages/World-Fuel-Ethanol-Production

Rozante, J.R., Rozante, V., Alvim, D.S., Manzi, A.O., Chiquetto, J.B., D' Amelio, M.T.S., Moreira, D.S.(2017) "Variations of Carbon Monoxide Concentrations in the Megacity of São Paulo from 2000 to 2015 in Different Time Scales" *Atmosphere 8, 81,* 1-17

Salvo, A. and F.M. Geiger(2014) "Reduction in local ozone levels in urban São Paulo due to a shift from ethanol to gasoline use" *Nature Geoscience 7,* 450–458

Scovronick, N., D. França, M. Alonso, C. Almeida, K. Longo, S. Freitas, B. Rudorff, P. Wilkinson(2016) "Air quality and health impacts of future ethanol production and use in São Paulo state" *Braz. Int. J. Environ. Res. Public Health. 13 (7),* 695

Seinfeld, J.H., Pandis, S.N.(2016) "Atmospheric Chemistry and Physics From Air Pollution to Climate Change, 3rd edition" *Wiley,* p182.

Sharma, P., J.C. Kuniyal, K. Chand, R.P. Guleria, P.P. Dhyani, C. Chauhan(2013) "Surface ozone concentration and its behaviour with aerosols in the northwestern Himalaya, India" *Atmos. Environ. 71,* 44-53

Takaaki, N., Hisayoshi, H., Ricardo, S.(2015) "Characteristics of sugarcane production in the State of São Paulo, Brazil". *Geographical Space* 8-1 53~80.

Uriarte, M., C.B. Yackulic, T. Cooper, D. Flynn, M. Cortes, T. Crk, G. Cullman, M. McGinty, J. Sircely(2009) "Expansion of sugarcane production in Sa˜o Paulo, Brazil: Implications for fire occurrence and respiratory health", *Agriculture, Ecosystems and Environment* 132, 48~56.

지속가능한 미래도시 아바나

신정환(한국외국어대학교 스페인어통번역학과)

I 서론: 카리브의 낙원 아바나

쿠바에 처음 유럽인들이 도착한 것은 콜럼버스의 제1차 항해 때였다. 콜럼버스는 1492년 10월 28일 오늘날 쿠바 동부의 올긴(Holguín) 지방에 발을 내딛는다. 이후에 이어지는 3차례 항해에도 그는 쿠바의 남부와 동부 해안을 탐험하다가 돌아간다. 당시 콜럼버스가 더 중요하게 본 땅은 오늘날 도미니카공화국이 있는 에스파뇰라(Española) 섬이었다. 아메리카 대륙 최초의 백인 정착촌인 나비다드(Navidad) 요새를 건설한 곳도 에스파뇰라였다.

지금의 아바나(La Habana) 일대를 처음 개척한 사람은 1514년 스페인 총독 디에고 벨라스케스 데 쿠에야르(Diego Velázquez de Cuéllar)의 명을 받아 이 근방을 탐험하던 판필로 데 나르바에스(Pánfilo de Narvaez)이다. 디에고 벨라스케스는 1511년부터 1524년 세상을 떠날 때까지 초대 쿠바 총독으로서 7개의 주요 도시를 세우는데, 6번째 도시가 1519년 현 위치에 건설한 아바나이다. 이곳을 선택한 것은 많은 배들이 안전하게 정박할 수 있는 천혜의 항구 조건을 가지고 있기 때문이었다. 아바나는 운하와 같은 좁은 해협을 따라 들어가면 수심이 깊고 넓은 만이 나타나는 지형을 가지고 있다. 이때 불린 이름이 '선박 수리항(Puerto de Carenas)'이다. 그러나 150km 거리를 두고 플로리다와 마주보면서 멕시코 만의 입구 역할을 하고, 더 나아가 구대륙과 신대륙 사이의 관문이 되면서 아바나는 단순히 배를 수리하는 항구가 아니라 남북 아메리카에서 가장 중요한 도시로 발돋움하였다.

아바나는 다양한 면모를 가진 쿠바의 모든 것을 압축적으로 보여주는 곳이다. 때문에 무수히 중첩되고 무한히 증식되는 아바나를 정의하기란 매우 어렵다. '서인도의 보루', '카리브의 진주', '카리브의 라스베가스' 등 시대에 따라 달라지는 아바나의 별명은 변화무쌍한 이 도시를 규정하는 일이 얼마나 어려운지 보여준다. 현재 아바나는 쿠바의 수도이자 정치, 경제, 문화 등의 중심지로서 약 2백만 명이 넘는 인구가 살고 있다. 또한 스페인의 식민통치가 끝난 후에는 미국의 실질적인 지배하에 있다가 피델 카스트로가 혁명을 일으켜 집권한 이후에는 동서냉전의 생생한 현장으로서 세계적인 주목을 받아왔다. 이제 냉전 시대가 막을 내리고 피델 카스트로를 비롯한 혁명 1세대가 거의 사라지고 있는 가운데 쿠바는 미국과 외교관계를 복원했고, 아바나는 세계적인 관광도시로 새롭게 각광을 받고 있다. 특히 아름다운 자연환경, 흥미진진한 역사, 그리고 풍요로운 문화유산을 가진 아바나는 누구나 가고 싶어하는 관광 명소가 되었고 매년 한국인 관광객 숫자도 급증하고 있다.

현재 관광은 쿠바에서 가장 중요한 산업이 되어 경제난 해결에 큰 도움이 되고 있다. 그러나 쿠바 정부가 추진하고 있는 관광 산업은 과거의 패러다임에서 벗어나 인간과 자연과 문화가 조화를 이루는 생태관광이다. 이 글은 지속가능발전에 기반을 둔 쿠바의 생태관광을 주목하여, 미래도시를 지향하는 아바나의 다양한 면모와 생태도시의 가능성을 살펴보는 데에 목적이 있다. 이를 위해 먼저 아바나의 역사를 7단계로 나누어 살펴보겠다.

Ⅱ 아바나의 역사: 대서양 관문에서 탈냉전의 무대로

신대륙의 열쇠이자 대서양의 관문

아바나는 1561년 스페인으로 떠나는 보물선단(Flota de Indias)이 대서양을 횡단하기 전에 집결하는 중간 집결지가 되었다. 이후 1592년 스페인 국왕 펠리페 2세에 의해 정식으로 도시의 지위를 얻었고 1607년에는 쿠바의 수도로 확정된다. 1634년 스페인 왕실 칙령에 의해 '신세계의 열쇠이자 동인도의 보호자'라고 선포되는 아바나는 스페인과 아메리카 대륙을 잇는 관문으로서 신대륙 통치의 거점이자 대서양 교역의 중심지로 발돋움한다. 당시 아메리카 대륙에서 가장 중요한 식민통치 거점은 부왕령(副王領)이 설치된 멕시코(누에바 에스파냐)와 페루였다. 그러나 두 부왕령에서 출발한 배들이 대서양 항해를 위해 집결하면서 아바나는 수많은 선박들이 기항하는 역사적 무대가 되었다. 아메리카를 식민통치하는 스페인의 거점도 산토도밍고에서 아바나로 이전된다.

아메리카에서 약탈한 금은보화를 싣고 스페인의 세비야 항구를 향해 출발하는 대서양 선단은 1년에 두 번 운영되었고 항해할 때마다 중무장한 스페인 함대의 호위를 받았다. 누에바 에스파냐의 일부였던 필리핀, 멕시코, 아바나, 그리고 세비야 항구를 연결하는 이 항해는 이 세계를 최초로 단일 경제권으로 묶는 역할을 했다. 이때 유럽이 수입한 상품 가운데 95%가 귀금속이었고, 이 가운데 은이 80%, 금이 19%를 차지했다. 16세기를 통틀어 유럽에 들어온 아메리카의 은은 1,800만kg 이상에 달한다고 추산된다.(Zaragoza, 12) 유럽에 들어온 은은 "은이 다니는 길", 즉 은행(銀行)을 탄생시키며 마르크스의 말대로 유럽 자본주의의 젖줄이 되었다. 이런 의미에서 아바나는 당시 세계 경제의 허브였다고 해도 과언이 아니다.

아바나의 전략적이고 경제적인 가치가 커지면서 횡행했던 것이 유명한 카리브의 해적이다. 또한 영국과 프랑스를 비롯한 유럽 열강들도 아바나에 눈독을 들이기 시작했다. 이에 스페인은 외적의 침입에 대비해 아바나를 요새화하면서 안전을 도모했다. 이때 세운 대표적인 요새가 아바나 항구의 입구를 지키는 모로(Moro)과 푼타(Punta)이다. 신세계에서 가장 방비가 잘 된 도시였던 아바나는 17세기에 들어와 더욱 번영하는 가운데 유럽 건축양식의 새로운 건물들이 들어서면서 도시의 면모를 갖춘다. 특히 중남미에 풍부한 목재와 유럽 양식이 결합된 아메리카 특유의 혼합 건축양식이 발전한다.

부르봉 개혁과 '앤틸리스의 파리'

18세기 초 왕위계승전쟁에서 승리하면서 스페인의 주인이 된 부르봉 왕가는 소위 '부르봉 개혁(Reforma borbónica)'을 통해 식민지 행정을 합리화하고 중앙집권화한다. 그러나 아바나는 군사적·경제적 중요성 때문에 끊임없이 외국 군대와 해적들의 침입을 당했고, 결국 1762년 영국 해군과 해적들에게 두 달 동안 포위당한 끝에 함락되는 수모를 겪는다. 스페인은 11개월 후 아메리카 대륙의 전초기지 역할을 해왔던 플로리다를 양도하고 나서야 비로소 아바나를 되찾을 수 있었다. 이 사건 이후 스페인은 아바나 항구로 진입하는 수로 옆으로 카바냐(La Cabaña) 요새를 건설하는 등 더욱 철저한 방어 시설을 보강한다.

다른 한편, 영국의 아바나 점령은 쿠바가 근대로 진입하는 계기가 되었다. 1837년 쿠바에는 사탕수수와 커피 등 농산물 수송을 위해 아바나와 벤후칼 사이에 27.5km의 철도가 처음 부설되었는데, 이는 세계에서 5번째로 건설된 것이었다. 아바나에는 1848년 가스등이 설치되었고 1888년에 전신이, 1890년에는 전기가 들어왔다. 한편 1863년에는 아바나를 둘러싸고 있던 옹벽이 철거되고 도시의 경계가 대폭 확장되었다. 당시 쿠바에는 사탕수수 농업이 호황을 이루고 있었는데, 이를 기반으로 아바나는 사탕수수를 유럽에 수출하는 중심지로 자리 잡았다. '설탕 귀족(aristocracia azucarera)'이라 불리는 신흥 부르주아 계급은 막대한 재력을 가지고 도시의 모습을 바꿔나갔다. 신고전주의 양식으로 설계된 유럽 스타일의 공원과 극장, 도서관 등의 건물들, 이탈리아 풍의 대저택, 식물원 등이 건설된 것도 이 시기이다. 마침내 아바나는 라틴아메리카에서 가장 부유한 도시 가운데 하나가 되었고 '앤틸리스 제도의 파리'라 불렸다.

경제와 군대의 중앙집권화를 꾀하는 부르봉 왕조의 개혁은 계몽주의 사상에 기반을 두고 있었는데 이는 역설적으로 국가 독립의 사상적 근거를 제공했다. 이는 1776년 미국의 독립, 1789년 프랑스 대혁명과 함께 쿠바 독립운동에 지대한 영향을 주었다. 1898년 아바나 항구에 정박해 있던 미국 군함 메인호의 침몰을 계기로 발발한 미국과 스페인 전쟁에서 스페인이 패배하면서 마침내 쿠바는 라틴아메리카에서 가장 마지막으로 스페인 지배에서 벗어나는 나라가 된다.

미국의 지배와 아바나의 확대 및 양극화

쿠바는 1898년 스페인으로부터 독립했으나 1902년까지 미군정 치하에 있었고 이후에도 1933년까지 사실상 미국의 영향력에 예속된다. 이 시기 쿠바는 미국의 수요에 맞추어 사탕수수를 증산하고 아바나 부르주아들은 막대한 부를 쌓았다. 특히 제1차 세계대전(1914-1918)과 미국의 금주법(1917-1933)은 쿠바의 경제성장과 아바나의 근대화에 기여했다. 미국인들이 술을 마시고 즐기기 위해 오면서 아바나 관광 산업은 최고의 호황을 누렸다. 그러나 쿠바의 주요 산업은 독재 정권과 결탁한 외국 자본, 특히 미국의 손으로 넘어가 버린다.

국립호텔(Hotel Nacional)을 비롯해 20세기 초 30여 년 동안 지어진 아바나의 주요 건축물들은 대개 미국 건축가들이 설계한 것이었다. 이 건축을 주도한 것은 주로 프랑스 고전주의나 장대한 스케일의 캘리포니아 양식이었다. 미국의 영향력 아래 아바나 시는 더욱 확장되었다. 아바나 구시가지(Habana Vieja)를 벗어나 베다도 지구(El Vedado)가 개발되면서 호화로운 부르주아 저택들이 건설되고 미국의 은행들과 상가들이 들어섰다. 베다도 지역까지 포화 상태가 되자 도시는 계속 확장되어 베다도 서쪽으로 미라마르(Miramar) 지역이 개발된다. 미라마르에 거주하는 부자들은 더 이상 설탕 귀족이 아니라 관광, 광고, 가구 등으로 부를 축적한 신흥 부르주아들이었다. 이와 함께 베다도 지구는 중산층을 위한 주거지로 변한다.

아바나가 외곽으로 확장되면서 구시가지는 점점 살기 힘든 가난한 동네로 전락한다. 특히 18세기 말에 10만여 명이던 아바나 인구가 1900년에 236,000명, 1931년에는 30만 명에 달하는 등 인구 집중이 심화되면서 주택난이 심화된다. 이에 대한 대책으로 쿠바 정부는 아바나 주변에 서민 주택을 건설하는 데에 힘썼다. 자유당 출신으로 쿠바의 제2대 대통령인 호세 미겔 고메스(José Miguel Gómez, 재임 1909-1913)는 1910년 아바나 외곽의 '포골로티(Pogolotti)'에 노동자 주거 지역을 만들어 1천 호의 주택을 건설한다. 제5대 대통령인 헤라르도 마차도(Gerardo Machado, 재임 1925-1933) 역시 아바나 교외의 '란초 보예로스' 지구에 100채의 건물을 지어 노동자들에게 선물했다. 그러나 급증하는 아바나 인구를 감안할 때 물량은 턱없이 부족했다. 이에 집 주인들은 집을 방 단위로 쪼개 임대하기에 이르렀다.[1)]

바티스타 독재와 '저개발 도시'

1933년 쿠데타로 실권을 잡은 풀헨시오 바티스타(Fulgencio Batista, 재임: 1940-1944, 1952-1959)는 두 차례 집권하면서 미국의 비호를 받아 독재 정권을 유지했다. 그가 집권하는 동안 사탕수수를 비롯한 많은 산업이 미국인들 손에 넘어갔고 경작 가능한 땅의 70%도 미국인들 소유가 되었다. 또한 아바나는 외국 자본의 유입으로 관광 산업이 호황을 맞아, 미국산 자동차들과 외국인 관광객이 넘쳐났다. 그리고 외국인 관광객의 86%를 차지한 것이 미국인들이었다. 관광 산업에 힘입어 아바나는 당시 라틴아메리카에서 중산층 비율이 가장 높은 도시가 되었다.

아바나의 발전에 반해 농촌의 경제는 갈수록 피폐해졌고, 이에 따라 시골 인구가 대거 도시로 몰려들었다. 게다가 구시가지의 시설 역

1) 신정환, 「이종 혼합문화의 살아있는 박물관, 아바나」, 『국토』, 국토연구원, 2004.6, p.73.

시 과도하게 낙후되어 아바나가 수도 기능을 하는 데에 어려움을 겪었다. 바티스타 대통령은 관공서 건물들을 베다도 지역으로 이전하는 동시에 베다도와 미라마르의 경계가 되는 알멘다레스 강 밑으로 터널을 뚫어 두 지역을 연결하면서 아바나를 확장한다. 다른 한편으로는 구시가지 동쪽의 아바나 만 밑에도 터널을 만들어 아바나와 오늘날의 동아바나(Habana del Este)를 연결한다. 헤밍웨이가 『노인과 바다』를 탄생시킨 코히마르 마을이 이 지역에 위치하고 있다.

아바나가 확장되고 신흥 부호들이 도시 외곽으로 빠져나가면서 구시가지는 갈수록 낙후되었다. 반면, 베다도와 미라마르 지역은 갈수록 개발되고 번창하면서 도시의 발전이 심각한 불균형 상태를 보이게 된다. 건축가인 로베르토 세그레(Roberto Sègre)의 말대로, 도시 내부에서 사회·문화적인 양극화 현상이 발생하는 전형적인 '저개발 도시'의 양상을 보이기 시작하는 것이다. 즉 도시의 중심부와 주변부가 차별적으로 분리되는 가운데, 외자를 도입해 도로, 호텔, 관공서 등의 기반시설을 건설하지만 병원, 학교, 주택, 전기, 수도 등 복지 기반시설에는 소홀한 도시가 되는 것이다. 이는 같은 도시 안에서도 부자 동네와 가난한 동네가 극단적으로 분리됨을 의미한다.[2]

혁명과 아바나의 소외

피델 카스트로의 혁명은 쿠바뿐만 아니라 아바나의 운명을 바꿔버렸다. 민족주의로 무장한 혈기왕성한 젊은 혁명가들이 보기에 당시 아바나는 외국인, 특히 미국 관광객의 편의에 맞게 작동하는 도시였다. 베다도와 구시가지는 매춘, 도박, 술, 축제 등으로 관광 수입을 올리고 미라마르는 미국의 개인주의 방식을 전형적으로 보여주는 부

2) 신정환, 앞의 글, p.75.

르주아 주택가였다. 이러한 아바나의 생활방식에 대해 민족주의적인 혁명 정부가 좋은 시각을 가질 수는 없었다. 게다가 동부 산악 지방을 발판으로 게릴라 활동을 하던 혁명가들은 대부분 시골 출신으로서 기본적으로 도시보다는 농촌의 이익을 대변하고 있었다. 피델 카스트로 역시 동부의 올긴 출신이었다.

쿠바 혁명 이후 아바나는 도·농(都·農)의 균형발전 명목으로 정책적으로 소외되었다. 혁명 정부는 외국인 소유의 기반 산업과 자본을 장악하면서 아바나의 구조를 개조하기 시작했다. 카스트로는 도박과 매춘 등에 의존하던 관광 산업을 폐지한다. 신흥 부르주아들이 버리고 간 미라마르 저택들은 아바나에 상경한 시골 학생들의 숙소로 이용했다. 또한 역사적 건축물들을 관광산업을 위한 콘도미니엄으로 대체하던 작업도 중지시켰다. 이는 쿠바 건축가인 마리오 코율라(Mario Coyula)의 말대로, 역설적으로 아바나의 유서 깊은 건축물들을 보존하는 결과를 낳았다.[3]

혁명 성공 후 시골로 귀향하는 사람들이 늘어났지만 새롭게 수도로 이주하는 사람들의 행렬도 계속되어 아바나의 인구는 줄어들지 않았고 1981년에는 2백만 명에 달하게 된다. 이에 쿠바 정부는 1960년대에 들어와 지방에 뒤이어 수도에도 소비에트 양식의 대규모 주택공급과 개량 사업을 실시했다. 애초에 주택 문제는 토지, 교육, 보건, 일자리, 산업화와 함께 혁명 정부가 내걸었던 6개 중점 사업 가운데 하나였다. 그러나 문제는 아바나 비에하, 즉 구 시가지였다. 혁명 이전에 이미 보존 상태가 최악에 달했던 아바나 시내에는 그나마 집이 없어 주택난이 가중되었고 사회복지시설도 기대할 수 없었다. 혁명 이후 주인이 쫓겨나거나 망명한 건물들은 이후에도 방치되었다.

3) https://www.lincolninst.edu/es/publications/articles/planificacion-preservacion-participativas-en-la-habana

이에 반해 피델 카스트로는 혁명 중점 사업 중의 하나인 교육을 중시하여 많은 학교 건물을 짓는다. 이때 건설된 대표적인 학교 시설이 아바나 교외의 호세 안토니오 에체베리아 대학 도시(CUJAE)이다.

특별시기와 도시농업

1990년대 초반, 혈맹이었던 소련과 동구권 블록이 해체되고 미국의 봉쇄 정책이 더욱 심해지면서 쿠바는 사상 최악의 경제난을 겪어야 했다. 코메콘(COMECON), 즉 공산주의 경제공동체가 붕괴하자 국제교역량은 75%, 국내총생산은 36% 감소했으며 식량난에 시달리던 쿠바 국민들의 몸무게는 평균 3kg 감소했다. 피델 카스트로는 비상사태를 맞아 '특별시기(Período Especial)'를 선포하여 전 국민의 단결을 호소한다.

쿠바 정부는 경제난 타개를 위해 외화를 벌어야 했고 이를 위해서는 관광산업에 대한 전향적인 태도가 필요했다. 결국 쿠바는 1995년 제한적 범위에서 관광산업 진흥을 시작하여 유럽 및 남미 국가들과 협정을 맺는다. 관광과 함께 아바나의 모습을 바꾼 것은 지속가능농업의 일환인 오르가노포니코(Organoponicos)이다. 도시농업과 유기농업을 결합한 오르가노포니코는 도시 곳곳에 놀고 있던 땅, 즉 쓰레기장, 주차장, 공터, 텃밭, 옥상, 뒤뜰, 학교 운동장 등 유휴지에 채소, 과일 등의 식량을 재배하는 것이다.[4] 쿠바의 생태농업은 식량 문제를 해결하는 것은 물론 더 큰 결실을 맺었다. 도시가 녹색 도시로 변모하면서 생태환경이 개선되고 고용과 소득이 확대되었으며 사람들이 삶

4) 신정환, 「쿠바의 지속가능 인간개발과 생태사회주의」, 『한·쿠바 기후환경협력』, 한국외대지식출판원, 2016, p.192.

의 보람을 찾으면서 공동체가 활성화된 것이다.[5] 이렇게 특별시기는 아바나를 새로운 형태의 도시로 리모델링하는 계기가 되었다.

데탕트와 관광

특별시기에 해당하는 1993-1994년 쿠바정부가 취한 경제개혁은 쿠바인들의 생활에 큰 변화를 가져왔다. 해외의 친척들로부터 합법적으로 송금을 받을 수 있게 되어 연간 10억불의 외화가 들어오면서 약 2백만 명이 그 혜택을 보았다. 가지고 있는 달러를 가지고 국영 상점에서 물건을 구입할 수도 있었다. 부분적인 시장경제가 도입되면서 자영업이 일부 허용되었고 농산물 시장도 열렸다.[6] 특별시기 이후 쿠바의 진정한 변화는 앞서 말했듯이 관광 분야에서 일어난다. 경제위기를 맞아 외화가 필요한 쿠바는 외국인 관광객을 유치하기 위해 관광산업에 많은 예산을 투입한다. 이에 아바나의 베다도와 미라마르 지역에는 많은 특급 호텔들이 건설되었고 호세 마르티 국제공항도 확장되었다. 그 결과 1995년에 이미 관광 수입은 설탕산업을 추월하여 쿠바의 큰 수입원으로 자리 잡는다. 쿠바에서 가장 많은 수입을 올리는 계층도 관광업에 종사하는 사람들이 되었다.

쿠바와 미국 사이의 해빙 무드는 쿠바 경제와 아바나의 변화에 또 다른 변수가 된다. 2014년 12월 미국의 오바마 대통령과 쿠바의 라울 카스트로가 국교 단절 41년 만에 외교관계 복원에 합의하고, 2015년 7월 양국에 대사관이 다시 문을 연 후 쿠바를 방문하는 관광객 숫자가 급증한다. 2017년 6월 16일 미국의 트럼프 대통령은 쿠바

5) Jan Strömdahl, 2015, *Cuba's transition to ecological sustainability*, p.27. http://www.svensk-kubanska.se/cubava/pdf/2015/Cubas_Transition.pdf.

6) 신정환, 앞의 글, 192.

에 대한 봉쇄정책을 유지한 채 외교관계 역시 재고하겠다고 선언하면서 양국 관계가 다시 악화되고 있다. 장차 미국 트럼프 행정부의 대쿠바 정책은 아바나의 미래에 큰 영향을 미칠 것이다. 이상과 같이 쿠바와 아바나의 역사를 살펴볼 때 아바나는 역사도시, 문화도시, 휴양도시, 그리고 생태도시라는 4가지 특성을 가진다고 정리할 수 있다.

III 미래도시 아바나: 역사와 자연의 조화

역사도시

신대륙과 구대륙의 중개항으로 탄생한 아바나는 그 지정학적 위치 때문에 오늘날에 이르기까지 아메리카의 역사, 더 나아가 세계정세와 밀접한 관련을 맺어왔다. 우선 아바나는 신대륙의 관문이자 아메리카 본토 침공의 본부로서 에르난 코르테스가 아스테카 제국을 정복할 때의 기지이기도 했다. 이러한 전략적·경제적 이유로 인해 아바나는 역사적으로 수많은 침략의 대상이 되었다. 아바나는 일찍이 1537년부터 해적의 공격 대상이 되었고, 1555년 프랑스의 전설적인 해적이었던 자크 드 소레(Jacques de Sores)는 아바나를 제1의 목표로 삼아 도시를 약탈했다.(Zanetti, 44)

때문에 아바나는 골목골목마다 수많은 얘깃거리를 가지고 있고 주변 바다에는 스페인 보물선과 카리브의 해적을 둘러싼 흥미진진한 역사가 숨어있다. 아바나 앞바다를 비롯한 카리브 해는 스페인 해군뿐만 아니라 프랑스, 영국, 네덜란드 등 유럽 열강이 세력을 다투는 각축장이었다. 미서전쟁을 통해 스페인의 식민지에서 벗어난 쿠바는 독립 후에도 한국과 마찬가지로 3년 동안 미군정의 치하에 있었다. 미군이 물러간 후에도 쿠바는 카스트로 혁명이 일어날 때까지 미국의 절대적인 영향 아래 있었고 아바나는 '카리브의 라스베가스'라 불렸다.

1959년 피델 카스트로가 혁명을 성공시킨 후 쿠바는 하루아침에 국제정치의 주목을 받는 나라가 된다. 이후 1961년 케네디 정부의 피그만 침공 사건, 1962년 쿠바 미사일 기지 설치로 인한 제3차 세계대전 위기, 제3세계의 혁명을 지원하는 쿠바 군대 파견 등으로 쿠바는 동서냉전의 상징이자 아메리카 정치의 풍향계가 되었다. 2014년에는 미국과 국교가 재개되면서 냉전이 종식되는가 했더니 트럼프 행정부 출범 이후 긴장이 또 다시 고조되면서 아바나는 여전히 국제정치의 초점이 되고 있다. 지금도 아바나는 여전히 숨 가쁜 역사의 현장이다.

문화도시

쿠바의 국부인 호세 마르티(José Martí)는 혼혈이야말로 중남미의 본질적인 조건이라고 말하며, 멕시코 철학자인 레오폴도 세아(Leopoldo Zea)는 더 나아가 혼혈이 곧 '우리의 존재'라고 말한다.[7] 중남미 내에서도 역사적으로 볼 때 유럽, 아메리카, 그리고 아프리카 인종과 문물이 교차했던 쿠바만큼 역동적인 혼혈 문화가 생성되었던 곳은 드물다. 이는 풍요로운 쿠바 문화의 다양성과 개방성이 어디서 왔는지를 설명해 준다.

---

7) Ortega y Medina, Juan Antonio. "Identidad, amplitud y plenitud del mestizaje en Hispanoamérica", en Leopoldo Zea(comp.) *Quinientos aos de historia, sentido y proyección*, México, Fondo de Cultura Económica, 1991, p.132.

아바나는 도시 전체가 쿠바 특유의 혼종성을 보여주는 문화도시이다. 아바나 문화의 혼혈성은 식민 초기의 요새와 성곽뿐만 아니라 무데하르, 바로크, 신고전주의, 아르 누보 등 4세기에 걸친 다양한 건축양식이 공존하고 있는 모습에서도 확인할 수 있다. 특히 구시가지에는 16-17세기의 건축물 100개, 18세기 건축물 200개 등 식민시대의 유서 깊은 건축물들이 늘어서 있다. 1982년 유네스코(UNESCO)가 아바나 구시가지 전체를 인류문화유산으로 선정한 것은 이 도시가 이렇게 살아있는 박물관이기 때문이다. 쿠바의 대표적인 작가인 알레호 카르펜티에르(Alejo Carpentier)는 고풍스런 건물들의 회랑을 이루고 있는 열주(列柱)를 보고 아바나를 '기둥의 도시(La Ciudad de las columnas)'라고 불렀다.

물론 아바나가 건축의 도시만은 아니다. 세계적인 발레리나 알리시아 알론소(Alicia Alonso)로 대표되는 발레, 움베르토 솔라스(Humberto Solás), 구티에레스 알레아(Gutiérrez Alea) 등의 명장들이 등장해 '황금시대'를 구가했던 영화, 모더니스트 화가 아멜리아 펠라에스(Amelia Peláez), 초현실주의자 위프레도 람(Wifredo Lam), 팝 아티스트인 라울 마르티네스(Raúl Martínez) 등 세계적인 화가들을 낳은 회화, 실비오 로드리게스(Silvio Rodríguez), 파블로 밀라네스(Pablo Milanés) 등의 음유시인들과 부에나비스타 소셜 클럽(Buena Vista Social Club)으로 상징되는 전통음악, 카르펜티에르와 함께 20세기 쿠바 문학의 3대 작가로 꼽히는 니콜라스 기옌(Nicolás Guillén)과 레사마 리마(Lezama Lima), 룸바, 맘보, 차차차, 살사 등 세계적으로 알려진 라틴 리듬 등은 다양하고 풍요로운 아바나의 문화적 깊이를 가늠하기 힘들게 만든다. 또한 혁명전사의 이미지를 넘어 문화적 아이콘으로 자리 잡은 체게바라(Che Guevara)의 신화 역시 세계 전역의 젊은이들을 아바나로 끌어들이는 큰 매력이다. 이밖에도 1940-1950년대의 고색창연한 미국산 승용차들이 21세기의 최신형 한국산 자동차들과 함께 아바나 거리를 질주하는 모습은 쿠바의 이종혼합 문화를 단적으로 보여준다.

휴양도시

신대륙에 도착한 첫 항해에서 쿠바 땅을 보았던 콜럼버스는 "이것은 인간의 눈으로 볼 수 있는 가장 아름다운 땅이다"라고 감탄했다고 알려진다. 실제로 쿠바의 자연은 험준한 산맥과 밀림, 뜨거운 사막 혹은 사나운 급류가 흐르는 강물이 없는 평탄한 지형을 가지고 있다. 이는 쿠바의 기후에도 적용된다. 즉 아열대 기후에 속하는 쿠바에는 추운 겨울도 없지만 여름철의 뜨거운 땅을 식혀주는 카리브의 무역풍 덕분에 찌는 듯한 더위도 없다. 이러한 자연조건은 왜 쿠바인들이 그토록 개방적이고 온순한지 이유를 말해주는 것 같다. 때문에 19세기 쿠바의 시인인 호세 포르나리스(José Fornaris)는 쿠바의 정체성이 자연으로부터 나온다고 말한다. 실제로 쿠바 땅을 여행하는 관광객들은 아담하고 아름다운 국토를 보면서 포근함과 평온함을 느끼게 된다.

아바나는 모성적인 지형 외에 여행객에게 나른한 편안함을 안겨주는 또 다른 낭만적 매력이 있는데 바로 쿠바 특산품인 시가(puro)이다. 프랑스 시인인 조르주 상드(George Sand)는 시가를 가리켜, "시가는 고통을 잠재우고 고독의 시간을 수없이 기분 좋은 수많은 이미지로 채운다"라고 말한다. 그러나 뭐니 뭐니 해도 쿠바에서 고독의 시간을 기분 좋은 이미지로 채워주는 것은 아바나 자체이다. 음악만 있으면 즉석에서 유쾌한 춤판이 벌어지는 흥취와 쿠바인의 낙천성, 해가 지면 연인들이 모여드는 말레콘 해변, 헤밍웨이가 마셨다는 플로리디타의 칵테일인 다이키리 등은 아바나의 여행객으로 하여금 나른한 편안함과 참을 수 없는 존재의 가벼움을 느끼게 하는 매력들이다.

생태도시

아바나는 구시가지 전체가 가난하고 낙후되었으나 자본주의에 완전히 물들지는 않았다. 이러한 양면성이 역설적으로 아바나를 생태도시의 실험장으로 가능케 만들었다. 특히 1990년대 초반의 특별시기를 계기로 쿠바 정부는 생태농업과 생태관광을 결합한 지속가능발전을 통해 아바나를 생태도시로 건설하는 실험을 진행하고 있다. 도시와 농촌을 구분하는 근대 도시의 틀, 다시 말해 자본주의적 근대도시 형태를 지양하고 식량, 고용, 환경 등을 모두 해결해 주는 방법을 모색하는 것이다.[8]

생태도시는 쿠바 정부가 국가 전략으로 채택한 지속가능발전의 일환으로 수행되고 있다. 지속가능발전은 원래 지속가능성과 발전가능성, 즉 환경론과 발전론을 중재하는 정책이다. 크게 볼 때 시장 생태주의의 범주에 들어가는 지속가능발전은 사실 쿠바 사회주의와 양립하기 힘든 측면이 있다. 그러나 특별시기를 맞아 경제발전의 한계에 봉착하고 더 나아가 미국의 경제봉쇄 속에 생존의 막다른 골목에 처한 쿠바에서 지속가능발전은 품위를 유지하면서 자본주의적 요소를 부분적으로 받아들이는 명분을 제공한다. 그리고 쿠바인들은 이러한 정책의 선회를 "사회주의에 봉사하는 자본주의"라고 정당화한다.

그러나 지속가능성의 한 축이 되는 생태주의는 근본적으로 사회주의 사상과 깊은 관계를 맺는다. 벨러미 포스터의 말대로, 현재의 생태위기는 '세계 소외'를 초래한 자본주의의 맹목적인 자본축적 때문에 발생한 것이라 볼 수 있기 때문이다.[9] 따라서 쿠바가 추진하고 있는

---

8) 신정환, 「이종 혼합문화의 살아있는 박물관, 아바나」, p.76.

9) 존 벨러미 포스터, 「자본주의에서 사회주의로의 이행과 생태」, 존 벨라미 포스터(외), 2008, 『생태논의의 최전선』, 윤순진(외) 역, 필맥, pp.35-36.

아바나의 도시 생태농업과 생태관광은 굳이 특별시기였기 때문이 아니라 그것이 사회주의 이념에 뿌리를 두고 있기 때문이라고 해석할 수 있는 것이다.[10]

지금까지 살펴보았듯이, 아바나를 규정하는 다양한 면모는 이 도시가 전통 문화와 정체성 그리고 자연을 보존하는 가운데 미래를 지향하는 매력적인 관광지라는 사실을 확인하게 해 준다. 관광에 대해 부정적인 인식을 가지고 있던 쿠바 정부도 이 점을 인식하고 전향적인 태도를 취하여 관광을 2030년까지 경제사회 발전의 핵심전략으로 규정했다. 물론 쿠바가 지향하는 것은 전통적인 관광과는 다른 지속가능관광, 즉 생태관광이다.

IV 전통관광과 생태관광

원래 관광이란 일자리를 창출하고 사람들을 이어주며 삶의 질을 높여준다는 측면에서 본성적으로 공동선을 지향한다고 볼 수 있다. 그러나 모든 관광이 좋은 것은 아니다. 어떤 관광은 지역사회의 눈살을 찌푸리게 하고 지역경제에 도움을 주지도 않는다. 지속가능관광(turismo sostenible)이란 관광지의 자연과 문화에 손상을 주지 않으면서 지역 발전과 주민 소득에 기여하는 관광을 말한다. 그렇다면 지속가능관광과 생태관광(ecoturismo)은 어떤 차이가 있는가? 세계자연기금(WWF) 사이트에서는 유엔세계관광기구(UNWTO)가 규정하는 지속가능관광과 국제생태관광클럽(TIES)이 규정하는 생태관광을 대비시켜 놓았다.

10) 신정환, 「쿠바의 지속가능 인간개발과 생태사회주의」, p.202.

UNWTO에 따르면 지속가능관광이란 장기간에 걸친 관광의 지속가능성을 위해 환경, 경제 그리고 사회문화적 측면 사이의 균형이 유지되는 관광 산업의 발전을 뜻한다. 이는 관광이 지역 주민들에게 이득을 주는 동시에 그 지역의 자연과 문화를 미래의 지속적 사용을 위해 보존하는 것을 의미한다. 한편, TIES에 따르면 생태관광이란 환경을 보존하고 지역 주민들의 복지를 지속케 하며 그 지역에 대한 이해와 교육이 포함되는 것이다.[11] 결국 생태관광은 자연을 보고 즐긴다는 좁은 의미의 관광이 아니라 자연환경을 존중하는 가운데 궁극적으로 사회경제적 요소를 고려한다는 점에서 지속가능관광과 큰 차이가 없다고 할 수 있다.

지속가능관광과 생태관광의 차이보다 더 주목해야 할 점은 지속가능관광과 반(反)지속가능관광(turismo insostenible)의 구별이다. 반지속가능관광이란 전통적인 방식의 대량 관광을 의미한다. 현재 관광 산업은 전 세계 국내총생산에서 10%의 비율을 차지하고 있고, 국제무역의 6%를 차지하고 있으며, 평균 11명 가운데 1명의 세계 인구가 관광업에 종사하고 있다. UNWTO 통계에 따르면, 1950년대에 약 5,000만 명이던 해외여행객 숫자는 2017년에 와서 무려 13억 2,200백만 명에 이르고 있고, 비자 없이도 해외여행이 가능한 인구는 세계 인구의 약 40%에 달하게 되었다.[12]

그런데 관광 인구가 과도하게 늘어나면서 관광은 지역사회 경제에 기여하기는커녕 생태계를 파괴하고 고유문화를 훼손하며 관광공포증(turismo-fobia)을 야기할 정도가 되었다. 예를 들어, 바르셀로나의 인

11) http://wwf.panda.org/what_we_do/how_we_work/our_global_goals/oceans/solutions/reducing_tourism_impact/difference_between_ecotourism_sustainable_tourism.cfm

12) http://media.unwto.org/es/press-release/2018-01-15/resultados-del-turismo-internacional-en-2017-los-mas-altos-en-siete-anos

구는 160만 명인데 한 해의 관광객 숫자는 3천만 명을 넘고, 베네치아 인구는 26만 명인데 관광객 숫자는 2,500만 명을 넘어서는 실정이어서 도시 전체가 몸살을 앓고 있다. 이에 바르셀로나, 베네치아, 파리 등지에서는 관광객 거부 및 축출 운동이 일어나고 있고, 산토리니, 부탄, 갈라파고스 등 많은 지역에서는 관광객 숫자를 제한하기에 이르렀다.

전통적인 대량관광은 크게 4가지의 문제점을 가지고 있다고 본다. 첫째, 경제적으로 볼 때, 관광 산업이 일자리를 만들고 지역의 소득을 높이기는 하지만 임시직 일자리가 대부분이고 관광 위주의 정책으로 인해 오히려 지역 균형 발전이 깨지는 경향이 있다. 또한 부가가치가 높지 않아서 현지 주민들보다는 여행사, 항공사, 호텔 등 다국적 관광업계의 배만 불려주는 경우가 많다. 둘째, 대량관광은 자연 자원을 고갈시키고 각종 오염과 매연을 발생시키며 도시 녹지와 삼림을 황폐화시키는 등 심각한 환경문제를 야기한다. 셋째, 대량관광으로 인해 관광지의 정체성이 훼손되고 전통적 가치관이 혼란을 겪으면서 지역사회의 고유성이 상실되는 경향이 있다. 넷째, 로베르토 세그레가 지적했던 도시 양극화와 원주민들이 주변부로 밀려나는 현상(gentrificación)으로 인해 계층 간의 위화감이 발생하고 사회통합을 방해한다.

전통 관광과 달리, 지속가능관광은 자연환경, 전통문화, 사회복지 등 모든 자원의 지속가능성 혹은 개선을 전제로 한다. 이에 UNWTO에서는 앞서 보았듯이 환경, 사회, 경제 등 3개의 축을 기본으로 지속가능관광의 원칙을 규정한다. 즉 관광객의 만족도가 유지되는 가운데 관광 수익은 지역 공동체에 공평하게 배분되어야 하고, 자연자원과 문화자원은 미래의 지속적 사용을 위해 보호되어야 하며 관광산업으로 인해 사회문화적 문제가 초래되면 안 된다는 것이다. 따라서 지속가능관광은 관광객과 지역주민 모두를 만족시키는 동시에 미래 세대의 수요도 보호한다. 유엔에서는 때마침 2017년을 지속가능관광의 해로 선포하여 그 중요성을 환기시킨 바도 있다. 한편 '리우+20'이라고 알려진 유엔지속가능발전회의는 2012년 '지속가능소비와 생산'에 대한 10개년 계획'을 채택한 후, 이를 바탕으로 관광 분야에서 2014년 '지속가능관광 10개년 계획(10 YFP Sustainable Tourism Programme)'을 수립한다.

관광은 쿠바처럼 제조업 분야가 취약하고 제조업 종사인구도 적은 국가에게 선택 아닌 필수가 되고 있다. 굴뚝 없는 산업인 관광은 외환과 자원을 확보함으로써 국가경제를 살리고 사회를 안정시키는 기능을 하기 때문이다. 그러나 쿠바 관광의 대전제는 역사와 문화와 자연이 조화를 이루는 지속가능성이 담보되어야 한다는 점이다. 특히 도시 전체가 살아있는 박물관이라 할 수 있는 아바나는 인간과 환경이 결합된 생태관광을 실현해야 하고, 실제로 어느 정도 성공을 거두고 있다.

이와 관련해, UNWTO의 아메리카 대륙 프로그램 부책임자인 알레한드로 바렐라(Alejandro Varela)는 쿠바가 지속가능관광의 5개축을 충족하는 나라라고 말한다. 그 5개축이란 1. 경제: 포괄적이고 지속가능한 경제성장 2. 사회: 일자리와 빈곤퇴치 3. 환경: 자원의 효율적 사용, 환경보호, 그리고 기후변화방지 투쟁 4. 문화: 문화적 가치, 다양성, 그리고 문화유산 5. 평화: 상호이해, 평화 그리고 안전이다.[13] 교육을 통한 지속가능관광을 추구하는 교육관광(Edu-tourism) 주창자인 캐나다의 라나 우드(Lana Wood) 역시 쿠바가 교육, 문화, 환경, 친절, 관광의 상호 관련 아래 지속가능관광을 실현하고 있다고 말한다.

---

13) http://www.cubadebate.cu/noticias/2017/05/04/cuba-cumple-con-los-cinco-pilares-internacionales-del-turismo-sostenible/#.Wn7jw7ewfOM

쿠바는 이에 힘입어 도미니카공화국과 더불어 카리브 섬나라들 가운데 가장 많은 관광객을 유치하는 나라로서 그 규모가 2004년 200만 명, 미국과 수교가 이루어진 2015년에는 350만 명, 그리고 2017년에는 470만 명에 이르고 있다. 바렐라는 이 숫자가 계속 증가하여 2020년에는 1,400만 명, 2030년에는 1,800만 명에 달할 것이라고 예상한다. UNWTO의 지속가능관광 원칙을 준수하면서 이 산업을 경제발전의 전략적 축으로 삼고 있는 쿠바에서 관광산업 수입은 2016년 30억불을 넘어서서 의료진, 체육인 등의 인력송출 수입에 이어 쿠바의 두 번째 외화 획득원이 되었다.

V 맺음말: 생태도시 아바나의 과제

생태관광을 통해 지속가능발전이 실현되려면 먼저 아바나가 진정한 의미의 생태도시로 거듭나야 한다. 그러나 아바나가 관광객과 지역주민 모두를 만족시키는 지속가능관광을 실현하기에는 많은 과제가 산적해 있다. 가장 시급한 과제는 급증하는 외국인들을 맞기에 절대적으로 부족한 호텔, 식당, 교통 등의 기본 인프라 보강이다. 도시 노후화로 인해 체계적인 관리와 복원이 필요하다는 점도 큰 과제이다. 마리오 코욜라는 아바나가 멀리서 보면 매우 유혹적이지만 가까이 와서 보면 쓰러져가고 있다고 경고한다. 실제로 아바나 구시가지의 대부분의 건물들이 염분, 습기, 흰개미, 구조변경 등으로 붕괴의 위험에 있으며 특히 말레콘을 따라 늘어선 건물들의 70%는 당장 해체해야 한다는 분석도 있다. 한편 도시의 재건을 위해 가장 필요한 것은 역시 재원인데, 이것 역시 턱없이 부족하다. 1939년에 세워진 유서 깊은 아바나시역사가사무소(OHCH)를 이끌고 아바나 복원을 진두 지휘하고 있는 에우세비오 레알(Eusebio Leal)은 "아바나 재건을 위해서는 돈, 돈, 돈이 필요하다."고 역설한다. 그러나 그나마 있는 재원도 정치 논리에 휘둘린다는 사실이 문제이다. 실제로 OHCH의 수익사업체였던 관광회사 아바나과넥스(Habanaguanex)도 2017년 정부의 명에 따라 군대가 운영하는 가에사(GAESA) 그룹으로 넘어갔다.

다른 한편, 전례 없는 성장을 보이고 있는 관광 산업은 쿠바에 새로운 종류의 문제를 낳고 있다. 가장 큰 사회문제는 전통적인 도시와 농촌의 구분이 일반지역과 관광지역의 구분으로 바뀌면서 새로운 분리와 차별이 생기고 사회적 위화감을 낳고 있다는 점이다. 또한 대량관광 시대의 폐해로 꼽았던 도시 원주민의 주변부화 현상이 재발하고 있다는 점도 문제이다. 한편 급증하는 관광객 수요에 맞춰 아바나의 인프라 건설이 졸속적으로 이뤄진다는 점도 큰 문제이다. 치밀한 장기간의 도시계획이 아니라 눈앞의 필요에 맞춰 이루지는 공사는 아바나가 자랑하는 '건축'이 아니라 토목공사가 지향하는 '건설'이다. 또 다른 문제점으로 들 수 있는 것은 비인간화 현상이다. 즉 외화가 절실한 주민들에게 관광객이 인간이 아니라 달러로 비치면서, 체게바라가 주창한 '새로운 인간'을 지향하는 쿠바 사회주의 근간을 위협한다. 쿠바 정부에서는 이러한 현상을 방지하고 이념적 오염을 막기 위해 관광객과 주민들을 분리하는 정책을 펴고 있다. 이는 소비주의와 같은 관광의 해악으로부터 국민들을 보호하는 한편, 있을지도 모르는 범죄로부터 관광객을 보호하기 위한 것이다.

2019년 도시 설립 500주년을 맞게 되는 아바나는 도시복원 사업의 성패에 따라 아메리카 대륙의 로마가 될지 혹은 폼페이가 될지 운명이 갈릴 것이다. 그러나 무엇이 되었든 도시 재건과 생태도시 건설에서 궁극적으로 중요한 점은 관광을 위한 도시가 아니라 도시를 위한 관광이 되어야 한다는 사실이다. 지속가능한 미래도시 아바나의 의미와 역할이 여기에 있다.

참고문헌

벨러미 포스터, 존.「자본주의에서 사회주의로의 이행과 생태」, 존 벨라미 포스터(외), 2008,『생태논의의 최전선』, 윤순진(외) 역, 필맥.

신정환,「이종 혼합문화의 살아있는 박물관, 아바나」,『국토』, 국토연구원, 2004.6, 70-76.

신정환,「쿠바의 지속가능 인간개발과 생태사회주의」,『한·쿠바 기후환경협력』, 한국외대지식출판원, 2016, 191-206.

정경원·서경태·신정환,『라틴아메리카 문화의 이해』, 학문사, 2000.

Ortega y Medina, Juan Antonio. "Identidad, amplitud y plenitud del mestizaje en Hispanoamérica", en Leopoldo Zea(comp.) *Quinientos aos de historia, sentido y proyección*, México, Fondo de Cultura Económica, 1991, pp.129-136.

Segre, Roberto. "La Habana: Una Modernidad Atemporal", 1993, http://www.rafaellopezrangel.com.

Strömdahl, Jan. *Cuba's transition to ecological sustainability*, 2015, p.27. http://www.svensk-kubanska.se/cubava/pdf/2015/Cubas_Transition.pdf.

Zanetti Lecuona, Oscar. *Historia mínima de Cuba*, Madrid: Turner Publicaciones, 2013.

Zaragoza, Gonzalo. *América Latina: Epoca Colonial*, Madrid: Anaya, 1987.

http://wwf.panda.org/what_we_do/how_we_work/our_global_goals/oceans/solutions/reducing_tourism_impact/difference_between_ecotourism_sustainable_tourism.cfm.

https://www.lincolninst.edu/es/publications/articles/planificacion-preservacion-participativas-en-la-habana.

한국외국어대학교중남미연구소
라틴아메리카총서 12

4차 산업혁명시대
한중남미 기후환경협력

초판 인쇄 2017년 8월 23일
초판 발행 2017년 8월 30일

지은이 정경원 외
발행인 김인철
총괄 · 기획 가정준 Director, University Knowledge Press
편집장 신선호 Executive Knowledge Contents Creator
도서편집 박현정 Contents Creator
전자책편집 이리나 e-Contents Creator
재무관리 김은혜 Managing Creator
마케팅 파트장 백승이 Chief Marketing Creator
마케팅 박종원 Marketing Creator
발행처 한국외국어대학교 지식출판원
02450 서울특별시 동대문구 이문로 107
전화 02)2173-2493~7
팩스 02)2173-3363
홈페이지 http://press.hufs.ac.kr
전자우편 press@hufs.ac.kr
출판등록 제6-6호(1969. 4. 30)
디자인 · 편집 (주)이환디앤비 02)2254-4301
인쇄 · 제본 (주)트윈벨미디어 02)2088-1810

ISBN 979-11-5901-207-5 94080 정가 20,000원
978-89-7464-619-6 (세트)

*잘못된 책은 교환하여 드립니다.

HUiNE은 한국외국어대학교 지식출판원의 어학도서, 사회과학도서, 지역학 도서 Sub Brand이다. 한국외대의 영문명인 HUFS, 현명한 국제전문가 양성(International +Intelligent)의 의미를 담고 있으며, 휴인(携引)의 뜻인 '이끌다, 끌고 나가다'라는 의미처럼 출판계를 이끄는 리더로서, 혁신의 이미지를 담고 있다.